2024 전기핵심완성 시리즈 2

전력공학
전기기사 필기

이승학 편저

ENGINEER
ELECTRICITY

머리말

"기초수학부터 자격증 취득까지 여러분을 인도합니다."

전기공부는 산을 오르는 것과 같습니다. 급한 마음으로 공부한다면 어렵고 힘든 길이 되겠지만 좋은 교재로 차근차근 공부한다면 재미있게 실력을 키울 수 있습니다.

효과적인 학습과 수월한 목표 달성을 위하여 기본에 충실한 교재를 만들기 위해 노력하였습니다. 어려운 내용과 문제보다는 기초를 다진 후 이를 응용하고 적응할 수 있도록 내용을 구성하였습니다. 충분히 기초를 쌓아야 어려운 문제도 풀 수 있습니다.

본 교재는
- 전기를 처음 접하는 수험생
- 오래전에 전기를 공부한 수험생
- 기초수학이 부족한 수험생
을 위해 꼭 필요한 내용을 담았으며 되도록 계산기를 이용하여 풀도록 하였습니다.

자격증 취득 시험은 100점을 맞아야 합격하는 시험이 아니라 60점 이상만 맞으면 합격하는 시험입니다. 문제를 보고 필요한 공식을 즉시 떠올려 적용하는 것이 빠른 합격의 지름길입니다. 이를 위해서는 내용을 여러 번 반복해야만 합니다. 이 교재는 합격에 필요한 내용을 효과적으로 반복할 수 있도록 하여 전기자격증 이라는 산의 정상에 쉽게 오를 수 있도록 돕는 길잡이가 될 것입니다.

본 교재의 다소 미흡한 부분은 추후 개정판을 통해 수정 보완해나갈 것을 약속드리며 출간을 위해 애써주신 예문사에 진심으로 감사드립니다.

저자 일동

시험 가이드 / GUIDE

❶ 전기기사 개요

전기를 합리적으로 사용하는 것은 전력부문의 투자효율성을 높이는 것은 물론 국가 경제의 효율성 측면에도 중요하다. 하지만 자칫 전기를 소홀하게 다룰 경우 큰 사고의 위험이 있기 때문에 전기설비의 운전 및 조작·유지·보수에 관한 전문 자격제도를 실시하여 전기로 인한 재해를 방지하고 안전성을 높이고자 자격제도를 제정하였다.

❷ 시험 현황

① 시행처 : 한국산업인력공단
② 시험과목

구분	시험유형	시험시간	과목
필기 (CBT)	객관식 4지 택일형 (총 100문항)	2시간 30분 (과목당 30분)	1. 전기자기학 2. 전력공학 3. 전기기기 4. 회로이론 및 제어공학 5. 전기설비기술기준
실기	필답형	2시간 30분 정도	전기설비설계 및 관리

② 합격기준
• 필기 : 100점을 만점으로 하여 과목당 40점 이상, 전과목 평균 60점 이상
• 실기 : 100점을 만점으로 하여 60점 이상

❸ 시험 일정

구분	필기접수	필기시험	합격자 발표	실기접수	실기시험	합격자 발표
정기 1회	24.1.23. ~24.1.26.	24.2.15. ~24.3.7.	24.3.13.	24.3.26. ~24.3.29.	24.4.27. ~24.5.12.	1차 : 24.5.29. 2차 : 24.6.18
정기 2회	24.4.16. ~24.4.19.	24.5.9. ~24.5.28.	24.6.5.	24.6.25. ~24.6.28.	24.7.28. ~24.8.14.	1차 : 24.8.28. 2차 : 24.9.10.
정기 3회	24.6.18. ~24.6.21.	24.7.5. ~24.7.27.	24.8.7.	24.9.10. ~24.9.13.	24.10.9. ~24.11.8.	1차 : 24.11.20 2차 : 24.12.11

※ 자세한 내용은 한국산업인력공단 홈페이지(www.q-net.or.kr)를 참고하시기 바랍니다.

❹ 검정현황

연도	필기			실기		
	응시	합격	합격률(%)	응시	합격	합격률(%)
2022	52,187	11,611	22.2	32,640	12,901	39.5
2021	60,500	13,365	22.1	33,816	9,916	29.3
2020	56,376	15,970	28.3	42,416	7,151	16.9
2019	49,815	14,512	29.1	31,476	12,760	40.5
2018	44,920	12,329	27.4	30,849	4,412	14.3

도서의 구성과 활용

STEP 1 **핵심이론**

- 효율적인 학습을 위해 최신 출제기준에 따라 핵심이론만을 정리·분석하여 체계적으로 수록하였습니다.
- 학습에 필요한 다양한 도표와 그림을 삽입하여 더욱 쉽게 이해할 수 있도록 하였습니다.

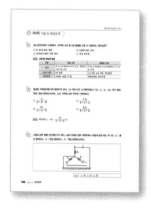

STEP 2 **단원별 과년도 기출 및 예상문제**

- 전기기사 및 산업기사의 과년도 기출문제를 철저히 분석하여 구성한 단원별 기출 및 예상문제를 제공합니다.
- 문제 아래 해설을 배치하여 빠른 학습이 가능하도록 구성했습니다.

STEP 3 **과년도 기출문제**

- 2023년 포함, 2020~2023년 기출문제를 수록하였습니다.
- 2022년도 2회 이후 CBT로 출제된 기출문제는 개정된 출제기준과 해당 회차의 기출 키워드 분석 등을 통해 완벽 복원하였습니다.

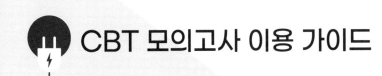

CBT 모의고사 이용 가이드

STEP 1 ▶ 로그인 후 메인 화면 상단의 [CBT 모의고사]를 누른 다음 시험 과목을 선택합니다.

STEP 2 ▶ 시리얼 번호 등록 안내 팝업창이 뜨면 [확인]을 누른 뒤 시리얼 번호를 입력합니다.

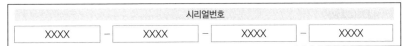

시리얼번호			
XXXX	XXXX	XXXX	XXXX

STEP 3 ▶ [마이페이지]를 클릭하면 등록된 CBT 모의고사를 [모의고사]에서 확인할 수 있습니다.

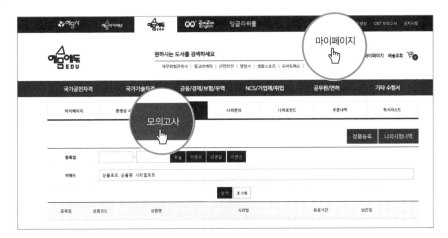

시리얼 번호

S134 - 23LB - M012 - 586L

목차

01

송전공학

전기기사 핵심완성 시리즈 - 2. 전력공학

CRAFTSMAN
ELECTRICITY

CHAPTER 01 전선로

SECTION 01 가공전선로 – 나전선(ACSR)

1. 전선 선정 시 고려사항

(1) 전선 구비조건

① 내구성이 있을 것 　② 기계적 강도가 클 것
③ 도전률이 좋을 것 　④ 중량이 가벼울 것
⑤ 허용전류가 클 것 　⑥ 가요성이 클 것

(2) 전선 굵기 결정 시 주요 고려사항

① 허용전류
② 전압강하
③ 기계적 강도 등

2. 전선 종류별 특성 비교

① 연동선, 경동선, 알루미늄선의 특성 비교

구분	고유저항 $[\Omega \cdot mm^2/m]$	도전율 [%]	인장강도 $[kg/mm^2]$	사용장소
연동선	$\dfrac{1}{58}$	100	20~25	옥내
경동선	$\dfrac{1}{55}$	97	35~48	옥외
알루미늄 (ACSR)	$\dfrac{1}{35}$	61	15~20	특수한 곳 (송전선로)

② 구리(Cu)와 알루미늄(Al)의 특성 비교

도체	도전율	무게	항장력	가격	산화성
구리(Cu)	100[%]	100[%]	100[%]	100[%]	–
알루미늄(Al)	60[%]	30[%]	50[%]	30[%]	쉬움

③ ACSR은 동일 길이와 동일 저항을 갖는 경동연선에 비해 바깥지름은 크고 중량은 작다.
④ 해안지방의 송전선로 : 동선 사용

3. ACSR의 구조 및 바깥지름(D) 계산

① 구조 : 단선(소선)을 여러가닥 꼬아서 만든 연선 형태

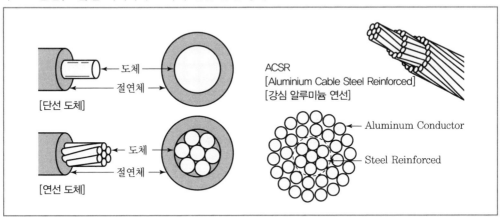

② 연선의 바깥지름(D) 계산

$$D = (1 + 2n) \times d \, [\text{mm}]$$

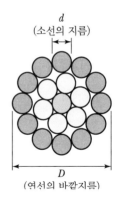

- d : 소선의 지름[mm]
- n : 층수(중심선은 제외)
  → 7가닥(1층), 19가닥(2층), …

4. 켈빈의 법칙과 스틸(Still)식

(1) 켈빈의 법칙

① 개념 : 가장 경제적인 전선의 굵기를 결정하기 위해 적용하는 법칙
② 표현식

$$\sigma = \sqrt{\frac{2.7 \times 35 MP}{N}} \, [\text{A/mm}^2]$$

- σ : 경제적인 전류밀도[A/mm^2]
- M : 전선의 가격[원/kg]
- P : 1년간의 이자와 감가상각비와의 합계
- N : 1년간 전력량의 가격[원/kW · 년]

(2) 스틸(Still)식

① 개념 : 경제적인 전압을 결정하기 위해 적용하는 계산식

② 표현식

$$V_S = 5.5 \sqrt{0.6L + \frac{P}{100}} \; [\text{kV}]$$

- V_S : 송전전압[kV]
- L : 송전거리[km]
- P : 송전전력[kW]

③ 송전선로의 건설비와 전압과의 관계

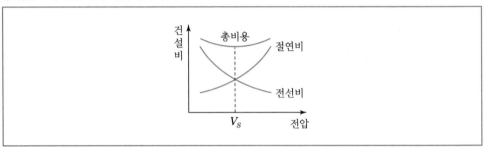

5. 표피효과

① 개념 : 도체의 중심으로 갈수록 전류의 밀도가 낮아지는 현상

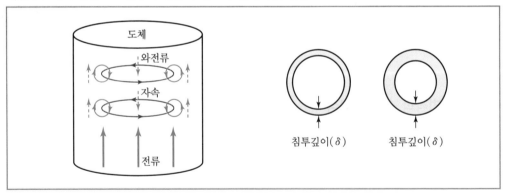

② 표현식

$$\text{침투깊이} \; \delta = \sqrt{\frac{2}{\omega k \mu}} = \sqrt{\frac{1}{\pi f k \mu}}$$

- f : 주파수[Hz]
- k : 전선의 도전율[℧/m]
- μ : 투자율[H/m]

③ 영향 요소
　ㄱ 전선이 굵을수록 증가
　ㄴ 주파수(f), 도전율(k), 투자율(μ)이 클수록 증가

④ 대책
　ㄱ 연선 케이블 사용
　ㄴ 복도체, 다도체 사용

⚡ 과년도 기출 및 예상문제

★★★
01 송배전 선로의 전선 굵기를 결정하는 주요 요소가 아닌 것은?

① 전압강하   ② 허용전류
③ 기계적 강도   ④ 부하의 종류

> **해설** **전선 굵기 결정 시 주요 요소**
> - 허용전류
> - 전압강하
> - 기계적 강도 등

★★☆
02 가공전선로에 사용되는 전선의 구비조건으로 틀린 것은?

① 도전율이 높아야 한다.   ② 기계적 강도가 커야 한다.
③ 전압 강하가 적어야 한다.   ④ 허용전류가 적어야 한다.

> **해설** **전선의 구비조건**
> - 내구성이 있을 것   • 기계적 강도가 클 것
> - 도전율이 좋을 것   • 중량이 가벼울 것
> - 허용전류가 클 것   • 가요성이 클 것

★★★
03 ACSR은 동일한 길이에서 동일한 전기저항을 갖는 경동연선에 비하여 어떠한가?

① 바깥지름은 크고 중량은 작다.
② 바깥지름은 작고 중량은 크다.
③ 바깥지름과 중량이 모두 크다.
④ 바깥지름과 중량이 모두 작다.

> **해설** **구리(Cu)와 알루미늄(Al)의 특성 비교**
>
> | 도체 | 도전율 | 무게 | 항장력 | 가격 | 산화성 |
> |---|---|---|---|---|---|
> | 구리(Cu) | 100[%] | 100[%] | 100[%] | 100[%] | – |
> | 알루미늄(Al) | 60[%] | 30[%] | 50[%] | 30[%] | 쉬움 |
>
> - 저항 $R = \rho \dfrac{\ell}{A} = \dfrac{\ell}{kA}$ [Ω]의 식에서, ACSR의 도전율(k)은 구리(Cu)재질의 전선인 경동연선에 비해 작아서 저항(R)이 크다.
> - 따라서, 동일한 전기저항을 갖게 하기 위해서는 ACSR의 단면적(A)을 증가시키기 위해 바깥지름을 크게 하고, 이때의 중량은 경동연선보다 여전히 가볍다.

> 정답 | 01 ④   02 ④   03 ①

★☆☆
04 다음 중 해안지방의 송전용 나전선으로 가장 적당한 것은?

① 동선　　　　　　　　　　　　　② 강선
③ 알루미늄 합금선　　　　　　　　④ 강심 알루미늄선

> **해설** 알루미늄선은 염해에 의한 부식에 약한 특성으로 해안지방에서는 적합하지 않다.

구리(Cu)와 알루미늄(Al)의 특성 비교

도체	도전율	무게	항장력	가격	산화성
구리(Cu)	100[%]	100[%]	100[%]	100[%]	−
알루미늄(Al)	60[%]	30[%]	50[%]	30[%]	쉬움

★☆☆
05 켈빈(Kelvin)의 법칙이 적용되는 경우는?

① 전압 강하를 감소시키고자 하는 경우
② 부하 배분의 균형을 얻고자 하는 경우
③ 전력 손실량을 축소시키고자 하는 경우
④ 경제적인 전선의 굵기를 선정하고자 하는 경우

> **해설** 켈빈(Kelvin)의 법칙 : 가장 경제적인 전선의 굵기를 결정하기 위해 적용하는 법칙

★★☆
06 다음은 무엇을 결정할 때 사용되는 식인가? (단, L은 송전거리[km]이고, P는 송전전력[kW]이다.)

$$5.5\sqrt{0.6L+\frac{P}{100}}$$

① 송전전압　　　　　　　　　　　② 송전선의 굵기
③ 역률 개선 시 콘덴서의 용량　　　④ 발전소의 발전전압

> **해설** 스틸(Still)식은 경제적인 송전전압 결정을 위해 적용하는 법칙으로, $V_S = 5.5\sqrt{0.6L+\frac{P}{100}}$ [kV]의 식으로
>
> 표현된다.

★★★
07 30,000[kW]의 전력을 51[km] 떨어진 지점에 송전하는 데 필요한 전압은 약 몇 [kV]인가? (단, Still 의 식에 의하여 산정한다.)

① 22
② 33
③ 66
④ 100

해설 Still의 경제적인 송전전압 $V_S = 5.5\sqrt{0.6L + \dfrac{P}{100}} = 5.5 \times \sqrt{0.6 \times 51 + \dfrac{30,000}{100}} ≒ 100[kV]$

★★★
08 전송전력이 400[MW], 송전거리가 200[km]인 경우의 경제적인 송전전압은 약 몇 [kV]인가? (단, Still의 식에 의하여 산정한다.)

① 57
② 173
③ 353
④ 645

해설 Still의 경제적인 송전전압 $V_S = 5.5\sqrt{0.6L + \dfrac{P}{100}} = 5.5 \times \sqrt{0.6 \times 200 + \dfrac{400 \times 10^3}{100}} = 353[kV]$

★☆☆
09 우리나라에서 현재 사용되고 있는 송전전압에 해당되는 것은?

① 150[kV]
② 220[kV]
③ 345[kV]
④ 700[kV]

해설 우리나라 송전전압 : 765[kV], 345[kV], 154[kV]

★★☆
10 다음 그림에서 송전선로의 건설비와 전압과의 관계를 옳게 나타낸 것은?

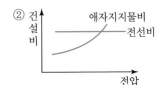
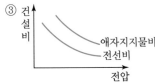

해설 송전전압이 증가하면 전류가 감소하므로 전선의 굵기는 작아지고 절연 레벨의 상승으로 애자의 갯수 및 선로의 건설 비용이 증가한다.

정답 | 07 ④ 08 ③ 09 ③ 10 ①

★☆☆

11 전선에서 전류의 밀도가 도선의 중심으로 들어갈수록 작아지는 현상은?

① 표피효과

② 근접효과

③ 접지효과

④ 페란티효과

해설 표피효과 : 도선(도체)의 중심으로 들어갈수록 전류의 밀도가 작아지는 현상

★★★

12 전선에 교류가 흐를 때의 표피 효과에 관한 설명으로 옳은 것은?

① 전선은 굵을수록, 도전율 및 투자율은 작을수록, 주파수는 높을수록 커진다.

② 전선은 굵을수록, 도전율 및 투자율은 클수록, 주파수는 높을수록 커진다.

③ 전선은 가늘수록, 도전율 및 투자율은 작을수록, 주파수는 높을수록 커진다.

④ 전선은 가늘수록, 도전율 및 투자율은 클수록, 주파수는 높을수록 커진다.

해설 • 표피효과는 침투깊이(δ)가 작을수록 증가한다.

침투깊이(δ)　　　침투깊이(δ)

• 침투깊이(δ) 표현식 : $\delta = \sqrt{\dfrac{2}{\omega k \mu}} = \sqrt{\dfrac{1}{\pi f k \mu}}$

• 전선이 굵을수록, 도전율(k) 및 투자율(μ)이 클수록, 주파수(f)가 높을수록 표피효과는 커진다.

★★☆

13 표피효과에 대한 설명으로 옳은 것은?

① 전선의 단면적에 반비례한다.

② 주파수에 비례한다.

③ 전압에 비례한다.

④ 도전율에 반비례한다.

해설 표피효과는 전선의 단면적(A), 주파수(f), 도전율(k), 투자율(μ)이 클수록 증가하기 때문에 이들과는 비례 관계가 성립한다.

정답 | 11 ① 12 ② 13 ②

02 SECTION 전선의 진동과 도약

1. 전선의 진동

① 개념 : 바람에 의해 발생한 전선의 진동이 철탑과 전선의 지지점에 지속적인 피로를 유발하여 전선의 단선이 우려되는 현상

② 방지대책 : 댐퍼, 아머로드, 클램프

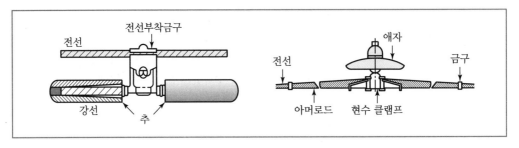

2. 전선의 도약

① 개념 : 전선에 붙은 빙설이 온도, 바람의 조건에 따라 일제히 탈락할 때 전선이 도약하여 상·하 전선의 혼선, 혼촉, 단락이 우려되는 현상

② 방지대책 : 오프셋(off set)

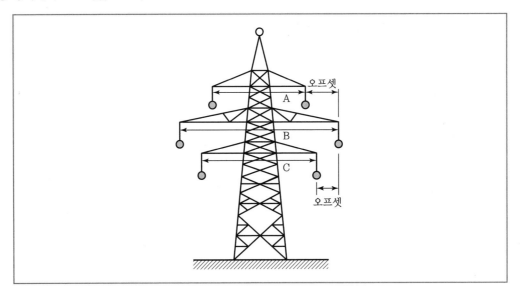

과년도 기출 및 예상문제

★☆☆
01 다음 중 송 · 배전선로의 진동 방지대책에 사용되지 않는 기구는?

① 댐퍼
② 조임쇠
③ 클램프
④ 아머 로드

해설 ┃ 전선의 진동방지 대책 : 댐퍼, 아머로드, 클램프

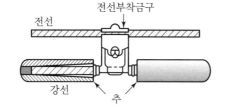

★★★
02 송전선로에 댐퍼(Damper)를 설치하는 주된 이유는?

① 전선의 진동방지
② 전선의 이탈방지
③ 코로나현상의 방지
④ 현수애자의 경사 방지

해설 ┃ 댐퍼 : 전선의 진동을 방지하기 위해 지지점 가까운 곳에 설치한다.

★☆☆
03 가공 전선로의 전선 진동을 방지하기 위한 방법으로 틀린 것은?

① 토셔널 댐퍼의 설치
② 스프링 피스톤 댐퍼와 같은 진동 제지권을 설치
③ 경동선을 ACSR로 교환
④ 클램프나 전선 접촉기 등을 가벼운 것으로 바꾸고 클램프 부근에 적당히 전선을 첨가

해설 ┃ ACSR(강심알루미늄연선)은 경동선에 비해 중량이 가벼운 특성으로 진동이 증가한다.

★☆☆
04 철탑에서 전선의 오프셋을 주는 이유로 옳은 것은?

① 불평형 전압의 유도 방지
② 상하 전선의 접촉 방지
③ 전선의 진동 방지
④ 지락 사고 방지

해설 ┃ 오프셋(off set) : 전선의 도약에 의한 상 · 하선 접촉(혼촉) 방지 대책

정답 ┃ 01 ② 02 ① 03 ③ 04 ②

03 SECTION 전선의 이도(Dip) 및 하중

1. 전선의 이도(Dip)

(1) 개념

전선의 지지점을 연결하는 수평선으로부터 전선이 아래로 처져 있는 정도

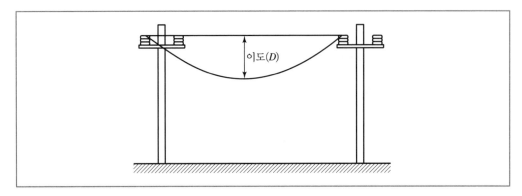

(2) 이도(Dip) 계산식

$$D = \frac{WS^2}{8T}\,[\text{m}]$$

- W : 전선 1[m]당 무게[kg/m]
- S : 경간[m]
- T : 전선의 수평장력[kg] $\rightarrow$ $T = \dfrac{\text{인장하중}(T_o)}{\text{안전률}(K)}$

(3) 이도의 특징

① 이도는 지지물의 높이를 결정한다
② 이도가 너무 크면 전선은 좌우로 진동 → 지락 사고 초래
③ 이도가 너무 작으면 전선의 장력이 증가 → 전선의 단선 우려

(4) 전선의 실제 길이(L) 계산

$$L = S + \frac{8D^2}{3S}\,[\text{m}] \rightarrow \frac{8D^2}{3S}\text{의 값은 경간}(S)\text{의 } 0.1[\%] \text{ 이상}$$

(5) 온도 변화 후의 이도(D_2)

$$D_2 = \sqrt{D_1^2 + \frac{3}{8}\alpha t S^2}\,[\text{m}]$$

- t : 온도차[℃]
- α : 선 팽창 계수(1[℃]에 대하여)

(6) 전선의 평균 높이(h)

$$h = H - \frac{2}{3}D[\text{m}]$$

- H : 지지점의 높이[m]

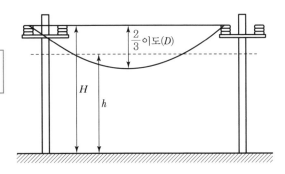

2. 전선의 하중

(1) 빙설하중(W_i)

$$W_i = 0.0054\pi(d+6)\,[\text{kg/m}]$$

국내에서 빙설의 비중은 $0.9[\text{g/cm}^3]$, 빙설의 두께는 6[mm]를 기준으로 한다.

(2) 풍압하중(W_w)

① 표준 철탑 설계 시 가장 큰 하중 : 풍압(수평 횡하중)
② 빙설이 적은 지방

$$W_w = \frac{P \cdot d}{1,000}\,[\text{kg/m}]$$

- P : 풍압
- d : 전선의 지름

③ 빙설이 많은 지방

$$W_w = \frac{P(d+12)}{1,000}\,[\text{kg/m}]$$

(3) 합성 하중

① 빙설이 적은 지방

$$W= \sqrt{ W_c{}^2+ W_w{}^2 } \, [\text{kg/m}]$$

② 빙설이 많은 지방

$$W= \sqrt{ (W_c+ W_i)^2+ W_w{}^2 } \, [\text{kg/m}]$$

- W_c : 전선 자체 무게
- W_i : 빙설하중
- W_w : 풍압하중

⚡ 과년도 기출 및 예상문제

★★★
01 양 지지점의 높이가 같은 전선의 이도를 구하는 식은? (단, 이도는 D[m], 수평장력은 T[kg], 전선의 무게는 W[kg/m], 경간은 S[m]이다.)

① $D = \dfrac{WS^2}{8T}$ ② $D = \dfrac{SW^2}{8T}$

③ $D = \dfrac{8WT}{S^2}$ ④ $D = \dfrac{ST^2}{8W}$

> **해설** • 이도 : 지지점에 연결된 전선이 아래로 처져 있는 정도
> • 계산식 : $D = \dfrac{WS^2}{8T}$ [m]

★★★
02 가공 송전선로를 가선할 때에는 하중 조건과 온도 조건을 고려하여 적당한 이도(dip)를 주도록 하여야 한다. 이도에 대한 설명으로 옳은 것은?

① 이도의 대소는 지지물의 높이를 좌우한다.
② 전선을 가선할 때 전선을 팽팽하게 하는 것을 이도가 크다고 한다.
③ 이도가 작으면 전선이 좌우로 크게 흔들려서 다른 상의 전선에 접촉하여 위험하게 된다.
④ 이도가 작으면 이에 비례하여 전선의 장력이 증가되며, 너무 작으면 전선 상호 간이 꼬이게 된다.

> **해설** **이도의 특징**
> • 이도는 지지물의 높이를 결정한다.
> • 이도가 너무 크면 전선은 좌우로 진동 → 지락 사고 초래
> • 이도가 너무 작으면 전선의 장력이 증가 → 전선의 단선 우려

★☆☆
03 경간 200[m], 장력 1,000[kg], 하중 2[kg/m]인 가공전선의 이도(dip)는 몇 [m]인가?

① 10   ② 11
③ 12   ④ 13

> **해설** 이도 $D = \dfrac{WS^2}{8T} = \dfrac{2 \times 200^2}{8 \times 1,000} = 10$[m]

정답 | 01 ①   02 ①   03 ①

04

★★★

가공전선로의 경간 200[m], 전선의 자체 무게 2[kg/m], 인장하중 5,000[kg], 안전율 2인 경우, 전선의 이도는 몇 [m]인가?

① 2

② 4

③ 6

④ 8

해설 • 이도 $D = \dfrac{WS^2}{8T} = \dfrac{2 \times 200^2}{8 \times \dfrac{5,000}{2}} = 4[m]$

• T : 전선의 수평장력[kg] → $T = \dfrac{\text{인장하중}(T_o)}{\text{안전률}(K)}$

05

★☆☆

송배전선로에서 전선의 장력을 2배로 하고 또 경간을 2배로 하면 전선의 이도는 처음의 몇 배가 되는가?

① $\dfrac{1}{4}$

② $\dfrac{1}{2}$

③ 2

④ 4

해설 이도 $D = \dfrac{WS^2}{8T}$ 의 식에서, $D' = \dfrac{W \times (2S)^2}{8 \times (2T)} = \dfrac{W \times 4S^2}{8 \times 2T} = 2 \times \dfrac{WS^2}{8T} = 2D$

06

★★☆

보통 송전선용 표준철탑 설계의 경우 가장 큰 하중은?

① 풍압

② 애자, 전선의 중량

③ 빙설

④ 전선의 인장 강도

해설 표준 철탑 설계 시 가장 큰 하중 : 풍압(수평 횡하중)

07

★★★

공칭단면적 200[mm²], 전선무게 1.838[kg/m], 전선의 외경 18.5[mm]인 경동연선을 경간 200[m]로 가설하는 경우의 이도는 약 몇 [m]인가? (단, 경동연선의 전단 인장하중은 7,910[kg], 빙설하중은 0.416[kg/m], 풍압하중은 1.525[kg/m], 안전율은 2.0이다.)

① 3.44

② 3.78

③ 4.28

④ 4.78

해설 • 합성하중 계산(빙설이 많은 지방)

$W = \sqrt{(W_c + W_i)^2 + W_w^2} = \sqrt{(1.838 + 0.416)^2 + 1.525^2} = 2.721[kg/m]$

• 이도 $D = \dfrac{WS^2}{8T} = \dfrac{2.721 \times 200^2}{8 \times \dfrac{7,910}{2}} \fallingdotseq 3.44[m]$

정답 | 04 ② 05 ③ 06 ① 07 ①

08 전선의 자체 중량과 빙설의 종합하중을 W_1, 풍압하중을 W_2라 할 때 합성하중은?

① $W_1 + W_2$

② $W_2 - W_1$

③ $\sqrt{W_1 - W_2}$

④ $\sqrt{{W_1}^2 + {W_2}^2}$

해설 합성하중 $= \sqrt{수직하중^2 + 수평하중^2} = \sqrt{(전선하중 + 빙설하중)^2 + 풍압하중^2}$

09 풍압이 $P[\text{kg/m}^2]$이고 빙설이 적은 지방에서 지름이 $d[\text{mm}]$인 전선 $1[\text{m}]$가 받는 풍압하중은 표면계수를 k라고 할 때 몇 $[\text{kg/m}]$가 되는가?

① $\dfrac{Pk(d+12)}{1,000}$

② $\dfrac{Pk(d+6)}{1,000}$

③ $\dfrac{Pkd}{1,000}$

④ $\dfrac{Pkd^2}{1,000}$

해설 • 빙설이 적은 지방 : $W_w = \dfrac{Pkd}{1,000} \, [\text{kg/m}]$

• 빙설이 많은 지방 : $W_w = \dfrac{Pk(d+12)}{1,000} \, [\text{kg/m}]$

10 전선 양측의 지지점의 높이가 동일할 경우 전선의 단위 길이당 중량을 $W[\text{kg}]$, 수평장력을 $T[\text{kg}]$, 경간을 $S[\text{m}]$, 전선의 이도를 $D[\text{m}]$라 할 때 전선의 실제길이 $L[\text{m}]$를 계산하는 식은?

① $L = S + \dfrac{8S^2}{3D}$

② $L = S + \dfrac{8D^2}{3S}$

③ $L = S + \dfrac{3S^2}{8D}$

④ $L = S + \dfrac{3D^2}{8S}$

해설 전선의 실제길이 $L = S + \dfrac{8D^2}{3S} \, [\text{m}]$

정답 | 08 ④ 09 ③ 10 ②

11 가공 선로에서 이도를 D[m]라 하면 전선의 실제 길이는 경간 S[m]보다 얼마나 차이가 나는가?

① $\dfrac{5D}{8S}$

② $\dfrac{5D^2}{8S}$

③ $\dfrac{9D}{8S^2}$

④ $\dfrac{8D^2}{3S}$

해설 전선의 실제길이 $L = S + \dfrac{8D^2}{3S}$ [m]의 식에서, $L - S = \dfrac{8D^2}{3S}$ [m]이므로,

전선의 실제길이는 경간(S)보다 $\dfrac{8D^2}{3S}$ [m]만큼 길다.

★★☆

12 경간이 200[m]인 가공 전선로가 있다. 사용전선의 길이는 경간보다 약 몇 [m] 더 길어야 하는가? (단, 전선의 1[m]당 하중은 2[kg], 인장하중은 4,000[kg]이고, 풍압하중은 무시하며, 전선의 안전율은 2 이다.)

① 0.33

② 0.61

③ 1.41

④ 1.73

해설 • 이도 : $D = \dfrac{WS^2}{8T} = \dfrac{2 \times 200^2}{8 \times \dfrac{4,000}{2}} = 5$ [m]

• $L - S = \dfrac{8D^2}{3S} = \dfrac{8 \times 5^2}{3 \times 200} = 0.33$ [m]

★★☆

13 전선의 지지점 높이가 31[m]이고, 전선의 이도가 9[m]라면 전선의 평균높이는 몇 [m]인가?

① 25.0

② 26.5

③ 28.5

④ 30.0

해설 평균높이 $h = H - \dfrac{2}{3}D = 31 - \dfrac{2}{3} \times 9 = 25$ [m]

정답 | 11 ④ 12 ① 13 ①

04 SECTION 철탑 및 애자

1. 철탑

(1) 개념

가공 송전선로의 지지물로 사용되는 철골이나 철주를 소재로 한 탑형 구조물이다.

(2) 종류

종류	특성 설명
직선형 철탑(A형)	• 직선 부분 또는 수평각도 3[°] 이하의 개소에 사용
각도형 철탑 (B형, C형)	• B형 철탑 : 수평각도 3~20[°] 이하의 개소에 사용 • C형 철탑 : 수평각도 20~30[°] 이하의 개소에 사용
인류형 철탑(D형)	• 전선을 끌어당겨서 고정시킬 수 있도록 설계한 철탑(억류지지 철탑)
내장형 철탑(E형)	• 수평각도 30[°]를 초과하거나 불균형 장력이 현저하게 발생하는 개소에 사용 • 지지물 양쪽의 경간차가 큰 장소에 사용 • 직선 철탑이 연속되는 경우 10기마다 1기씩 사용
보강형 철탑	• 전선로 직선부분을 보강하기 위해 사용 • 선로의 불평등 장력에 대해 $\frac{1}{6}$을 더 견딜 수 있게 함

2. 애자

(1) 개념

① 전선을 지지물에 견고히 고정시키는 구조물이다.
② 전선과 지지물 간 충분한 절연을 시킴(절연간격 유지)

(2) 애자의 구비조건

① 충분한 절연내력을 가질 것
② 충분한 기계적 강도를 가질 것
③ 누설전류가 적을 것
④ 표면의 절연저항이 클 것
⑤ 온도 변화에 강할 것

(3) 종류

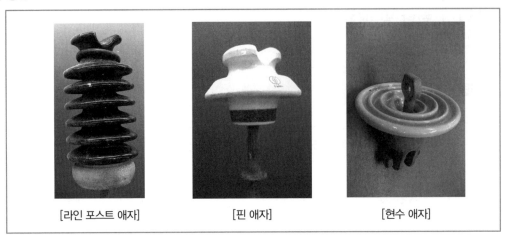

| [라인 포스트 애자] | [핀 애자] | [현수 애자] |

① 핀 애자
　㉠ 주로 30[kV] 이하에서 사용
　㉡ 지지부 위에 전선이 위치

② 현수 애자
　㉠ 66[kV] 이상의 가공선로에서 많이 사용
　㉡ 지지부 아래에 전선이 위치
　㉢ 표준규격 : 250[mm]
　㉣ 전압별 표준 애자 수

전압[kV]	22.9	66	154	345
애자 수	2~3	4~5	9~11	18~23
표준애자 수	2	4	10	20

③ 장간 애자 : 내염, 내무에 강하여 해안지방에서 많이 사용
④ LP(Line Post) 애자 : 선로 지지애자로 사용

(4) 각 애자의 전압 분담

구분	66[kV]의 경우	154[kV]의 경우
애자 수	표준 애자 수 : 4개	표준 애자 수 : 10개
최소 전압분담	철탑에서 1번째 애자	• 철탑에서 3번째 애자 • 전선에서 8번째 애자
최대 전압분담	전선에서 1번째 애자	전선에서 1번째 애자

(5) 애자련 보호장치

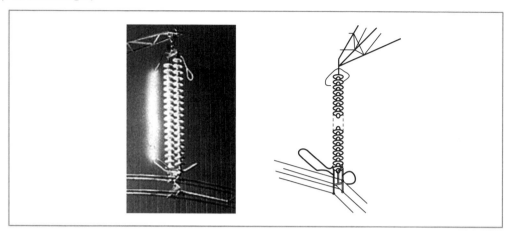

① 종류
  ㉠ 초호환(소호환, arcing ring)
  ㉡ 초호각(소호각, arcing horn)

② 설치목적
  ㉠ 섬락 사고로부터 애자련 보호
  ㉡ 애자의 전압분담 완화(정전용량의 균일화)
  ㉢ 애자의 수명 연장

(6) 애자의 섬락전압(254[mm] 현수애자 1개 기준)

① 주수섬락전압(이슬비, 안개비) : 50[kV]
② 건조섬락전압(맑은 날) : 80[kV]
③ 충격섬락전압(서지, 벼락) : 125[kV]
④ 유중 섬락전압(절연유) : 140[kV]

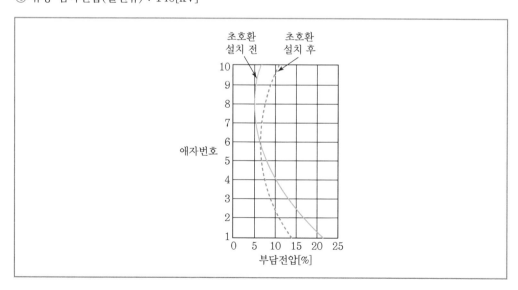

⚡ 과년도 기출 및 예상문제

***

01 전선로의 지지물 양쪽의 경간의 차가 큰 장소에 사용되며, 일명 E형 철탑이라고도 하는 표준 철탑의 일종은?

① 직선형 철탑
② 내장형 철탑
③ 각도형 철탑
④ 인류형 철탑

> **해설** **내장형 철탑(E형 철탑)**
> • 지지물 양쪽의 경간차가 큰 장소에 사용
> • 직선 철탑이 연속되는 경우 10기마다 1기씩 사용

***

02 철탑의 사용목적에 의한 분류에서 송전선로 전부의 전선을 끌어당겨서 고정시킬 수 있도록 설계한 철탑으로 D형 철탑이라고도 하는 것은?

① 내장 보강 철탑
② 각도 철탑
③ 인류 지지 철탑
④ 직선 철탑

> **해설** 인류형 철탑(D형 철탑) : 전선을 끌어당겨서 고정시킬 수 있도록 설계한 철탑

***

03 애자가 갖추어야 할 구비조건으로 옳은 것은?

① 온도의 급변에 잘 견디고 습기도 잘 흡수해야 한다.
② 지지물에 전선을 지지할 수 있는 충분한 기계적 강도를 갖추어야 한다.
③ 비, 눈, 안개 등에 대해서도 충분한 절연내력을 가지며, 누설전류가 많아야 한다.
④ 선로 전압에는 충분한 절연내력을 가지며, 이상전압에는 절연내력이 매우 작아야 한다.

> **해설** **애자의 구비조건**
> • 충분한 절연내력을 가질 것
> • 충분한 기계적 강도를 가질 것
> • 누설전류가 적을 것
> • 표면의 절연저항이 클 것
> • 온도 변화에 강할 것

정답 | 01 ② 02 ③ 03 ②

★★★
04 현수애자에 대한 설명이 아닌 것은?

① 애자를 연결하는 방법에 따라 클래비스형과 볼 소켓형이 있다.
② 2~4층의 갓 모양의 가지편을 시멘트로 접착하고 그 자기를 주철제 BASE로 지지한다.
③ 애자의 연결개수를 가감함으로써 임의의 송전전압에 사용할 수 있다.
④ 큰 하중에 대하여는 2련 또는 3련으로 하여 사용할 수 있다.

해설 ②은 핀 애자에 대한 설명이다.

★★☆
05 18~23개를 한 줄로 이어 단 표준현수애자를 사용하는 전압[kV]은?

① 23[kV]
② 154[kV]
③ 345[kV]
④ 765[kV]

해설 전압에 따른 애자 및 표준애자 수

전압[kV]	22.9	66	154	345
애자 수	2~3	4~5	9~11	18~23
표준애자 수	2	4	10	20

★★★
06 다음 중 가공 송전선에 사용하는 애자련 중 전압부담이 가장 큰 것은?

① 전선에 가장 가까운 것
② 중앙에 있는 것
③ 철탑에 가장 가까운 것
④ 철탑에서 1/3 지점의 것

해설 • 최대 전압부담 : 전선에서 1번째 애자(전선에서 가장 가까운 애자)
• 최소 전압부담 : 철탑에서 1번째 애자(전선에서 가장 먼 애자)

★★★
07 154[kV] 송전선로에 10개의 현수애자가 연결되어 있다. 다음 중 전압부담이 가장 적은 것은? (단, 애자는 같은 간격으로 설치되어 있다.)

① 철탑에 가상 가까운 것
② 철탑에서 3번째에 있는 것
③ 전선에서 가장 가까운 것
④ 전선에서 3번째에 있는 것

해설 • 최대 전압부담 : 전선에서 1번째 애자(전선에서 가장 가까운 애자)
• 최소 전압부담 : 철탑에서 3번째 애자, 전선에서 8번째 애자

정답 | 04 ② 05 ③ 06 ① 07 ②

★☆☆
08 송전선로의 현수애자련 연면 섬락과 가장 관계가 먼 것은?

① 댐퍼 ② 철탑 접지 저항
③ 현수애자련의 개수 ④ 현수애자련의 소손

해설 댐퍼는 전선의 진동을 방지하여 진동으로 인한 전선의 단선을 방지하기 위해 설치되는 설비이다.

★★★
09 아킹혼(Arcing Horn)의 설치목적은?

① 이상전압 소멸 ② 전선의 진동방지
③ 코로나 손실방지 ④ 섬락사고에 대한 애자보호

해설 **아킹혼(Arcing Horn) 설치목적**
- 섬락사고로부터 애자련 보호
- 애자의 전압분담 완화(정전용량의 균일화)
- 애자의 수명 연장

★☆☆
10 250[mm] 현수애자 1개의 건조섬락전압은 몇 [kV] 정도인가?

① 50 ② 60
③ 80 ④ 100

해설 **애자의 섬락전압(254[mm] 현수애자 1개 기준)**
- 주수섬락전압(이슬비, 안개비) : 50[kV]
- 건조섬락전압(맑은 날) : 80[kV]
- 충격섬락전압(서지, 벼락) : 125[kV]
- 유중 섬락전압(절연유) : 140[kV]

★☆☆
11 애자의 전기적 특성에서 가장 높은 전압은?

① 건조섬락전압 ② 주수섬락전압
③ 충격섬락전압 ④ 유중 파괴 전압

해설 **애자의 전기적 특성**
주수섬락(50[kV]) < 건조섬락(80[kV]) < 충격섬락(125[kV]) < 유중 파괴(140[kV])

정답 | 08 ① 09 ④ 10 ③ 11 ④

05 SECTION 지중 전선로(Cable) 및 직 · 교류 송전방식

1. 지중 전선로의 특징

(1) 장 · 단점

장점	단점
• 인덕턴스(L) 감소, 정전용량(C) 증가한다.	• 시설비가 고가이다.
• 미관이 우수하다.	• 고장점 검출이 어렵고, 복구가 용이하지 않다.
• 풍수해(비, 바람, 해수 등) 및 인축에 대한 안전성이 높다.	• 열 발산이 나쁘다.
• 통신선 유도장해가 적다.	• 화재에 취약하다.

(2) 케이블 부설방법

직매식, 관로식, 암거식(공동구식) 등

2. 케이블(Cable)의 특징

(1) 구조

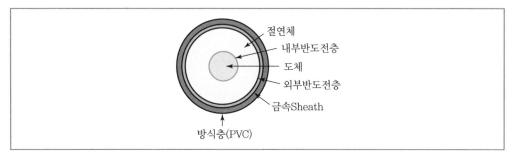

(2) 주요 손실 : 저항손, 유전체손, 연피손

(3) 지중케이블 고장검출 방법

① 머레이 루프법(Murray loop) → 1선 및 2선지락 고장에 적용

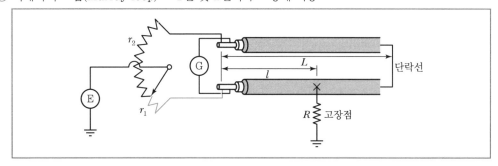

② 펄스 레이더법(Pulse radar) → 단선, 단락, 지락(1~3선)

③ 정전용량법 : 1~3선 단선

④ 탐색(수색) 코일법 : 지락 또는 단락

⑤ 음향 검출법(방전음에 의한 방법) : 지락, 단락

3. 직 · 교류 송전방식의 특징

(1) 직류방식의 장점

① 교류송전에 비해 절연계급이 $1/\sqrt{2}$ 배로 낮다.

② 리액턴스에 의한 전압강하가 없으므로 송전효율이 우수하다.

③ 리액턴스의 영향이 없으므로 안정도가 좋다.

④ 주파수가 다른 계통을 비동기로 서로 송전할 수 있다.

⑤ 유전체손실과 연피손실이 없다. ($\because f = 0$)

(2) 직류방식의 단점

① 직 · 교류 변환장치가 필요하며 설치비가 고가이다.

② 회전자계를 얻지 못하여 변압이 어렵다.

③ 고전압, 대전류의 차단이 어렵고 차단기의 가격이 고가이다.

(3) 교류방식의 장점

① 전압의 변압이 용이하다.

② 회전자계를 쉽게 얻을 수 있다.

③ 부하와 일관된 운용을 기할 수 있다.

과년도 기출 및 예상문제

★☆☆
01 가공전선로에 대한 지중전선로의 장점으로 옳은 것은?

① 건설비가 싸다.
② 송전용량이 많다.
③ 인축에 대한 안전성이 높이며 환경조화를 이룰 수 있다.
④ 사고복구에 효율적이다.

해설 지중전선로 방식은 인축에 대한 안전성이 높고, 환경조화를 이룰 수 있어 미관이 우수하다.

지중전선로의 장 · 단점

장점	단점
• 인덕턴스(L) 감소, 정전용량(C) 증가한다. • 미관이 우수하다. • 풍수해(비, 바람, 해수 등) 및 인축에 대한 안전성이 높다. • 통신선 유도장해가 적다.	• 시설비가 고가이다. • 고장점 검출이 어렵고, 복구가 용이하지 않다. • 열 발산이 나쁘다. • 화재에 취약하다.

★★★
02 가공선 계통은 지중선 계통보다 인덕턴스 및 정전용량이 어떠한가?

① 인덕턴스, 정전용량이 모두 작다.
② 인덕턴스, 정전용량이 모두 크다.
③ 인덕턴스는 크고, 정전용량은 작다.
④ 인덕턴스는 작고, 정전용량은 크다.

해설 • 인덕턴스(L) 계산식 : $L = 0.05 + 0.4605 \log_{10} \dfrac{D}{r}$ [mH/km], $L \propto D$

• 정전용량(C) 계산식 : $C = \dfrac{0.02413}{\log_{10} \dfrac{D}{r}}$ [μF/km], $C \propto \dfrac{1}{D}$

• 가공선 계통이 지중선 계통에 비해서 등가선간거리(D)가 수십 배정도 크므로 인덕턴스(L)는 크고 정전용량(C)은 작다.

정답 | 01 ③ 02 ③

★★☆
03 케이블의 전력 손실과 관계가 없는 것은?

① 도체의 저항손   ② 유전체손
③ 연피손   ④ 철손

> 해설 • 케이블의 전력 손실 : 저항손, 유전체손, 연피손
> • 철손은 철심에서 발생하는 손실이다.

★★★
04 지중 케이블에 있어서 고장점을 찾는 방법이 아닌 것은?

① 머리 루프 시험기에 의한 방법   ② 메거에 의한 측정 방법
③ 수색 코일에 의한 방법   ④ 펄스에 의한 측정법

> 해설 메거 측정법은 절연저항을 측정하는 방법이다.

★☆☆
05 교류송전방식과 직류송전방식을 비교할 때 교류송전방식의 장점에 해당되는 것은?

① 전압의 승압, 강압 변경이 용이하다.
② 절연계급을 낮출 수 있다.
③ 송전효율이 좋다.
④ 안정도가 좋다.

> 해설 **교류송전방식의 장점**
> • 전압의 변압(승압, 강압)이 용이하다.
> • 회전자계를 쉽게 얻을 수 있다.
> • 부하와 일관된 운용을 기할 수 있다.

★☆☆
06 교류송전방식과 비교하여 직류송전방식의 설명이 아닌 것은?

① 전압 변동률이 양호하고 무효전력에 기인하는 전력 손실이 생기지 않는다.
② 안정도의 한계가 없으므로 송전용량을 높일 수 있다.
③ 전력 변환기에서 고조파가 발생한다.
④ 고전압, 대전류의 차단이 용이하다.

> 해설 직류의 경우 전압과 전류의 영(0)점이 없어서 고전압, 대전류의 차단이 어렵다.

정답 03 ④   04 ②   05 ①   06 ④

CHAPTER 02 선로정수 및 코로나

SECTION 01 인덕턴스 및 정전용량

1. 선로정수

① 저항(R), 인덕턴스(L), 정전용량(C), 누설컨덕턴스(G)의 4가지 정수를 의미한다.
② 전선의 종류, 굵기, 배치 등에 의해서 결정된다.
③ 전압, 전류, 역률 등에는 영향을 받지 않는다.

2. 인덕턴스(Inductance) : L[H]

(1) 1선당 작용 인덕턴스

① 단도체

$$L = 0.05 + 0.4605 \log_{10} \frac{D}{r} \ [\mathrm{mH/km}]$$

② 복도체(다도체)

$$L_n = \frac{0.05}{n} + 0.4605 \log_{10} \frac{D}{r_e} \ [\mathrm{mH/km}]$$

- D : 등가 선간거리
- r : 전선의 반지름
- n : 소도체의 수
- r_e : 등가 반지름($r_e = \sqrt[n]{r \cdot s^{n-1}}$)
- s : 소도체의 기하학적 평균거리

(2) 대지를 귀로로 하는 경우의 인덕턴스(지락 사고 시)

$$L_e = 0.1 + 0.4605 \log_{10} \frac{2H_e}{r} \ [\mathrm{mH/km}]$$

- $H_e = \dfrac{h+H}{2}$: 등가 대지면의 깊이

3. 정전용량(capacitance) : C[F]

(1) 단도체

① 단상 2선식

$$C = C_s + 2C_m \fallingdotseq \frac{0.02413}{\log_{10}\dfrac{D}{r}}\ [\mu\mathrm{F/km}]$$

② 3상 3선식 1회선

$$C = C_s + 3C_m \fallingdotseq \frac{0.02413}{\log_{10}\dfrac{D}{r}}\ [\mu\mathrm{F/km}]$$

(2) 다도체(복도체)

$$C_n = \frac{0.02413}{\log_{10}\dfrac{D}{r_e}}\ [\mu\mathrm{F/km}]$$

- r_e : 등가 반지름$(r_e = \sqrt[n]{r \cdot s^{n-1}}\,)$

(3) 정전용량의 적용

① 작용정전용량(C 또는 C_w) : 충전전류, 충전용량 계산 시 적용
② 상호정전용량(C_m) : 단상 정전유도전압 계산 시 적용
③ 대지정전용량(C_s) : 비접지 방식에서의 1선 지락전류 계산 시 적용

4. 등가 선간거리 계산

구분	계산식 설명
직선 배치	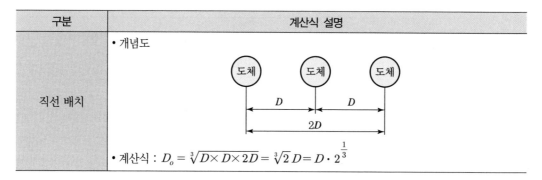 • 개념도 • 계산식 : $D_o = \sqrt[3]{D \times D \times 2D} = \sqrt[3]{2}\,D = D \cdot 2^{\frac{1}{3}}$

구분	계산식 설명
정삼각형 배치	• 개념도 도체 D　　D 도체　D　도체 • 계산식 : $D_o = \sqrt[3]{D \times D \times D} = D$
정사각형 배치	• 개념도 도체　D　도체 $\sqrt{2}D$ D　　　D $\sqrt{2}D$ 도체　D　도체 • 계산식 : $D_o = \sqrt[6]{D \times D \times D \times D \times \sqrt{2}\,D \times \sqrt{2}\,D} = \sqrt[6]{2}\,D = D \cdot 2^{\frac{1}{6}}$

⚡ 과년도 기출 및 예상문제

★☆☆
01 다음 〈보기〉의 ㉠, ㉡에 알맞은 내용은?

보기

송배전 선로는 저항 R, 인덕턴스 L, 정전용량(커패시턴스) C, 누설 콘덕턴스 G라는 4개의 정수로 이루어진 연속된 전기회로이다. 이들 정수를 선로정수라고 부르는데 이것은 (㉠), (㉡), 등에 따라 정해진다.

① ㉠ 전압 · 전선의 종류, ㉡ 역률
② ㉠ 전선의 굵기 · 전압, ㉡ 전류
③ ㉠ 전선의 배치 · 전선의 종류, ㉡ 전류
④ ㉠ 전선의 종류 · 전선의 굵기, ㉡ 전선의 배치

해설 **선로정수(R, L, G, C)**
• 저항(R), 인덕턴스(L), 정전용량(C), 누설컨덕턴스(G)의 4가지 정수를 의미한다.
• 전선의 종류, 굵기, 배치 등에 의해서 결정된다.
• 전압, 전류, 역률 등에는 영향을 받지 않는다.

★☆☆
02 송전선로의 선로정수가 아닌 것은 다음 중 어느 것인가?

① 저항   ② 리액턴스
③ 정전용량   ④ 누설콘덕턴스

해설 선로정수는 저항(R), 인덕턴스(L), 정전용량(C), 누설컨덕턴스(G)의 4가지 정수를 의미한다.

★☆☆
03 가공송전선로에서 선간거리를 도체 반지름으로 나눈값$\left(\dfrac{D}{r}\right)$이 클수록 인덕턴스와 정전용량은 어떻게

되는가?

① 인덕턴스와 정전용량이 모두 작아진다.
② 인덕턴스와 정전용량이 모두 커진다.
③ 인덕턴스는 커지나, 정전용량은 작아진다.
④ 인덕턴스는 작아지나, 정전용량은 커진다.

정답 | **01** ④   **02** ②   **03** ③

해설 • 인덕턴스 $L = 0.05 + 0.4605 \log \dfrac{D}{r} \rightarrow L \propto \log \dfrac{D}{r}$

• 정전용량 $C = \dfrac{0.02413}{\log \dfrac{D}{r}} \rightarrow C \propto \dfrac{1}{\log \dfrac{D}{r}}$

• 따라서, $\dfrac{D}{r}$ 값이 클수록 인덕턴스(L)는 커지나, 정전용량(C)은 작아진다.

★☆☆
04 가공 왕복선 배치에서 지름이 d[m]이고 선간거리가 D[m]인 선로 한 가닥의 작용 인덕턴스는 몇 [mH/km]인가? (단, 선로의 투자율은 1이라 한다.)

① $0.5 + 0.4605 \log_{10} \dfrac{D}{d}$

② $0.05 + 0.4605 \log_{10} \dfrac{D}{d}$

③ $0.5 + 0.4605 \log_{10} \dfrac{2D}{d}$

④ $0.05 + 0.4605 \log_{10} \dfrac{2D}{d}$

해설 작용 인덕턴스 $L = 0.05 + 0.4605 \log_{10} \dfrac{D}{r} = 0.05 + 0.4605 \log_{10} \dfrac{D}{\dfrac{d}{2}}$

$= 0.05 + 0.4605 \log_{10} \dfrac{2D}{d} \, [\text{mH/km}]$

★☆☆
05 반지름 0.6[cm]인 경동선을 사용하는 3상 1회선 송전선에서 선간거리를 2[m]로 정삼각형 배치할 경우, 각 선의 인덕턴스[mH/km]는 약 얼마인가?

① 0.81

② 1.21

③ 1.51

④ 1.81

해설 • 정삼각형 배치 시 등가선간거리 $D = \sqrt[3]{2 \times 2 \times 2} = 2$

• 인덕턴스 $L = 0.05 + 0.4605 \log_{10} \dfrac{D}{r} = 0.05 + 0.4605 \log_{10} \dfrac{2}{0.6 \times 10^{-2}} = 1.21 \, [\text{mH/km}]$

정답 │ **04** ④ **05** ②

★★★
06
지름 5[mm]의 경동선을 간격 1[m]로 정삼각형 배치를 한 가공전선 1선의 작용 인덕턴스는 약 몇 [mH/km]인가? (단, 송전선은 평형 3상 회로이다.)

① 1.13   ② 1.25

③ 1.42   ④ 1.55

해설 • 정삼각형 배치 시 등가선간거리 $D = \sqrt[3]{1 \times 1 \times 1} = 1$

• 인덕턴스 $L = 0.05 + 0.4605 \log_{10} \dfrac{2D}{d} = 0.05 + 0.4605 \log_{10} \dfrac{2 \times 1}{5 \times 10^{-3}} = 1.25\,[\text{mH/km}]$

★☆☆
07
그림과 같은 선로의 등가선간거리는 몇 [m]인가?

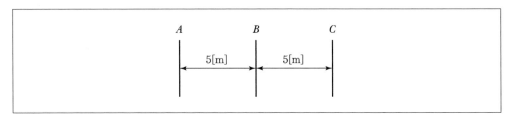

① 5   ② $5\sqrt{2}$

③ $5\sqrt[3]{2}$ ④ $10\sqrt[3]{2}$

해설 직선 배치인 경우 $D_o = \sqrt[3]{D \times D \times 2D} = \sqrt[3]{5 \times 5 \times 10} = 5\sqrt[3]{2}\,[\text{m}]$

★☆☆
08
3상 3선식 송전선로의 선간거리가 각각 50[cm], 60[cm], 70[cm]인 경우 기하학적 평균 선간거리는 약 몇 [cm]인가?

① 50.4   ② 59.4

③ 62.8   ④ 64.8

해설 직선 배치인 경우 $D_o = \sqrt[3]{D_1 \times D_2 \times D_3} = \sqrt[3]{50 \times 60 \times 70} = 59.4[\text{cm}]$

★★★
09 정사각형으로 배치된 4도체 송전선이 있다. 소도체의 반지름이 1[cm]이고, 한변의 길이가 32[cm]일 때, 소도체 간의 기하학적 평균거리는 몇 [cm]인가?

① $32 \times 2^{\frac{1}{3}}$

② $32 \times 2^{\frac{1}{4}}$

③ $32 \times 2^{\frac{1}{5}}$

④ $32 \times 2^{\frac{1}{6}}$

해설 정사각형 배치인 경우의 등가선간거리(D_o) 계산

$$D_o = \sqrt[6]{D \times D \times D \times D \times \sqrt{2}\,D \times \sqrt{2}\,D} = \sqrt[6]{2}\,D = D \cdot 2^{\frac{1}{6}} \quad \therefore D_o = 32 \times 2^{\frac{1}{6}} \text{[cm]}$$

★☆☆
10 송전선로의 각 상전압이 평형되어 있을 때 3상 1회선 송전선의 작용정전용량[μF/km]을 옳게 나타낸 것은? (단, r은 도체의 반지름[m], D는 도체의 등가선간거리[m]이다.)

① $\dfrac{0.02413}{\log_{10}\dfrac{D}{r}}$

② $\dfrac{0.2413}{\log_{10}\dfrac{D}{r}}$

③ $\dfrac{0.02413}{\log_{10}\dfrac{D^2}{r}}$

④ $\dfrac{0.2413}{\log_{10}\dfrac{D^2}{r}}$

해설 작용 정전용량 $C = \dfrac{0.02413}{\log_{10}\dfrac{D}{r}} [\mu\text{F/km}]$

★☆☆
11 일반적으로 전선 1가닥의 단위 길이당 작용 정전용량이 다음과 같이 표시되는 경우 D가 의미하는 것은?

$$C_n = \frac{0.02413\varepsilon_s}{\log_{10}\dfrac{D}{r}}[\mu\text{F/km}]$$

① 선간거리

② 전선 지름

③ 전선 반지름

④ 선간거리 $\times \dfrac{1}{2}$

해설 D는 등가선간거리를 의미한다.

정답 | 09 ④ 10 ① 11 ①

★★★
12 3상 3선식 송전선로에서 각 선의 대지정전용량이 $0.5096[\mu\text{F}]$이고, 선간정전용량이 $0.1295[\mu\text{F}]$일 때, 1선의 작용정전용량은 약 몇 $[\mu\text{F}/\text{km}]$인가?

① 0.6   ② 0.9

③ 1.2   ④ 1.8

해설 작용정전용량 $C = C_s + 3C_m = 0.5096 + 3 \times 0.1295 = 0.898 ≒ 0.9[\mu\text{F}/\text{km}]$

★☆☆
13 정삼각형 배치의 선간거리가 5[m]이고, 전선의 지름이 1[cm]인 3상 가공 송전선의 1선의 정전용량은 약 몇 $[\mu\text{F}/\text{km}]$인가?

① 0.008   ② 0.016

③ 0.024   ④ 0.032

해설 작용정전용량 $C = \dfrac{0.02413}{\log_{10}\dfrac{D}{r}} = \dfrac{0.02413}{\log_{10}\dfrac{5}{0.5\times10^{-2}}} = 0.008[\mu\text{F}/\text{km}]$

★★☆
14 단상 2선식 배전선로에서 대지정전용량을 C_s, 선간정전용량을 C_m이라 할 때 작용정전용량은?

① $C_s + C_m$ ② $C_s + 2C_m$

③ $2C_s + C_m$ ④ $C_s + 3C_m$

해설 단상 2선식의 작용 정전용량 $C = C_s + 2C_m[\mu\text{F}/\text{km}]$

정답 | 12 ②   13 ①   14 ②

02 복도체 및 연가
SECTION

1. 복도체

(1) 개념

1상의 도체를 여러 소선으로 나눈 것(등가 반지름 증가)

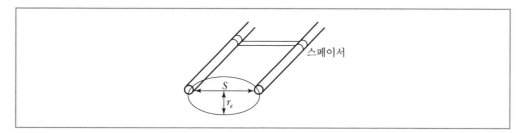

(2) 복도체 특징(장 · 단점)

장점	단점
• 코로나 임계전압(E_o)이 상승	• 페란티 현상 발생 우려
• 선로의 인덕턴스(L) 감소	• 소도체가 가벼워서 전선의 진동발생 우려
• 선로의 정전용량(C) 증가	• 소도체 간의 흡인력 발생(스페이서 필요)
• 송전용량 증가	• 단도체 방식에 비해 공사비가 고가
• 허용전류 증가	• 시공이 어려움

2. 연가

(1) 개념

3상 3선식에서 전체 선로길이를 3의 정수 배로 나누어 각 상의 전선 위치를 조정하여 선로정수를 평형하게 함

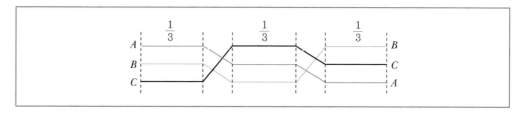

(2) 연가의 목적

① 전체 선로의 선로정수(L, C) 평형
② 수전단 전압 파형의 일그러짐 방지
③ 인접 통신선으로의 유도장해 방지
④ 소호리액터접지에서 직렬공진 방지

🔆 과년도 기출 및 예상문제

★☆☆
01 송전선로에 복도체를 사용하는 주된 목적은?

① 인덕턴스를 증가시키기 위하여
② 정전용량을 감소시키기 위하여
③ 코로나 발생을 감소시키기 위하여
④ 전선 표면의 전위경도를 증가시키기 위하여

해설 복도체를 사용하면 등가반지름(r_e)이 증가하여 코로나 임계전압($E_o = 24.3 m_o m_1 \delta \log_{10} \dfrac{D}{r}$[kV])이 상승하게 되고, 코로나 발생이 방지된다(복도체 사용의 주 목적).

★☆☆
02 가공송전선로에서 총 단면적이 같은 경우 단도체와 비교하여 복도체의 장점이 아닌 것은?

① 안정도를 증대시킬 수 있다.
② 공사비가 저렴하고 시공이 간편하다.
③ 전선표면의 전위경도를 감소시켜 코로나 임계전압이 높아진다.
④ 선로의 인덕턴스가 감소되고 정전용량이 증가해서 송전용량이 증대된다.

해설 복도체 방식은 단도체 방식에 비해 시공이 어렵고 공사비가 고가이다.

★★★
03 3상 3선식 복도체 방식의 송전선로를 3상 3선식 단도체 방식 송전선로와 비교한 것으로 알맞은 것은? (단, 단도체의 단면적은 복도체 방식 소선의 단면적 합과 같은 것으로 한다.)

① 전선의 인덕턴스와 정전용량은 모두 감소한다.
② 전선의 인덕턴스와 정전용량은 모두 증가한다.
③ 전선의 인덕턴스는 증가하고, 정전용량은 감소한다.
④ 전선의 인덕턴스는 감소하고, 정전용량은 증가한다.

해설 복도체 적용 시 등가반지름(r_e)이 증가하며 인덕턴스(L)는 감소하고, 정전용량(C)은 증가한다.

정답 | 01 ③ 02 ② 03 ④

★☆☆
04 복도체에 있어서 소도체의 반지름을 r[m], 소도체 사이의 간격을 S[m]라고 할 때 2개의 소도체를 사용한 복도체의 등가 반지름은?

① $\sqrt{r \cdot S}$ [m]　　　　　　　　　　② $\sqrt{r^2 \cdot S}$ [m]

③ $\sqrt{r \cdot S^2}$ [m]　　　　　　　　　④ $r \cdot S$ [m]

해설 등가 반지름 $r_e = \sqrt[n]{r \cdot S^{n-1}} = \sqrt[2]{r \cdot S^{2-1}} = \sqrt{r \cdot S}$ [m]

★★★
05 복도체의 선로가 있다. 소도체의 지름이 8[mm] 소도체 사이의 간격이 40[cm]일 때 등가 반지름[cm]은?

① 2.8[cm]　　　　　　　　　　② 3.6[cm]

③ 4.0[cm]　　　　　　　　　　④ 5.7[cm]

해설 등가 반지름 $r_e = \sqrt[n]{r \cdot S^{n-1}} = \sqrt[2]{r \cdot S^{2-1}} = \sqrt{r \cdot S} = \sqrt{\dfrac{0.8}{2} \times 40} = 4$[cm]

★☆☆
06 복도체에서 2본의 전선이 서로 충돌하는 것을 방지하기 위하여 2본의 전선 사이에 적당한 간격을 두어 설치하는 것은?

① 아모로드　　　　　　　　　② 댐퍼

③ 아킹혼　　　　　　　　　　④ 스페이서

해설 스페이서 : 복도체(다도체)인 경우 전선상호간 접근 및 충돌 방지를 위해 설치

★★★
07 송전선로를 연가하는 주된 목적은?

① 페란티효과의 방지　　　　　② 직격뢰의 방지

③ 선로정수의 평형　　　　　　④ 유도뢰의 방지

해설 **연가의 목적**
- 전체 선로의 선로정수(L, C) 평형
- 수전단 전압 파형의 일그러짐 방지
- 인접 통신선으로의 유도장해 방지
- 소호리액터접지에서 직렬공진 방지

정답 | 04 ① 05 ③ 06 ④ 07 ③

★★★
08 연가에 의한 효과가 아닌 것은?

① 직렬공진의 방지
② 대지정전용량의 감소
③ 통신선의 유도장해 감소
④ 선로정수의 평형

해설 ▶ 연가로 인해 선로정수(L, C)가 평형되는 효과는 있지만, 대지정전용량을 감소시키지는 않는다.

★☆☆
09 3상 3선식 송전선을 연가할 경우 일반적으로 전체 선로 길이의 몇 배수로 등분해서 연가 하는가?

① 2
② 3
③ 4
④ 5

해설 ▶ 3상 3선식에서 전체 선로길이를 3의 정수배로 나누어 각 상의 전선 위치를 조정하여 선로정수를 평형하게 한다.

정답 | 08 ② 09 ②

03 SECTION 충전전류 및 충전용량

1. 페란티 현상

(1) 개념
무(경)부하시에 선로 정전용량(C)의 증가로 인하여 수전단 전압이 송전단 전압보다 높아지는 현상

(2) 원인
선로의 정전용량에 의해 발생

(3) 영향
① 수전단 전압이 송전단 전압보다 상승
② 송전단측 절연파괴

(4) 대책
분로리액터, 동기조상기 설치

2. 충전전류

(1) 개념
콘덴서, 정전용량(C)에 흐르는 한상분의 전류

(2) 표현식
① 콘덴서 회로의 정전용량에 의한 충전전류

$$I_c = \frac{E}{X_c} = \frac{E}{\dfrac{1}{wC}} = wCE = 2\pi f CE\,[\text{A}]$$

- C : 정전용량[μF]
- E : 상전압[V]

② 선로의 정전용량에 의한 충전전류 : $I_c = wC_w E = w(C_s + 3C_m)E = 2\pi f C_w E\,[\text{A}]$
- C_w : 작용 정전용량[μF/km]
- E : 상전압[V]

③ 비접지 회로에서의 지락전류(충전전류)

$$I_g = 3I_c = 3wC_sE[\text{A}]$$

- C_s : 대지 정전용량$[\mu\text{F}/\text{km}]$
- E : 상전압$[\text{V}]$

3. 충전용량

(1) 개념

콘덴서, 정전용량(C)에 충전되는 3상분의 에너지

(2) 표현식

① Y 결선의 콘덴서 조합 시 충전용량

$$Q_c = 3EI_c = 3E \cdot wCE = 3wCE^2 = 3wC\left(\frac{V}{\sqrt{3}}\right)^2$$

$$= wCV^2 = 2\pi fCV^2\,[\text{VA}]$$

② △ 결선의 콘덴서 조합 시 충전용량

$$Q_c = 3wCE^2 = 3wCV^2 = 6\pi fCV^2\,[\text{VA}]$$

- E : 상전압$[\text{V}]$
- V : 선간전압$[\text{V}]$

③ 선로의 정전용량에 의한 충전용량

$$Q_c = 3wC_wE^2 = 3wC_w\left(\frac{V}{\sqrt{3}}\right)^2 = wC_wV^2$$

$$= 2\pi fC_wV^2\,[\text{VA}] \times 10^{-3}\,[\text{kVA}]$$

⚡ 과년도 기출 및 예상문제

★★★
01 수전단 전압이 송전단 전압보다 높아지는 현상과 관련된 것은?

① 페란티 효과   ② 표피 효과
③ 근접 효과   ④ 도플러 효과

> **해설** 페란티 효과 : 무(경)부하 시에 선로 정전용량(C)의 증가로 인하여 수전단 전압이 송전단 전압보다 높아지는 현상

★☆☆
02 페란티 현상이 발생하는 원인은?

① 선로의 과도한 저항   ② 선로의 정전용량
③ 선로의 인덕턴스   ④ 선로의 급격한 전압강하

> **해설** 페란티 현상이 발생하는 원인은 선로의 정전용량(C)이 증가하여 진상전류(I_C)가 흐르고, 진상전류에 의해 수전단 전압이 송전단 전압보다 상승하는 현상이다.

★☆☆
03 다음 중 페란티 현상의 방지대책으로 적합하지 않은 것은?

① 선로전류를 지상이 되도록 한다.
② 수전단에 분로리액터를 설치한다.
③ 동기조상기를 부족여자로 운전한다.
④ 부하를 차단하여 무부하가 되도록 한다.

> **해설** 부하는 일반적으로 L성분의 유도성 부하로서, 무부하가 되면 L이 감소하게 되고 상대적으로 정전용량(C)이 증가하게 되어 페란티 현상을 유발하게 된다.

★☆☆
04 초고압 장거리 송전선로에 접속되는 1차 변전소에 병렬 리액터를 설치하는 목적은?

① 페란티 효과 방지   ② 코로나 손실 경감
③ 전압강하 경감   ④ 선로손실 경감

> **해설** 병렬 리액터(L)를 설치하면 선로와 대지간에서 발생되는 선로 정전용량(C)을 상쇄하게 되어 페란티 효과가 방지된다.

정답	01 ① 02 ② 03 ④ 04 ①

★☆☆
05 송배전선로의 작용 정전용량은 무엇을 계산하는 데 사용되는가?

① 비접지계통의 1선지락 고장 시 지락 고장전류 계산
② 정상운전 시 선로의 충전전류 계산
③ 선간 단락 고장시 고장전류 계산
④ 인접통신선의 정전유도전압 계산

해설 **정전용량의 적용**
- 작용 정전용량(C 또는 C_w) : 충전전류, 충전용량 계산 시 적용
- 상호 정전용량(C_m) : 단상 정전유도전압 계산 시 적용
- 대지 정전용량(C_s) : 비접지 방식에서의 1선 지락전류 계산 시 적용

★★☆
06 비접지식 3상 송배전 계통에서 선로정수 중 1선 지락 고장 시 고장전류를 계산하는 데 사용되는 정전용량은?

① 작용 정전용량
② 대지 정전용량
③ 합성 정전용량
④ 선간 정전용량

해설 대지 정전용량(C_s) : 비접지 방식에서의 1선 지락전류 계산 시 적용

★☆☆
07 충전전류는 일반적으로 어떤 전류인가?

① 앞선전류
② 뒤진전류
③ 유효전류
④ 누설전류

해설 충전전류는 콘덴서 또는 선로의 정전용량을 통해 흐르는 전류로써, 전압보다 위상이 $\frac{\pi}{2}$ 만큼 앞서는 특성을 가진다.

★★★
08 정전용량 $0.01[\mu F/km]$, 길이 $173.2[km]$, 선간전압 $60[kV]$, 주파수 $60[Hz]$인 3상 송전선로의 충전전류는 약 몇 [A]인가?

① 6.3
② 12.5
③ 22.6
④ 37.2

해설 충전전류 $I_c = wCE = 2\pi f C \left(\dfrac{V}{\sqrt{3}}\right) = 2\pi \times 60 \times 0.01 \times 10^{-6} \times 173.2 \times \dfrac{60 \times 10^3}{\sqrt{3}} = 22.6[A]$

정답 | 05 ② 06 ② 07 ① 08 ③

★★★
09 22[kV], 60[Hz] 1회선의 3상 송전선에서 무부하 충전전류는 약 몇 [A]인가? (단, 송전선의 길이는 20[km]이고, 1선 1[km]당 정전용량은 0.5[μF]이다.)

① 12　　　　　　　　　　　　② 24
③ 36　　　　　　　　　　　　④ 48

해설 충전전류 $I_c = wCE = 2\pi fC\left(\dfrac{V}{\sqrt{3}}\right) = 2\pi \times 60 \times 0.5 \times 10^{-6} \times 20 \times \dfrac{22 \times 10^3}{\sqrt{3}} \fallingdotseq 48[A]$

★★☆
10 154[kV], 60[Hz], 길이 50[km], 3상 송전선로에서 $C_s = 0.004[\mu F/km]$, $C_m = 0.0012[\mu F/km]$일 때 1선에 흐르는 충전전류는?

① 약 0.25[A]　　　　　　　② 약 8.71[A]
③ 약 9.66[A]　　　　　　　④ 약 12.73[A]

해설 충전전류 $I_c = wCE = 2\pi fC\left(\dfrac{V}{\sqrt{3}}\right) = 2\pi \times 60 \times (0.004 + 3 \times 0.0012) \times 10^{-6} \times 50 \times \dfrac{154,000}{\sqrt{3}} = 12.73[A]$

★☆☆
11 주파수 60[Hz], 정전용량 $\dfrac{1}{6\pi}[\mu F]$의 콘덴서를 △결선해서 3상전압 20,000[V]를 가했을 때의 충전용량은 몇 [kVA]인가?

① 12　　　　　　　　　　　　② 24
③ 48　　　　　　　　　　　　④ 50

해설 충전용량 $Q_c = 3wCE^2 = 3wCV^2 = 6\pi fCV^2$
$\qquad\qquad = 6\pi \times 60 \times \dfrac{1}{6\pi} \times 10^{-6} \times 20,000^2 \times 10^{-3} = 24[kVA]$

04 SECTION 코로나 현상 및 파열극한 전위경도

1. 코로나 현상

(1) 개념

전선로나 애자 부근에 임계전압 이상의 전압이 가해지면 공기의 절연이 부분적으로 파괴되어 낮은 소리나 엷은 빛을 내면서 대기 중에 방전되는 현상

(2) 표현식

$$E_o = 24.3 m_o m_1 \delta d \log_{10} \frac{D}{r} [\text{kV}]$$

- m_o : 전선 표면계수
- m_1 : 날씨계수
- δ : 상대 공기 밀도
- d : 전선직경
- r : 전선의 반지름
- D : 등가선간거리

(3) 영향

① 코로나손 발생(Peek식)

$$P = \frac{241}{\delta}(f+25)\sqrt{\frac{d}{2D}}(E-E_o)^2 \times 10^{-5} [\text{kW/km/선}]$$

② 코로나 잡음
③ 통신선 유도장해
④ 소호리액터의 소호능력 저하
⑤ 전선의 부식 발생(오존 O_3 때문)
⑥ 송전효율의 저하

(4) 대책

① 직경이 큰 전선을 사용
② 다도체 및 복도체 또는 중공연선 사용
③ 가선금구를 개량

2. 파열극한 전위경도

(1) 개념

공기의 절연을 파괴시키는 전위경도(전압)

(2) 전위경도 표준값

① 직류 : 30[kV/cm]
② 교류 : 21[kV/cm]

과년도 기출 및 예상문제

★★☆
01 다음 중 코로나 임계전압에 직접 관계가 없는 것은?

① 전선의 굵기
② 기상조건
③ 애자의 강도
④ 선간거리

해설 • 코로나 임계전압 : $E_0 = 24.3 \, m_0 \, m_1 \, \delta \, d \log_{10} \dfrac{D}{r}$ [kV]

• 전선표면 상태, 기상조건, 상대공기밀도, 전선 굵기, 선간거리와 관계가 있다.

★★★
02 가공송전선의 코로나 임계전압에 영향을 미치는 여러 가지 인자에 대한 설명 중 틀린 것은?

① 전선표면이 매끈할수록 임계전압이 낮아진다.
② 날씨가 흐릴수록 임계전압은 낮아진다.
③ 기압이 낮을수록, 온도가 높을수록 임계전압은 낮아진다
④ 전선의 반지름이 클수록 임계전압은 높아진다.

해설 • 코로나 임계전압 : $E_0 = 24.3 \, m_0 \, m_1 \, \delta \, d \log_{10} \dfrac{D}{r}$ [kV]

• 전선 표면계수(m_o) : 전선 표면이 매끈할수록 임계전압은 높아진다.

★☆☆
03 다음 중 송전선로의 코로나 임계전압이 높아지는 경우가 아닌 것은?

① 날씨가 맑다.
② 기압이 높다.
③ 상대공기밀도가 낮다.
④ 전선의 반지름과 선간거리가 크다.

해설 • 코로나 임계전압 : $E_0 = 24.3 \, m_0 \, m_1 \, \delta \, d \log_{10} \dfrac{D}{r}$ [kV]

• 상대공기밀도(δ)가 낮으면 임계전압은 낮아진다.

★☆☆
04 송전선에 코로나가 발생하면 전선이 부식된다. 무엇에 의하여 부식되는가?

① 산소
② 오존
③ 수소
④ 질소

해설 전선의 부식은 오존(O_3)에 의해 발생한다.

정답 | 01 ③ 02 ① 03 ③ 04 ②

★☆☆

05 1선 1km당의 코로나 손실 P[km]를 나타내는 Peek식은? (단, δ : 상대 공기밀도, D : 선간거리[cm], d : 전선의 지름[cm], f : 주파수 [Hz], E : 전선에 걸리는 대지전압 [kV], E_0 : 코로나 임계전압[kV] 이다.)

① $P = \dfrac{241}{\delta}(f+25)\sqrt{\dfrac{d}{2D}}\,(E-E_0)^2 \times 10^{-5}$

② $P = \dfrac{241}{\delta}(f+25)\sqrt{\dfrac{2D}{d}}\,(E-E_0)^2 \times 10^{-5}$

③ $P = \dfrac{241}{\delta}(f+25)\sqrt{\dfrac{d}{2D}}\,(E-E_0)^2 \times 10^{-3}$

④ $P = \dfrac{241}{\delta}(f+25)\sqrt{\dfrac{2D}{d}}\,(E-E_0)^2 \times 10^{-3}$

> **해설** 코로나 현상에 의해 코로나 손실이 발생하고, 그 손실은 Peek식에 의해 결정된다.
>
> Peek식 $P = \dfrac{241}{\delta}(f+25)\sqrt{\dfrac{d}{2D}}\,(E-E_0)^2 \times 10^{-5}$[kW/km/선]

★★★

06 송전선로의 코로나 방지에 가장 효과적인 방법은?

① 전선의 높이를 가급적 낮게 한다.
② 코로나 임계전압을 낮게 한다.
③ 선로의 절연을 강화한다.
④ 복도체를 사용한다.

> **해설** 복도체(다도체)를 적용하는 주 목적은 코로나 현상 방지이다.

★★★

07 가공 송전선의 코로나를 고려할 때 표준상태에서 공기의 절연내력이 파괴되는 최소 전위경도는 정현파 교류의 실효값으로 약 몇 [kV/cm] 정도인가?

① 6
② 11
③ 21
④ 31

> **해설** **파열극한 전위경도 표준값**
> • 직류 : 30[kV/cm]
> • 교류 : 21[kV/cm]

정답 | **05** ① **06** ④ **07** ③

CHAPTER 03 송전선로의 특성값 계산

01 SECTION 단거리 송전선로

1. 송전선 특성 구분

구분	거리[km]	선로정수	특성 해석
단거리	50 이하	R, L	집중정수회로
중거리	50~100	R, L, C	
장거리	100 초과	R, L, C, G	분포정수회로

2. 송전단 및 수전단 전압 계산

(1) 송전단 전압(E_S) 계산

$$E_S = E_R + e\,[\text{V}]$$

- E_S : 송전단 전압[V]
- E_R : 수전단 전압[V]
- e : 전압강하[V]

(2) 수전단 전압(E_R) 계산

$$E_R = E_S - e\,[\text{V}]$$

3. 전압강하(e) 계산

전기방식	계산식
단상 2선식	$e = E_S - E_R = 2I(R \cdot \cos\theta + X \cdot \sin\theta)\,[\text{V}]$
단상 3선식 및 3상 4선식	$e = I(R \cdot \cos\theta + X \cdot \sin\theta)\,[\text{V}]$
3상 3선식	$e = \sqrt{3}\,I(R \cdot \cos\theta + X \cdot \sin\theta)\,[\text{V}]$

4. 전압강하율 및 전압변동률 계산

(1) 전압강하율(ε) 계산

$$\varepsilon = \frac{V_S - V_R}{V_R} \times 100\,[\%] = \frac{\sqrt{3}\,I(R \cdot \cos\theta + X \cdot \sin\theta)}{V_R} \times 100\,[\%]$$

$$= \frac{\sqrt{3}\,V_R I(R \cdot \cos\theta + X \cdot \sin\theta)}{V_R^2} \times 100\,[\%] = \frac{PR + QX}{V_R^2} \times 100\,[\%]$$

(2) 전압변동률(δ) 계산

$$\delta = \frac{V_{Ro} - V_n}{V_n} \times 100\,[\%]$$

- V_{Ro} : 무부하 시 수전단 전압[kV]
- V_n : 전부하(정격) 시 수전단 전압[kV]

5. 전압 승압 시 특성 변화

구분	계산식	전압 n배 승압 시
전압강하(e)	$e = \dfrac{P}{V}(R + X \cdot \tan\theta)\,[\text{V}]$	$\dfrac{1}{n}$
전압강하율(ε)	$\varepsilon = \dfrac{P}{V^2}(R + X \cdot \tan\theta) \times 100\,[\%]$	$\dfrac{1}{n^2}$
전력손실(P_ℓ)	$P_\ell = \dfrac{P^2}{V^2 \cdot \cos^2\theta} \times \rho\dfrac{\ell}{A}\,[\text{W}]$	$\dfrac{1}{n^2}$
전력손실률(η)	$\eta = \dfrac{PR}{V^2 \cdot \cos^2\theta} \times 100\,[\%]$	$\dfrac{1}{n^2}$
공급전력(P)	$P = \dfrac{\eta \cdot V^2 \cdot \cos^2\theta}{R \cdot 100}\,[\text{W}]$	n^2
전선 단면적(A)	$A = \dfrac{P \cdot \rho \cdot \ell \cdot 100}{\eta \cdot V^2 \cdot \cos^2\theta}\,[\text{mm}^2]$	$\dfrac{1}{n^2}$

⚡ 과년도 기출 및 예상문제

★☆☆

01 다음 중 전압강하의 정도를 나타내는 식이 아닌 것은? (단, E_S는 송전단 전압, E_R은 수전단 전압이다.)

① $\dfrac{I}{E_R}(R\cos\theta + X\sin\theta) \times 100\,[\%]$

② $\dfrac{\sqrt{3}\,I}{E_R}(R\cos\theta + X\sin\theta) \times 100\,[\%]$

③ $\dfrac{E_S - E_R}{E_R} \times 100\,[\%]$

④ $\dfrac{E_S + E_R}{E_R} \times 100\,[\%]$

> **해설** • 단상일 때의 전압강하(e), 전압강하율(ε)
> $$-\ e = I(R \cdot \cos\theta + X \cdot \sin\theta)\,[\mathrm{V}]$$
> $$-\ \varepsilon = \frac{E_S - E_R}{E_R} \times 100\,[\%] = \frac{I}{E_R}(R \cdot \cos\theta + X \cdot \sin\theta) \times 100\,[\%]$$
>
> • 3상일 때의 전압강하(e), 전압강하율(ε)
> $$-\ e = \sqrt{3}\,I(R \cdot \cos\theta + X \cdot \sin\theta)\,[\mathrm{V}]$$
> $$-\ \varepsilon = \frac{E_S - E_R}{E_R} \times 100\,[\%] = \frac{\sqrt{3}\,I}{E_R}(R \cdot \cos\theta + X \cdot \sin\theta) \times 100\,[\%]$$

★☆☆

02 〈그림〉과 같은 수전단 전압 3.3[kV], 역률 0.85(뒤짐)인 부하 300[kW]에 공급하는 선로가 있다. 이때 송전단 전압은 약 몇 [V]인가?

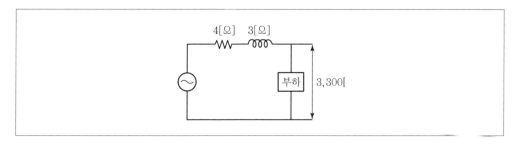

① 3,430

② 3,530

③ 3,730

④ 3,830

> **해설** 송전단 전압 $E_S = E_R + \dfrac{P}{V}(R + X \cdot \tan\theta) = 3{,}300 + \dfrac{300 \times 10^3}{3{,}300}\left(4 + 3 \times \dfrac{\sqrt{1 - 0.85^2}}{0.85}\right)$
>
> $\fallingdotseq 3{,}830\,[\mathrm{V}]$

정답	01 ④ 02 ④

★★★
03
송전단 전압이 66[kV]이고, 수전단 전압이 62[kV]로 송전 중이던 선로에서 부하가 급격히 감소하여 수전단 전압이 63.5[kV]가 되었다. 이때 전압 강하율은 약 몇 [%]인가?

① 2.28
② 3.94
③ 6.06
④ 6.45

해설 전압 강하율 $\varepsilon = \dfrac{V_S - V_R}{V_R} \times 100 = \dfrac{66 - 63.5}{63.5} \times 100 \fallingdotseq 3.94[\%]$

★☆☆
04
3상 계통에서 수전단 전압 60[kV], 전류 250[A], 선로의 저항 및 리액턴스가 각각 7.61[Ω], 11.85[Ω]일 때 전압 강하율은? (단, 부하역률은 0.8(늦음)이다.)

① 약 5.50[%]
② 약 7.34[%]
③ 약 8.69[%]
④ 약 9.52[%]

해설 전압 강하율 $\varepsilon = \dfrac{V_S - V_R}{V_R} \times 100 = \dfrac{\sqrt{3}\,I(R \cdot \cos\theta + X \cdot \sin\theta)}{V_R} \times 100$

$\qquad = \dfrac{\sqrt{3} \times 250(7.61 \times 0.8 + 11.85 \times 0.6)}{60 \times 10^3} \times 100 = 9.52[\%]$

★☆☆
05
다음 송전선의 전압변동률 식에서 V_{R1}은 무엇을 의미하는가?

$$\varepsilon = \frac{V_{R1} - V_{R2}}{V_{R2}} \times 10[\%]$$

① 부하 시 송전단 전압
② 무부하 시 송전단 전압
③ 전부하 시 수전단 전압
④ 무부하 시 수전단 전압

해설 $\varepsilon = \dfrac{V_{R1} - V_{R2}}{V_{R2}} \times 100 = \dfrac{\text{무부하 시 수전단 전압} - \text{전부하 시 수전단 전압}}{\text{전부하 시 수전단 전압}} \times 100[\%]$

★★★

06 송전단 전압이 154[kV], 수전단 전압이 150[kV]인 송전선로에서 부하를 차단하였을 때 수전단 전압이 152[kV]가 되었다면 전압 변동률은 약 몇 [%]인가?

① 1.11
② 1.33
③ 1.63
④ 2.25

해설) 전압 변동률 $\varepsilon = \dfrac{V_0 - V_n}{V_n} \times 100 = \dfrac{152 - 150}{150} \times 100 = 1.33[\%]$

★★☆

07 154[kV]의 송전선로의 전압을 345[kV]로 승압하고 같은 손실률로 송전한다고 가정하면 송전전력은 승압 전의 몇 배인가?

① 2
② 3
③ 4
④ 5

해설) 송전전력 $P \propto V^2$의 관계이므로, $P' = \left(\dfrac{345}{154}\right)^2 \times P = 5P$

★☆☆

08 송전거리, 전력, 손실률 및 역률이 일정하다면 전선의 굵기는?

① 전류에 비례한다.
② 전압의 제곱에 비례한다.
③ 전류에 반비례한다.
④ 전압의 제곱에 반비례한다.

해설) 전선의 굵기 $A = \dfrac{P \cdot \rho \cdot \ell \cdot 100}{\eta \cdot V^2 \cdot \cos^2\theta}[\mathrm{mm}^2]$의 식에서, $A \propto \dfrac{1}{V^2}$의 관계가 성립한다.

02 SECTION 중거리 송전선로

1. 중거리 송전선로 개념

① 송전거리 : 100[km] 이하
② R, L, C 고려(G 무시)
③ 집중정수회로 해석

2. 4단자 정수

(1) 등가회로

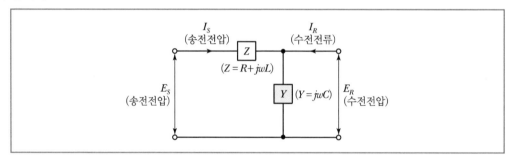

(2) 4단자망

복잡한 회로망을 간단히 해석하기 위해 입력측 2단자와 출력측 2단자로 구성한 임의의 회로망

(3) 4단자 정수

① 입력과 출력 간의 관계를 나타내는 매개 변수
② 매개변수(A, B, C, D)를 통해 입·출력 값의 계산이 가능

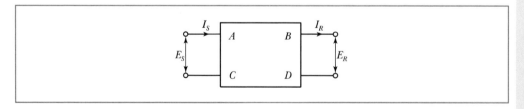

③ 4단자 정수(A, B, C, D)의 의미
  ㉠ A : 전압비
  ㉡ B : 임피던스
  ㉢ C : 어드미턴스
  ㉣ D : 전류비
④ 판별식(항등식) : $AD - BC = 1$

(4) 송전단 전압, 전류의 기본 방정식

① 송전단 전압 : $E_S = AE_R + BI_R$

② 송전단 전류 : $I_S = CE_R + DI_R$

$$\begin{bmatrix} E_S \\ I_S \end{bmatrix} = \begin{bmatrix} A\ B \\ C\ D \end{bmatrix} \begin{bmatrix} E_R \\ I_R \end{bmatrix}$$

3. 중거리 송전선로 해석

(1) T형 회로

① 개념 : 선로 양단에 $(Z/2)$, 선로 중앙에 Y로 집중한 회로 형태

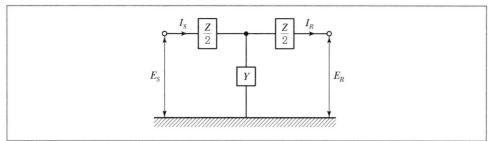

② 4단자 정수 :
$$\begin{bmatrix} 1 + \dfrac{ZY}{2} & Z(1 + \dfrac{ZY}{4}) \\ Y & 1 + \dfrac{ZY}{2} \end{bmatrix}$$

③ 송전단 전압과 전류

㉠ 송전단 전압 : $E_S = \left(1 + \dfrac{ZY}{2}\right)E_R + Z\left(1 + \dfrac{ZY}{4}\right)I_R$

㉡ 송전단 전류 : $I_S = YE_R + \left(1 + \dfrac{ZY}{2}\right)I_R$

(2) π형 회로

① 개념 : 선로 양단에 $(Y/2)$, 선로 중앙에 Z로 집중한 회로 형태

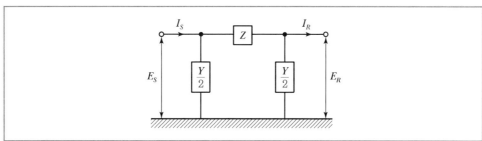

② 4단자 정수 :
$$\begin{bmatrix} 1 + \dfrac{ZY}{2} & Z \\ Y(1 + \dfrac{ZY}{4}) & 1 + \dfrac{ZY}{2} \end{bmatrix}$$

③ 송전단 전압과 전류

    ㉠ 송전단 전압 : $E_S = \left(1 + \dfrac{ZY}{2}\right)E_R + ZI_R$

    ㉡ 송전단 전류 : $I_S = Y\left(1 + \dfrac{ZY}{4}\right)E_R + \left(1 + \dfrac{ZY}{2}\right)I_R$

4. 1회선 송전과 평행 2회선 송전

(1) 1회선 송전

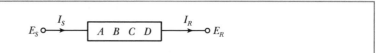

(2) 2회선 송전

(3) 선로정수의 변동

    ① A : 불변

    ② B : $\dfrac{1}{2}B_1$

    ③ C : $2C_1$

    ④ D : 불변

⚡ 과년도 기출 및 예상문제

★★☆
01 중거리 송전선로의 특성은 무슨 회로로 다루어야 하는가?

① RL 집중정수회로   ② RLC 집중정수회로

③ 분포정수회로   ④ 특성 임피던스 회로

해설 **송전선 특성 구분**

구분	거리[km]	선로정수	특성 해석
단거리	50 이하	R, L	집중정수회로
중거리	50~100	R, L, C	
장거리	100 초과	R, L, C, G	분포정수회로

★☆☆
02 일반 회로정수가 A, B, C, D이고 송전단 전압이 E_S인 경우 무부하 시 수전단 전압은?

① $\dfrac{E_s}{A}$ ② $\dfrac{E_s}{B}$

③ $\dfrac{A}{C}E_s$ ④ $\dfrac{C}{A}E_s$

해설 • 송전단 전압 기본 방정식 : $E_S = AE_R + BI_R$

       • 무부하 시 $I_R = 0$이므로, $E_S = AE_R$, $\therefore E_R = \dfrac{E_S}{A}$

★★★
03 송전선로에서 4단자정수 A, B, C, D 사이의 관계는?

① $BC - AD = 1$ ② $AC - BD = 1$

③ $AB - CD = 1$ ④ $AD - BC = 1$

해설 4단자정수 판별식 : $AD - BC = 1$

정답 | **01** ②   **02** ①   **03** ④

★★★
04
중거리 송전선로의 4단자 정수가 $A = D = 0.92$, $B = j\,80[\Omega]$일 때 C의 값은 몇 $[\mho]$인가?

① $j\,1.92 \times 10^{-4}$

② $j\,2.47 \times 10^{-4}$

③ $j\,1.92 \times 10^{-3}$

④ $j\,2.47 \times 10^{-3}$

해설 $AD - BC = 1$에서, $C = \dfrac{AD-1}{B} = \dfrac{0.92^2 - 1}{j\,80} = j\,1.92 \times 10^{-3}[\mho]$

★☆☆
05
4단자 정수 A = 0.9918 + j0.0042, B = 34.17 + j50.38, C = ($-0.006 + $j3247$) \times 10^{-4}$인 송전선로의 송전단에 66[kV]를 인가하고 수전단을 개방하였을 때 수전단 선간전압은 약 몇 [kV]인가?

① $\dfrac{66.55}{\sqrt{3}}$

② 62.5

③ $\dfrac{62.5}{\sqrt{3}}$

④ 66.55

해설
- 송전단 전압 기본 방정식 : $E_S = AE_R + BI_R$
- 무부하 시 $I_R = 0$ 이므로, $E_S = AE_R$
- 수전단 전압 $E_R = \dfrac{E_S}{A} = \dfrac{66}{(0.9918 + j0.0042)} = 66.55[\text{kV}]$

★★☆
06
〈그림〉의 4단자 정수 A, B, C, D는? (여기서, E_S, I_S는 송전단 전압 E_R, 전류 I_R는 수전단 전압, 전류이고, Y는 병렬 어드미턴스이다.)

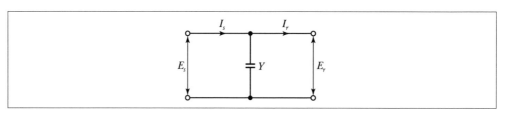

① $\begin{bmatrix} 1 & 0 \\ Y & 1 \end{bmatrix}$

② $\begin{bmatrix} 1 & Y \\ 0 & 1 \end{bmatrix}$

③ $\begin{bmatrix} 1 & Y \\ 1 & 0 \end{bmatrix}$

④ $\begin{bmatrix} 1 & 0 \\ 0 & 1 \end{bmatrix}$

해설 $\begin{bmatrix} A & B \\ C & D \end{bmatrix} = \begin{bmatrix} 1 & 0 \\ Y & 1 \end{bmatrix}$

★☆☆
07 그림과 같은 회로의 일반 회로정수가 아닌 것은?

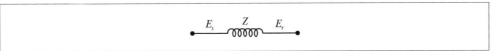

① $B = Z+1$　　　　　　　② $A = 1$

③ $C = 0$　　　　　　　　④ $D = 1$

해설 $\begin{bmatrix} A\ B \\ C\ D \end{bmatrix} = \begin{bmatrix} 1\ Z \\ 0\ 1 \end{bmatrix} \rightarrow \therefore A = 1,\ B = Z,\ C = 0,\ D = 1$

★★★
08 그림과 같은 정수가 서로 같은 평행 2회선 송전선로의 4단자 정수 중 B에 해당되는 것은?

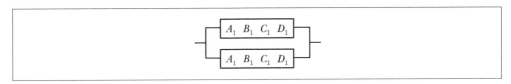

① $4B_1$　　　　　　　　② $2B_1$

③ $\dfrac{1}{2}B_1$　　　　　　　　④ $\dfrac{1}{4}B_1$

해설 2회선의 경우 병렬회로가 구성되므로 임피던스(B)는 $\dfrac{1}{2}$ 배, 어드미턴스(C)는 2배가 된다.

★☆☆
09 그림과 같은 선로 정수가 서로 같은 평행 2회선에서 일반회로 정수 C_0는 얼마인가? (단, 그림에서 좌측은 송전단, 우측은 수전단이다.)

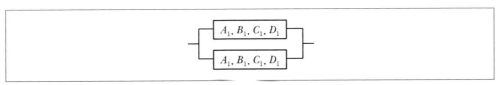

① $\dfrac{C_1}{4}$　　　　　　　　② $\dfrac{C_1}{2}$

③ $2C_1$　　　　　　　　④ $4C_1$

해설 2회선의 경우 병렬회로가 구성되므로 임피던스(B)는 $\dfrac{1}{2}$ 배, 어드미턴스(C)는 2배가 됨

정답 | 07 ① 08 ③ 09 ③

★★★
10 일반 회로정수가 같은 평형 2회선에서 A, B, C, D는 각각 1회선의 경우의 몇 배로 되는가?

① A : 2배, B : 2배, C : $\frac{1}{2}$ 배, D : 1배

② A : 1배, B : 2배, C : $\frac{1}{2}$ 배, D : 1배

③ A : 1배, B : $\frac{1}{2}$ 배, C : 2배, D : 1배

④ A : 1배, B : $\frac{1}{2}$ 배, C : 2배, D : 2배

해설 평형 2회선의 경우 1회선에 비해 전압비(A)와 전류비(D)는 변하지 않고, 병렬회로가 구성되므로 임피던스
(B)는 $\frac{1}{2}$ 배, 어드미턴스(C)는 2배가 된다.

★☆☆
11 중거리 송전선로의 T형 회로에서 송전단 전류 I_s는? (단, Z, Y는 선로의 직렬 임피던스와 병렬 어드미
턴스이고, E_r은 수전단 전압, I_r은 수전단 전류이다.)

① $E_r\left(1+\dfrac{ZY}{2}\right)+ZI_r$

② $I_r\left(1+\dfrac{ZY}{2}\right)+E_r Y$

③ $E_r\left(1+\dfrac{ZY}{2}\right)+ZI_r\left(1+\dfrac{ZY}{4}\right)$

④ $I_r\left(1+\dfrac{ZY}{2}\right)+E_r Y\left(1+\dfrac{ZY}{4}\right)$

해설 • T형 회로에서의 4단자 정수

$$\begin{bmatrix} 1+\dfrac{ZY}{2} & Z\left(1+\dfrac{ZY}{4}\right) \\ Y & 1+\dfrac{ZY}{2} \end{bmatrix}$$

• 송전단 전류 기본식 $I_S = CE_R + DI_r$ 이므로, $I_S = YE_r + \left(1+\dfrac{ZY}{2}\right)I_r$ [A]

★★★
12 중거리 송전선로에서 T형 회로일 경우 4단자 정수 A는?

① $1+\dfrac{ZY}{2}$ 　　　　　　　　　② $1-\dfrac{ZY}{4}$

③ Z 　　　　　　　　　　　　　　④ Y

> **해설** T형 회로에서의 4단자 정수
>
> $$\begin{bmatrix} 1+\dfrac{ZY}{2} & Z\left(1+\dfrac{ZY}{4}\right) \\ Y & 1+\dfrac{ZY}{2} \end{bmatrix} \rightarrow \therefore A = 1+\dfrac{ZY}{2}$$

★★★
13 선로 임피던스 Z, 송수전단 양쪽에 어드미턴스 Y인 π형 회로의 4단자 정수에서 B의 값은?

① Y 　　　　　　　　　　　　　　② Z

③ $1+\dfrac{ZY}{2}$ 　　　　　　　　　④ $Y+\left(1+\dfrac{ZY}{4}\right)$

> **해설** π형 회로에서의 4단자 정수
>
> $$\begin{bmatrix} 1+\dfrac{ZY}{2} & Z \\ Y\left(1+\dfrac{ZY}{4}\right) & 1+\dfrac{ZY}{2} \end{bmatrix} \rightarrow \therefore B = Z$$

03 SECTION 장거리 송전선로

1. 장거리 송전선로 개념

① 송전거리 : 100[km] 초과
② R, L, C, G 고려
③ 분포정수회로 해석 : 장거리 송전선로에서는 선로정수가 크기 때문에 선로 전체에 걸쳐 균일하게 분포되어 있는 것으로 해석하는 분포정수회로로 해석한다.

2. 특성 임피던스(Z_o)

(1) 개념

분포 정수 내의 임의의 한 점을 진행하는 전류에 대한 전압의 비를 말한다(선로 전체에 일정하게 나타나는 임피던스).

(2) 특성 임피던스(Z_o) 표현식

$$Z_o = \sqrt{Z_{SO} \cdot Z_{SS}} = \sqrt{\frac{Z}{Y}} = \sqrt{\frac{r+jwL}{g+jwC}} \fallingdotseq \sqrt{\frac{L}{C}} \ (\because R \fallingdotseq 0, \ G \fallingdotseq 0)$$

$$Z_o = 138\log_{10}\frac{D}{r}[\Omega]$$

(3) 특징

① 특성 임피던스는 무부하 시험과 단락시험을 통해서 구한다.
② 특성 임피던스는 선로의 길이와 관계없이 일정하다.

3. 전파정수(γ)

(1) 개념

① 전압 및 전류가 선로의 시작점인 송전단에서 멀어짐에 따라 진폭이 저하되어가는 특성과 위상이 늦어져 가는 특성을 나타낸 정수
② 파형이 점차 감소하는 정도를 나타내는 계수

(2) 표현식

$$\gamma = \sqrt{ZY} = \sqrt{(R+jwL)(G+jwC)} = jw\sqrt{LC}$$

4. 전파속도(v)

(1) 개념

진행파의 진행 속도

(2) 표현식

$$v = \frac{1}{\sqrt{LC}} = 3 \times 10^8 \, [\text{m/s}]$$

5. 인덕턴스(L) 계산

$$L = \frac{Z_o}{v} \, [\text{H/m}]$$

⚡ 과년도 기출 및 예상문제

★★★
01 장거리 송전선로는 일반적으로 어떤 회로로 취급하여 회로를 해석하는가?

① 분포정수 회로   ② 분산부하 회로
③ 집중정수 회로   ④ 특성 임피던스 회로

해설 **송전선 특성 구분**

구분	거리[km]	선로정수	특성 해석
단거리	50 이하	R, L	집중정수회로
중거리	50~100	R, L, C	
장거리	100 초과	R, L, C, G	분포정수회로

★☆☆
02 송전선의 특성 임피던스와 전파정수는 어떤 시험으로 구할 수 있는가?

① 뇌파시험   ② 정격부하시험
③ 절연강도 측정시험   ④ 무부하 시험과 단락시험

해설 • 특성 임피던스 $Z_0 = \sqrt{\dfrac{Z}{Y}}$

• 전파정수 $\gamma = \sqrt{ZY}$

• 무부하 시험을 통해 Y를 구하고, 단락시험을 통해 Z를 구한다.

★★★
03 송전선의 특성 임피던스는 저항과 누설 컨덕턴스를 무시하면 어떻게 표현되는가? (단, L은 선로의 인덕턴스, C는 선로의 정전용량이다.)

① $\sqrt{\dfrac{L}{C}}$ ② $\sqrt{\dfrac{C}{L}}$

③ $\dfrac{L}{C}$ ④ $\dfrac{C}{L}$

해설 **특성 임피던스(Z_o) 표현식**

$$Z_o = \sqrt{Z_{SO} \cdot Z_{SS}} = \sqrt{\frac{Z}{Y}} = \sqrt{\frac{r + jwL}{g + jwC}} \doteqdot \sqrt{\frac{L}{C}} \; (\because R \doteqdot 0, \; G \doteqdot 0)$$

정답 | **01** ①   **02** ④   **03** ①

★☆☆
04 선로의 특성 임피던스에 관한 내용으로 옳은 것은?

① 선로의 길이와 관계없이 일정하다.
② 선로의 길이가 길어질수록 값이 커진다.
③ 선로의 길이가 길어질수록 값이 작아진다.
④ 선로의 길이보다는 부하전력에 따라 값이 변한다.

해설 **특성 임피던스(Z_0)의 특징**
• 특성 임피던스는 무부하 시험과 단락시험을 통해서 구한다.
• 특성 임피던스는 선로의 길이와 관계없이 일정하다.

★☆☆
05 수전단을 단락한 경우 송전단에서 본 임피던스가 330[Ω]이고, 수전단을 개방한 경우 송전단에서 본 어드미턴스가 $Y = 1.875 \times 10^{-3}$[℧]일 때 송전단의 특성 임피던스는 약 몇 [Ω]인가?

① 120   ② 220
③ 320   ④ 420

해설 • 수전단을 단락한 경우 송전단에서 본 임피던스 : $Z = 330$[Ω]
• 수전단을 개방한 경우 송전단에서 본 어드미턴스 : $Y = 1.875 \times 10^{-3}$[℧]
• 특성 임피던스 $Z_0 = \sqrt{\dfrac{Z}{Y}} = \sqrt{\dfrac{330}{1.875 \times 10^{-3}}} = 419.52 \fallingdotseq 420$[Ω]

★★☆
06 송전선로의 수전단을 단락한 경우 송전단에서 본 임피던스는 300[Ω]이고, 수전단을 개방한 경우에는 1,200[Ω]일 때 이 선로의 특성 임피던스는 몇 [Ω]인가?

① 600   ② 750
③ 1,000   ④ 1,200

해설 특성 임피던스 $Z_0 = \sqrt{\dfrac{Z}{Y}} = \sqrt{\dfrac{300}{1/1,200}} = 600$[Ω]

★☆☆
07 송전선의 특성 임피던스를 Z_o, 전파속도를 v라 할 때, 이 송전선의 단위길이에 대한 인덕턴스 L은?

① $L = \dfrac{v}{Z_o}$

② $L = \dfrac{Z_o}{v}$

③ $L = \dfrac{Z_o{}^2}{v}$

④ $L = \sqrt{Z_o}\, v$

해설 $\dfrac{Z_o}{v} = \dfrac{\sqrt{\dfrac{L}{C}}}{\dfrac{1}{\sqrt{LC}}} = \sqrt{LC} \times \sqrt{\dfrac{L}{C}} = \sqrt{LC \times \dfrac{L}{C}} = \sqrt{L^2} = L \quad \therefore L = \dfrac{Z_o}{v}$

★☆☆
08 전력 손실이 없는 송전선로에서 서지파(진행파)가 진행하는 속도는? (단, L : 단위 선로 길이당 인덕턴스, C : 단위선로 길이당 커패시턴스이다.)

① $\sqrt{\dfrac{L}{C}}$

② $\sqrt{\dfrac{C}{L}}$

③ $\dfrac{1}{\sqrt{LC}}$

④ $\sqrt{LC}$

해설 전파속도 $\nu = \dfrac{1}{\sqrt{LC}} = 3 \times 10^8\,[\mathrm{m/sec}]$

CHAPTER 04 조상설비 및 전력원선도

SECTION 01 조상설비

1. 조상설비

(1) 개념

송전전력을 일정한 전압으로 보내기 위해 전력계통에 무효전력을 공급 및 조정하는 설비

(2) 설치효과

① 무효전력 조정으로 일정한 전압 공급
② 역률을 조정하여 송전손실 경감
③ 안정도 향상

(3) 종류

① 구분
  ㉠ 동기조상기(L, C 공급)
  ㉡ 전력용 콘덴서(C 공급)
  ㉢ 분로리액터(L 공급)
  ㉣ 정지형 무효전력 보상장치 SVC(L, C 공급)

② 동기조상기와 전력용 콘덴서 비교

구분	동기조상기	전력용 콘덴서
무효전력	지상(L), 진상(C) 공급	진상(C) 공급
전압조정	연속적	단계적
시충전	가능	불가능
전력손실	큼($\because$ 회전기)	적음($\because$ 정지기)

2. 전력용 콘덴서

(1) 구분

① 직렬 콘덴서 : 선로의 리액턴스 보상(전압강하 보상)

② 병렬 콘덴서 : 역률 개선(전력손실 경감)

(2) 설치목적

송전계통	배전계통
• 리액턴스 보상 • 전압강하 보상 • 송전용량 증가	• 역률개선 • 전력손실 감소 • 설비용량 증대

(3) 구성도 : 전력용 콘덴서(S.C), 직렬리액터(S.R), 방전코일(D.C) 등을 조합하여 구성

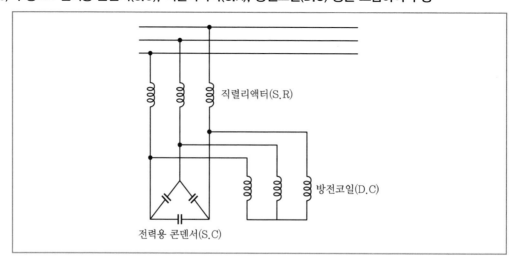

(4) 방전코일(D.C)

잔류전하를 방전하여 인체감전 보호

(5) 직렬리액터(S.R)

① 제5고조파 억제 : $5\omega L = \dfrac{1}{5\omega C}$, $\omega L = \dfrac{1}{25}\cdot\dfrac{1}{\omega C} = 0.04\,\dfrac{1}{\omega C}$ ∴ 4[%], 실제 6[%]

② 제3고조파 억제 : $3\omega L = \dfrac{1}{3\omega C}$, $\omega L = \dfrac{1}{9}\cdot\dfrac{1}{\omega C} = 0.11\,\dfrac{1}{\omega C}$ ∴ 11[%], 실제 13[%]

3. 리액터 종류별 설치목적

종류	설치목적
직렬리액터	제5고조파 억제
분로리액터	페란티현상 방지
한류리액터	단락 전류 제한
소호리액터	지락전류(아크) 소멸

과년도 기출 및 예상문제

★☆☆
01 조상설비가 아닌 것은?

① 단권 변압기　　　　　　② 분로리액터
③ 동기조상기　　　　　　④ 전력용 콘덴서

해설 ▶ 단권 변압기는 조상설비가 아닌 전력을 변환하는 기기이다.

★★★
02 조상설비라고 할 수 없는 것은?

① 분로리액터　　　　　　② 동기조상기
③ 정지형 무효전력 보상장치　　④ 자동고장구분 개폐기

해설 ▶ 자동고장구분 개폐기(ASS)는 800[A] 미만의 과부하 및 고장전류에 대해 회로를 보호하고자 설치하는 개폐장치이다.

★★★
03 전력계통의 전압을 조정하는 가장 보편적인 방법은?

① 발전기의 유효 전력 조정　　② 부하의 유효 전력 조정
③ 계통의 주파수 조정　　　　④ 계통의 무효 전력 조정

해설 ▶ 조상설비인 동기조상기나 전력용 콘덴서를 통해 무효전력을 공급하여 전력계통의 전압을 조정한다.

★★☆
04 전력 계통의 주파수 변동은 주로 무엇의 변화에 기인하는가?

① 유효 전력　　　　　　② 무효 전력
③ 계통 전압　　　　　　④ 계통 임피던스

해설 ▶ • 유효 전력 변동 : 주파수 변동
　　　• 무효 전력 변동 : 전압 변동

정답 | 01 ① 02 ④ 03 ④ 04 ①

★☆☆
05 동기조상기에 대한 설명으로 틀린 것은?

① 시충전이 불가능하다.
② 전압 조정이 연속적이다.
③ 중부하시에는 과여자로 운전하여 앞선 전류를 취한다.
④ 경부하시에는 부족여자로 운전하여 뒤진 전류를 취한다.

해설 **동기조상기와 전력용 콘덴서 비교**

구분	동기조상기	전력용 콘덴서
무효전력	지상(L), 진상(C) 공급	진상(C) 공급
전압조정	연속적	단계적
시충전	가능	불가능
전력손실	큼($\because$ 회전기)	적음($\because$ 정지기)

★☆☆
06 전력계통에서 무효전력을 조정하는 조상설비 중 전력용 콘덴서를 동기조상기와 비교할 때 옳은 것은?

① 전력손실이 크다.
② 지상 무효전력분을 공급할 수 있다.
③ 전압 조정을 계단적으로 밖에 못한다.
④ 송전선로를 시송전할 때 선로를 충전할 수 있다.

해설 전력용 콘덴서는 진상(C)분을 공급하는 장치로 계단적 제어를 통해 무효전력을 공급한다.

★★★
07 동기조상기(A)와 전력용 콘덴서(B)를 비교한 것으로 옳은 것은?

① 시충전 : (A) 불가능, (B) 가능
② 전력 손실 : (A) 작다, (B) 크다
③ 무효전력 조정 : (A) 계단적, (B) 연속적
④ 무효전력 : (A) 진상 · 지상용, (B) 진상용

해설 **동기조상기와 전력용 콘덴서 비교**

구분	동기조상기	전력용 콘덴서
무효전력	지상(L), 진상(C) 공급	진상(C) 공급
전압조정	연속적	단계적
시충전	가능	불가능
전력손실	큼($\because$ 회전기)	적음($\because$ 정지기)

정답 | 05 ① 06 ③ 07 ④

★☆☆
08 직렬콘덴서를 선로에 삽입할 때의 이점이 아닌 것은?

① 선로의 인덕턴스를 보상한다.
② 수전단의 전압강하를 줄인다.
③ 정태안정도를 증가한다.
④ 송전단의 역률을 개선한다.

해설 역률을 개선하기 위해서는 병렬콘덴서를 설치해야 한다.

★☆☆
09 직렬 콘덴서를 선로에 삽입할 때의 현상으로 옳은 것은?

① 부하의 역률을 개선한다.
② 선로의 리액턴스가 증가된다.
③ 선로의 전압강하를 줄일 수 없다.
④ 계통의 정태안정도를 증가시킨다.

해설 선로리액턴스 $X = (X_L - X_C)$의 관계에서, 직렬콘덴서(X_C)를 삽입하면 리액턴스(X) 저감으로 전압강하가 감소되고 송전전력 및 안정도가 증가된다.

★★★
10 전력용 콘덴서 회로에 방전 코일을 설치하는 주 목적은?

① 합성 역률의 개선
② 전원 개방 시 잔류 전하를 방전시켜 인체의 위험 방지
③ 콘덴서 등가용량 증대
④ 전압의 개선

해설 방전코일(D.C) : 잔류전하를 방전하여 인체감전 보호

정답 | 08 ④ 09 ④ 10 ②

★☆☆

11 1상당의 용량 200[kVA]의 콘덴서에 제5고조파를 억제하기 위하여 직렬리액터를 설치하고자 한다. 기본파 기준으로 직렬리액터의 용량[kVA]으로 가장 알맞은 것은?

① 6[kVA] ② 12[kVA]

③ 18[kVA] ④ 25[kVA]

해설 • 제5고조파 억제 시 리액터 용량 : 콘덴서 용량의 4[%], 실제 6[%]

• $Q_L = Q_C \times 0.06 = 200 \times 0.06 = 12\,[\mathrm{kVA}]$

★★☆

12 전력용콘덴서를 변전소에 설치할 때 직렬리액터를 설치하려고 한다. 직렬리액터의 용량을 결정하는 식은? (단, f_0는 전원의 기본 주파수, C는 역률 개선용 콘덴서의 용량, L은 직렬리액터의 용량이다.)

① $2\pi f_0 L = \dfrac{1}{2\pi f_0 C}$

② $2\pi(3f_0)L = \dfrac{1}{2\pi(3f_0)C}$

③ $2\pi(5f_0)L = \dfrac{1}{2\pi(5f_0)C}$

④ $2\pi(7f_0)L = \dfrac{1}{2\pi(7f_0)C}$

해설 직렬리액터의 주된 목적은 제5고조파 제거를 목적으로 한다.

02 SECTION 전력원선도

1. 개념

① 전력계통의 특성을 원과 선을 이용하여 표현하는 방식이다.

② 정전압 송전계통에 대한 송전 특성을 알 수 있다.

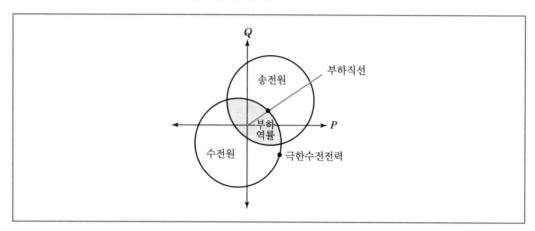

2. 전력원선도 기본 특성

① 원선도 반지름 : $R = \dfrac{E_S E_R}{B} = \dfrac{E_S E_R}{Z}$

② 가로축과 세로축
  ㉠ 가로축 : 유효전력(P)
  ㉡ 세로축 : 무효전력(Q)

③ 전력원선도 작성 시 필요사항
  ㉠ 송·수전단 전압
  ㉡ 선로의 일반회로정수(A, B, C, D)

3. 전력공급 특성

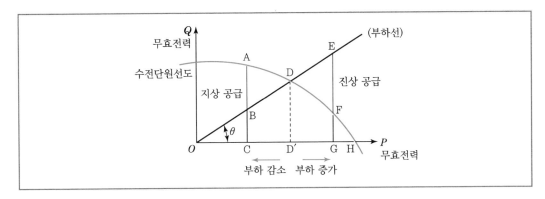

① O−H : 이상적인 부하선(최대전력 공급)
② O−D : 무효전력의 증·감 불필요
③ O−B : 경부하(부하 감소) → A−B만큼의 지상전력 공급
④ O−E : 중부하(부하 증가) → E−F만큼의 진상전력 공급

4. 원선도에서 알 수 없는 사항

① 과도안정 극한전력
② 코로나 손실

⚡ 과년도 기출 및 예상문제

★★★
01 전력원선도에서 구할 수 없는 것은?

① 송·수전할 수 있는 최대 전력
② 필요한 전력을 보내기 위한 송·수전단 전압 간의 상차각
③ 선로 손실과 송전 효율
④ 과도극한전력

> **해설** **전력원선도에서 알 수 없는 것**
> • 과도안정 극한전력
> • 코로나 손실

★★★
02 전력원선도에서는 알 수 없는 것은?

① 송수전 할 수 있는 최대전력　　② 선로 손실
③ 수전단 역률　　　　　　　　　④ 코로나손

> **해설** **전력원선도에서 알 수 없는 것**
> • 과도안정 극한전력
> • 코로나 손실

★☆☆
03 전력원선도의 가로축 ㉠과 세로축 ㉡이 나타내는 것은?

① ㉠ 최대전력, ㉡ 피상전력　　② ㉠ 유효전력, ㉡ 무효전력
③ ㉠ 조상용량, ㉡ 송전손실　　④ ㉠ 송전효율, ㉡ 코로나 손실

> **해설** • 전력원선도 가로축 : 유효전력(P)
> • 전력원선도 세로축 : 무효전력(Q)

★☆☆
04 송, 수전단 전압을 E_S, E_R이라 하고 4단자 정수를 A, B, C, D라 할 때 전력원선도의 반지름(R)은?

① $\dfrac{E_S E_R}{A}$　　　　　　② $\dfrac{E_S^2 E_R^2}{A}$

③ $\dfrac{E_S E_R}{B}$　　　　　　④ $\dfrac{E_S^2 E_R^2}{B}$

> **해설** 전력원선도 반지름 : $R=\dfrac{E_S E_R}{B}=\dfrac{E_S E_R}{Z}$

정답 | 01 ④　02 ④　03 ②　04 ③

★☆☆

05 정전압 송전방식에서 전력원선도를 그리려면 무엇이 주어져야 하는가?

① 송·수전단 전압, 선로의 일반회로정수
② 송·수전단 전류, 선로의 일반회로정수
③ 조상기 용량, 수전단 전압
④ 송전단 전압, 수전단 전류

> **해설** 송·수전단 전압(E_S, E_R)과 선로의 일반회로정수(A, B, C, D)를 알아야 전력원선도를 그릴 수 있다.

★★★

06 수전단 전력원선도의 전력 방정식이 $P_r^2 + (Q_r + 400)^2 = 250,000$으로 표현되는 전력계통에서 가능한 최대로 공급할 수 있는 부하전력(P_r)과 이때 전압을 일정하게 유지하는데 필요한 무효전력(Q_r)은 각각 얼마인가?

① $P_r = 500$, $Q_r = -400$
② $P_r = 400$, $Q_r = 500$
③ $P_r = 300$, $Q_r = 100$
④ $P_r = 200$, $Q_r = -300$

> **해설** • 전력 방정식 $P_r^2 + (Q_r + 400)^2 = 250,000$의 조건에서, 전력을 최대로 공급하기 위해서는 무효전력이 0이 되어야 하므로 $(Q_r + 400) = 0$ ∴ $Q_r = -400$
> • 최대 부하전력은 무효전력이 0일 때의 전력이므로 $P_r^2 = 250,000 = 500^2$ ∴ $P_r = 500$

★☆☆

07 그림과 같은 송전선의 수전단 전력원선도에 있어서 역률 $\cos\theta$의 부하가 갑자기 감소하여 조상설비를 필요로 하게 되었을 때 필요한 조상기의 용량을 나타내는 부분은?

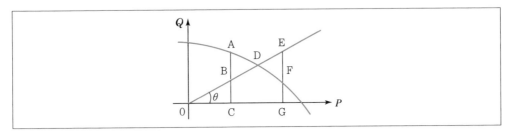

① $\overline{AB}$
② $\overline{BD}$
③ $\overline{EF}$
④ $\overline{FC}$

> **해설** 부하가 갑자기 감소하여 부하 곡선의 B점에서 운전하게 되면 원주상 A점으로 이동시키기 위해 무효 전력을 $\overline{AB}$만큼 조상 용량(지상 무효 전력)이 필요하다.

SECTION 03 송전용량

1. 고유 부하법(고유 송전용량) → 송전거리 미포함

$$P = \frac{V_R{}^2}{Z_o} \times 10^6 [W] \fallingdotseq 2.5 V_R{}^2 [kW]$$

- V_R : 수전단 선간 전압[kV]
- Z_o : 특성 임피던스(대략 400[Ω])

2. 송전용량 계수법(수전단 전력) → 송전거리 포함

$$P_R = k \frac{V_R{}^2}{\ell} [kW]$$

- k : 송전용량 계수
- ℓ : 송전거리[km]
- V_R : 수전단 선간전압[kV]

3. 송전전력

$$P = \frac{V_S V_R}{X} \sin\delta [MW]$$

- V_S, V_R : 송 · 수전단 전압[kV]
- X : 선로의 리액턴스[Ω]
- δ : 송 · 수전단 전압의 위상차[°]

4. 안정도

계통이 주어진 조건하에서 안정하게 운전을 계속할 수 있는 능력

(1) 안정도 구분

구분	개념 설명
정태 안정도	정상적인 운전상태에서 부하가 서서히 증가할 때 계속적으로 송전할 수 있는 능력
동태 안정도	동기기의 여자전류를 고속 자동전압조정기(AVR)로 제어하는 경우의 안정도
과도 안정도	부하의 급격한 변동 또는 계통에 사고나 외란 발생 시 탈조하지 않고 발전기와 전동기가 동기화를 계속 유지하면서 계속적으로 송전할 수 있는 능력

(2) 안정도 향상 대책

송전용량 $P = \dfrac{E_s E_r}{X} \sin\delta [\mathrm{MW}]$의 식에서, 송전용량 증가 대책이 안정도 향상 대책이다.

① 계통의 직렬 리액턴스를 작게 한다.
  ㉠ 발전기나 변압기의 리액턴스를 작게 설정
  ㉡ 발전기의 단락비를 크게 설정
  ㉢ 전선로의 평행 회선수 늘림 → 복도체(다도체) 방식 채용
  ㉣ 직렬 콘덴서 삽입(리액턴스 보상)

② 전압 변동을 작게 설정한다.
  ㉠ 속응 여자방식을 채용
  ㉡ 계통을 연계
  ㉢ 중간 조상방식 채용

③ 계통에 주는 충격을 작게 한다.
  ㉠ 소호 리액터 접지방식 채용
  ㉡ 고속도 계전기 및 차단기 채용
  ㉢ 고속도 재폐로 방식 채용

⚡ 과년도 기출 및 예상문제

★☆☆
01 154[kV] 송전선로에서 송전거리가 154[km]일 때 송전용량 계수법에 의한 송전용량은 몇 [kW]인가? (단, 송전용량 계수는 1,200으로 한다.)

① 61,600
② 92,400
③ 123,200
④ 184,800

해설 송전용량 $P = k\dfrac{V_R^2}{\ell} = 1,200 \times \dfrac{154^2}{154} = 184,800[kW]$

★☆☆
02 345[kV] 2회선 선로의 길이가 220[km]이다. 송전용량 계수법에 의하면 송전용량은 약 몇 [MW]인가? (단, 345[kV]의 송전용량 계수는 1,200이다.)

① 525
② 650
③ 1,050
④ 1,300

해설 송전용량 $P = k\dfrac{V_R^2}{\ell} = 1,200 \times \dfrac{345^2}{220} \times 10^{-3} \times 2회선 ≒ 1,300[MW]$

★☆☆
03 송전단 전압을 V_s, 수전단 전압을 V_r, 선로의 리액턴스를 X라 할 때, 정상 시의 최대 송전전력의 개략적인 값은?

① $\dfrac{V_s - V_r}{X}$
② $\dfrac{V_s^2 - V_r^2}{X}$
③ $\dfrac{V_s(V_s - V_r)}{X}$
④ $\dfrac{V_s V_r}{X}$

해설 송전단 전압과 수전단 전압의 상차각(δ)이 90[°]일 때 최대 송전전력이 발생하므로,
$$P_m = \dfrac{V_s V_r}{X} \times \sin 90[°] = \dfrac{V_s V_r}{X} [MW][°]$$

★★★
04 단거리 송전선로에서 정상상태 유효전력의 크기는?

① 선로 리액턴스 및 전압위상차에 비례한다.
② 선로 리액턴스 및 전압위상차에 반비례한다.
③ 선로 리액턴스에 반비례하고 상차각에 비례한다.
④ 선로 리액턴스에 비례하고 상차각에 반비례한다.

해설 • 송전전력 계산식 : $P = \dfrac{V_s \, V_r}{X} \sin\delta [MW]$

• 송 · 수전단 전압의 곱에 비례한다.
• 선로 리액턴스에 반비례한다.
• 송 · 수전단 전압의 상차각(δ)에 비례한다.

★★☆
05 교류송전에서는 송전거리가 멀어질수록 동일 전압에서의 송전 가능전력이 적어진다. 그 이유로 가장 알맞은 것은?

① 선로의 어드미턴스가 커지기 때문이다.
② 선로의 유도성 리액턴스가 커지기 때문이다.
③ 코로나 손실이 증가하기 때문이다.
④ 표피효과가 커지기 때문이다.

해설 송전전력 $P = \dfrac{V_s \, V_r}{X} \sin\delta [MW]$의 식에서, 송전거리가 멀어질수록 선로의 유도성 리액턴스(X_L)값이 증가되어 송전 가능전력이 감소하게 된다.

★★☆
06 송전단 전압 161[kV], 수전단 전압 155[kV], 상차각 40[°], 리액턴스가 49.8[Ω]일 때 선로손실을 무시한다면 전송전력은 약 몇 [MW]인가?

① 289   ② 322
③ 373   ④ 869

해설 송전전력 $P = \dfrac{V_s \, V_r}{X} \sin\delta = \dfrac{161 \times 155}{49.8} \times \sin 40[°] = 322.1 [MW]$

정답 | 04 ③ 05 ② 06 ②

★☆☆

07 전력계통에서 안정도란 주어진 운전 조건하에서 계통이 안정하게 운전을 계속할 수 있는가의 능력을 말한다. 다음 중 안정도의 구분에 포함되지 않는 것은?

① 동태 안정도　　　　　　　　　② 과도 안정도
③ 정태 안정도　　　　　　　　　④ 동기 안정도

> **해설** 안정도에는 정태 안정도, 동태 안정도, 과도 안정도로 구분된다.

★★★

08 발전기의 정태 안정 극한전력이란?

① 부하가 서서히 증가할 때의 극한전력
② 부하가 갑자기 크게 변동할 때의 극한전력
③ 부하가 갑자기 사고가 났을 때의 극한전력
④ 부하가 변하지 않을 때의 극한전력

> **해설** 정태 안정도란 정상적인 운전상태에서 부하가 서서히 증가할 때 계속적으로 송전할 수 있는 능력을 말한다.

★★★

09 송전선로의 안정도 향상대책이 아닌 것은?

① 평행다회선이나 복도체 방식을 채용　　② 속응 여자 방식을 채용
③ 계통의 직렬리액턴스를 증가　　　　　④ 고속도차단기의 이용

> **해설** 계통의 직렬리액턴스(X)가 증가하면 송전용량 $P=\dfrac{V_s\,V_r}{X}\sin\delta[\mathrm{MW}] \to P\propto\dfrac{1}{X}$ (반비례) 관계이므로 송전
>
> 용량이 감소하고, 안정도는 저하된다.

★☆☆

10 송전계통의 안정도 향상대책으로 옳지 않은 것은?

① 계통을 연계한다.
② 발전기의 단락비를 작게 한다.
③ 발전기, 변압기의 리액턴스를 작게 한다.
④ 직렬콘덴서로 선로의 리액턴스를 보상한다.

> **해설** 단락비가 작은 발전기는 동기임피던스가 큰 특성으로 리액턴스(X)가 크고 안정도는 작다.

정답 | 07 ④　08 ①　09 ③　10 ②

90 PART 01 송전공학

CHAPTER
05 고장계산

01 %Z법에 의한 고장계산
SECTION

1. 전력계통 고장(사고)의 기본 개념

(1) 고장(사고)의 종류

① 지락 고장 : 1선, 2선, 3선 지락 고장
① 단락고장 : 선간, 3상 단락고장
© 단선고장 등

(2) 송전계통에서 가장 많이 발생하는 고장 : 1선 지락 사고

(3) 가장 큰 고장전류 : 3상 단락 전류

(4) 고장계산을 하는 이유

① 차단기의 차단용량 선정
② 보호계전기 정정
③ 직렬기기 강도 선정
④ 전선 굵기 선정
⑤ 통신선 유도장해 검토
⑥ 순시 전압강하 검토

(5) 고장계산 방법의 종류

구분	평형 고장	불평형 고장
정의	• 각 상 고장전류의 크기가 같고, 위상차가 120[°]인 고장	• 각 상 고장전류의 크기와 위상차가 각기 다른 고장
고장의 종류	• 3상 단락	• 1선 지락, 2선 지락, 선간 단락
계산방법	• 오옴법, %Z법, PU법	• 대칭좌표법, 클라크법

2. 단락 전류의 특징

(1) 개념

전로의 선간이 임피던스가 최소(≒ 0)인 상태로 접촉되었을 때 단락점을 통해 흐르는 큰 전류

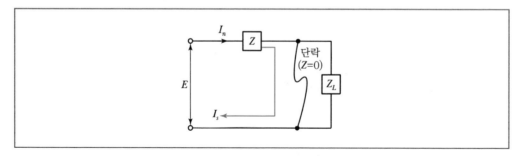

(2) 특징

① 고장전류 중 가장 큰 전류(3상 단락 전류)
② 처음은 큰 전류이나 점차로 감소하는 형태
③ 지(늦음)역률의 지상 전류
④ 단락 전류의 크기는 전원전압(E)의 크기에 의해 결정

3. 단락 전류(I_s) 계산식

(1) 오옴법

① 개념 : 단락점의 대지전압(E)을 고장점에서 본 임피던스(Z)로 나누어서 계산하는 방식

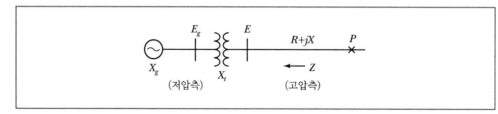

② 단락 전류(I_s) 계산식

$$I_s = \frac{E}{Z} = \frac{\dfrac{V}{\sqrt{3}}}{Z} = \frac{V}{\sqrt{3}\,Z} = \frac{V}{\sqrt{3}\,(Z_g + Z_t + Z_\ell)} \ [\text{A}]$$

- Z_g : 발전기의 임피던스   • Z_t : 변압기의 임피던스
- Z_ℓ : 선로의 임피던스   • E : 상전압
- V : 선간전압

(2) %Z법(백분율법)

① 개념 : %Z를 이용하여 단락 전류를 계산하는 방식

② 단락 전류(I_s) 계산식

$$I_s = \frac{100}{\%Z} I_n = \frac{100}{\%Z} \times \frac{P_n}{\sqrt{3}\,V}\,[\text{A}]$$

(3) %Z 계산식

①
$$\%Z = \frac{PZ}{10\,V^2}\,[\%]$$

②
$$\%Z = \frac{I_n}{I_s} \times 100\,[\%]$$

③
$$\%Z = \frac{P_n}{P_s} \times 100\,[\%]$$

(4) %Z 환산(기준용량 대비)

$$\text{환산}\,\%Z = \frac{\text{기준용량}}{\text{자기용량}} \times \text{자기}\,\%Z$$

(5) 임피던스(Z) 계산

$$Z = \frac{\%Z \cdot 10\,V^2}{P}\,[\Omega]$$

4. 단락용량(차단용량 P_s) 계산식

$$P_s = \sqrt{3}\,V I_s = \sqrt{3}\,V \times \frac{100}{\%Z} \times I_n = \frac{100}{\%Z} P_n\,[\text{kVA}]$$

- P_n : 정격(기준)용량
- V : 정격전압
- I_s : 정격차단전류

과년도 기출 및 예상문제

★☆☆
01 단락 전류는 다음 중 어느 것을 말하는가?

① 앞선 전류
② 뒤진 전류
③ 충전 전류
④ 누설전류

해설 **단락 전류의 특징**
• 고장전류 중 가장 큰 전류(3상 단락 전류)
• 처음은 큰 전류이나 점차로 감소하는 형태
• 지(늦음)역률의 지상 전류
• 단락 전류의 크기는 전원전압(E)의 크기에 의해 결정

★★★
02 송전 선로에서 가장 많이 발생되는 사고는 무슨 사고인가?

① 단선사고
② 단락 사고
③ 지지물 전도사고
④ 지락 사고

해설 송전 선로에서 발생하는 사고 중 지락 사고는 약 80[%] 정도로 가장 많다.

★☆☆
03 고장점에서 전원측을 본 계통 임피던스를 Z[Ω], 고장점의 상전압을 E[V]라 하면 3상 단락 전류[A]는?

① $\dfrac{E}{Z}$
② $\dfrac{ZE}{\sqrt{3}}$
③ $\dfrac{\sqrt{3}\,E}{Z}$
④ $\dfrac{3E}{Z}$

해설 3상 단락 전류 $I_s = \dfrac{E}{Z} = \dfrac{\frac{V}{\sqrt{3}}}{Z} = \dfrac{V}{\sqrt{3}\,Z} = \dfrac{V}{\sqrt{3}\,(Z_g + Z_t + Z_\ell)}$ [A]

정답 | 01 ② 02 ④ 03 ①

★★★
04 그림과 같은 3상 송전 계통에서 송전단 전압은 $3,300[\text{V}]$이다. 점 P에서 3상 단락 사고가 발생했다면 발전기에 흐르는 단락 전류는 약 몇 [A]인가?

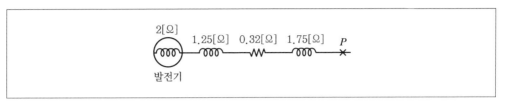

① 320

② 330

③ 380

④ 410

해설 ▸ • 합성 임피던스 : $Z_o = 0.32 + j(2 + 1.25 + 1.75) = 0.32 + j5[\Omega]$

• 3상 단락 전류 : $\mathrm{I}_s = \dfrac{\mathrm{E}}{\mathrm{Z}} = \dfrac{\mathrm{E}}{\sqrt{\mathrm{R}^2 + \mathrm{X}^2}} = \dfrac{\dfrac{3,300}{\sqrt{3}}}{\sqrt{0.32^2 + 5^2}} = 380.27 \fallingdotseq 380[\text{A}]$

★☆☆
05 그림과 같은 3상 송전계통의 송전전압은 $22[\text{kV}]$이다. 한 점 P에서 3상 단락했을 때 발전기에 흐르는 단락 전류는 약 몇 [A]인가?

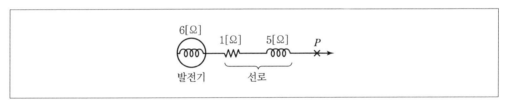

① 725

② 1,150

③ 1,990

④ 3,725

해설 ▸ • 합성 임피던스 : $Z_o = 1 + j(6 + 5) = 1 + j11[\Omega]$

• 3상 단락 전류 : $\mathrm{I}_s = \dfrac{\mathrm{E}}{\mathrm{Z}} = \dfrac{\mathrm{E}}{\sqrt{\mathrm{R}^2 + \mathrm{X}^2}} = \dfrac{\dfrac{22 \times 10^3}{\sqrt{3}}}{\sqrt{1^2 + 11^2}} = 1,149.95 \fallingdotseq 1,150[\text{A}]$

정답 | 04 ③　05 ②

06 정격전압 7.2[kV], 정격차단용량 100[MVA]인 3상 차단기의 정격 차단전류는 약 몇 [kA]인가?

① 4

② 6

③ 7

④ 8

해설 정격 차단용량 $P_s = \sqrt{3} \times V_n \times I_s$ [MVA]의 식에서, 정격차단전류 $I_s = \dfrac{P_s}{\sqrt{3} \times V_n} = \dfrac{100}{\sqrt{3} \times 7.2} = 8.01$ [kA]

07 66/22[kV], 2,000[kVA] 단상변압기 3대를 1뱅크로 운전하는 변전소로부터 전력을 공급받는 어떤 수전점에서의 3상 단락 전류는 약 몇 [A]인가? (단, 변압기의 %리액턴스는 7이며, 선로의 임피던스는 0이다.)

① 750

② 1,570

③ 1,900

④ 2,250

해설 단락 전류 $I_s = \dfrac{100}{\%Z} \times I_n = \dfrac{100}{7} \times \dfrac{2000 \times 3}{\sqrt{3} \times 22} = 2,249.42$ [A]

08 그림과 같은 22[kV] 3상 3선식 전선로의 P점에 단락이 발생하였다면 3상 단락 전류는 약 몇 [A]인가? (단, %리액턴스는 8[%]이며, 저항분은 무시한다.)

22[kV]
20,000[kVA]

① 6,561

② 8,560

③ 11,364

④ 12,684

해설 단락 전류 $I_s = \dfrac{100}{\%Z} \times I_n = \dfrac{100}{\%Z} \times \dfrac{P_n}{\sqrt{3}\,V_n} = \dfrac{100}{8} \times \dfrac{20,000}{\sqrt{3} \times 22} = 6,560.8$ [A]

정답 | 06 ④ 07 ④ 08 ①

09 ★★★ 수전용 변전설비의 1차측 차단기의 차단용량은 주로 어느 것에 의하여 정해지는가?

① 수전 계약용량
② 부하설비의 단락용량
③ 공급측 전원의 단락용량
④ 수전전력의 역률과 부하율

해설 단락용량 $P_s = \dfrac{100}{\%Z} \times P_n\,[\text{MVA}]$의 식에서, $\%Z$와 P_n(기준용량)은 전원측으로부터 단락지점까지의 임피던스와 용량을 의미하므로, 차단기 차단용량은 공급측 전원의 단락용량에 의해 결정된다.

10 ★★★ 20,000[kVA], %임피던스 8[%]인 3상 변압기가 2차측에서 3상 단락되었을 때 단락용량[kVA]은?

① 160,000
② 200,000
③ 250,000
④ 320,000

해설 단락용량 $P_s = \dfrac{100}{\%Z} P_n = \dfrac{100}{8} \times 20,000 = 250,000\,[\text{kVA}]$

11 ★★★ 3상용 차단기의 정격 차단용량은?

① $\sqrt{3}$ × 정격전압 × 정격차단전류
② $\sqrt{3}$ × 정격전압 × 정격전류
③ 3 × 정격전압 × 정격차단전류
④ 3 × 정격전압 × 정격전류

해설 단락(차단)용량 $P_s = \sqrt{3} \times V_n \times I_s\,[\text{MVA}]$

12 ★★☆ 3상용 차단기의 정격전압은 170[kV]이고 정격차단전류가 50[kA]일 때 차단기의 정격차단용량은 약 몇 [MVA]인가?

① 5,000
② 10,000
③ 15,000
④ 20,000

해설 정격 차단용량 $P_s = \sqrt{3} \times V_n \times I_s = \sqrt{3} \times 170 \times 50 ≒ 15,000\,[\text{MVA}]$

★☆☆

13 10,000[kVA] 기준으로 등가 임피던스가 0.4[%]인 발전소에 설치될 차단기의 차단용량은 몇 [MVA]인가?

① 1,000

② 1,500

③ 2,000

④ 2,500

> **해설** 차단용량 $P_s = \dfrac{100}{\%Z} \times P_n = \dfrac{100}{0.4} \times 10,000 \times 10^{-3} = 2,500\,[\text{MVA}]$

★★☆

14 그림과 같은 전선로의 단락용량은 약 몇 [MVA]인가? (단, 그림의 수치는 10,000[kVA]를 기준으로 한 %리액턴스를 나타낸다.)

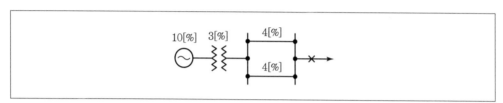

① 33.7

② 66.7

③ 99.7

④ 132.7

> **해설** • 합성 임피던스 $\%Z = 10 + 3 + \left(\dfrac{4}{2}\right) = 15\,[\%]$
>
> • 단락용량 $P_s = \dfrac{100}{\%Z} \times P_n = \dfrac{100}{15} \times 10,000 \times 10^{-3} \fallingdotseq 66.7\,[\text{MVA}]$

★★★

15 선간전압이 V[kV]이고 3상 정격용량이 P[kVA]인 전력계통에서 리액턴스가 X[Ω]라고 할 때, 이 리액턴스를 %리액턴스로 나타내면?

① $\dfrac{\text{XP}}{10\text{V}}$

② $\dfrac{\text{XP}}{10\text{V}^2}$

③ $\dfrac{\text{XP}}{\text{V}^2}$

④ $\dfrac{10\text{V}^2}{\text{XP}}$

> **해설** $\%\text{X} = \dfrac{\text{I}_n \text{X}}{\text{E}} \times 100 = \dfrac{\sqrt{3}\,\text{I}_n \text{X}}{\text{V}} \times 100 = \dfrac{\sqrt{3}\,\text{I}_n \text{X}}{\text{V} \times 1,000} \times 100 = \dfrac{\text{P[kVA]} \cdot \text{X}}{10\text{V[kV]}^2}\,[\%]$

★★★

16 선간전압이 154[kV]이고, 1상당의 임피던스가 j8[Ω]인 기기가 있을 때, 기준용량을 100[MVA]로 하면 %임피던스는 약 몇 [%]인가?

① 2.75

② 3.15

③ 3.37

④ 4.25

해설 $\%Z = \dfrac{P[\text{kVA}] \cdot Z}{10V[\text{kV}]^2} = \dfrac{100 \times 10^3 \times 8}{10 \times 154^2} = 3.37[\%]$

★★☆

17 3상 3선식 송전 선로에서 정격전압이 66[kV]이고, 1선당 리액턴스가 10[Ω]일 때, 100[MVA] 기준의 %리액턴스는 약 얼마인가?

① 17%

② 23%

③ 52%

④ 69%

해설 $\%X = \dfrac{P[\text{kVA}] \cdot X}{10V[\text{kV}]^2} = \dfrac{100 \times 10^3 \times 10}{10 \times 66^2} = 22.96[\%]$

02 SECTION 대칭좌표법에 의한 고장 계산

1. 대칭좌표법에 의한 고장 계산 개념

① 비대칭 고장인 전압이나 전류를 직접 계산하기는 매우 어렵다.

② 따라서, 비대칭 전압, 전류를 대칭성분(정상, 역상, 영상)으로 분해하여 각각 계산한 후 이 값들을 중첩하여 최종값을 구하는 방식이 대칭좌표법이다.

2. 연산자

$$a = 1 \angle 120[°] = -\frac{1}{2} + j\frac{\sqrt{3}}{2}$$

$$a^2 = 1 \angle 240[°] = -\frac{1}{2} - j\frac{\sqrt{3}}{2}$$

$$a^3 = 1 \angle 360[°] = 1$$

$$a^4 = a \times a^3 = a$$

$$a^5 = a^2 \times a^3 = a^2$$

$$1 + a + a^2 = 1 + \left(-\frac{1}{2} + j\frac{\sqrt{3}}{2}\right) + \left(-\frac{1}{2} - j\frac{\sqrt{3}}{2}\right) = 1 - \frac{1}{2} - \frac{1}{2} = 0$$

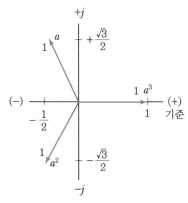

[연산에 필요한 약속자]

3. 대칭분 전압(V_0, V_1, V_2), 대칭분 전류(I_0, I_1, I_2)

$$\begin{bmatrix} V_0 \\ V_1 \\ V_2 \end{bmatrix} = \frac{1}{3} \begin{bmatrix} 1 & 1 & 1 \\ 1 & a & a^2 \\ 1 & a^2 & a \end{bmatrix} \begin{bmatrix} V_a \\ V_b \\ V_c \end{bmatrix} \qquad \begin{bmatrix} I_0 \\ I_1 \\ I_2 \end{bmatrix} = \frac{1}{3} \begin{bmatrix} 1 & 1 & 1 \\ 1 & a & a^2 \\ 1 & a^2 & a \end{bmatrix} \begin{bmatrix} I_a \\ I_b \\ I_c \end{bmatrix}$$

① 영상전압 : $V_0 = \frac{1}{3}(V_a + V_b + V_c)$

② 정상전압 : $V_1 = \frac{1}{3}(V_a + a V_b + a^2 V_c)$

③ 역상전압 : $V_2 = \frac{1}{3}(V_a + a^2 V_b + a V_c)$

4. 상전압(V_a, V_b, V_c), 상전류(I_a, I_b, I_c)

$$\begin{bmatrix} V_a \\ V_b \\ V_c \end{bmatrix} = \begin{bmatrix} 1 & 1 & 1 \\ 1 & a^2 & a \\ 1 & a & a^2 \end{bmatrix} \begin{bmatrix} V_0 \\ V_1 \\ V_2 \end{bmatrix} \qquad \begin{bmatrix} I_a \\ I_b \\ I_c \end{bmatrix} = \begin{bmatrix} 1 & 1 & 1 \\ 1 & a^2 & a \\ 1 & a & a^2 \end{bmatrix} \begin{bmatrix} I_0 \\ I_1 \\ I_2 \end{bmatrix}$$

① a상전압 : $V_a = (V_0 + V_1 + V_2)$

② b상전압 : $V_b = (V_0 + a^2 V_1 + a V_2)$

③ c상전압 : $V_c = (V_0 + a V_1 + a^2 V_2)$

5. 3상 교류발전기의 기본식

① $$V_0 = -I_0 Z_0$$

② $$V_1 = E_a - I_1 Z_1$$

③ $$V_2 = -I_2 Z_2$$

- Z_0 : 영상 임피던스
- Z_1 : 정상 임피던스
- Z_2 : 역상 임피던스

6. 발전기 단자에서의 고장 계산

(1) 1선 지락 고장(a상 지락)

① $I_0 = I_1 = I_2 = \dfrac{1}{3} I_a \rightarrow I_a = 3I_0$

② 지락전류 : $I_g(I_a) = 3I_0 = \dfrac{3E_a}{Z_0 + Z_1 + Z_2} [\text{A}]$

(2) 사고별 존재하는 대칭성분

구분	정상분	역상분	영상분
1선, 2선 지락	○	○	○
2선(선간) 단락	○	○	×
3선(3상) 단락	○	×	×

과년도 기출 및 예상문제

★☆☆
01 3상 송전선로의 고장에서 1선지락 사고 등 3상 불평형 고장 시 사용되는 계산법은?

① 옴 법에 의한 계산　　　　　　　　　② %법에 의한 계산

③ 단위(PU)법에 의한 계산　　　　　　④ 대칭 좌표법

해설 **고장계산 방법의 종류**

구분	평형 고장	불평형 고장
정의	각 상 고장전류의 크기가 같고, 위상차가 120[°]인 고장	각 상 고장전류의 크기와 위상차가 각기 다른 고장
고장의 종류	3상 단락	1선 지락, 2선 지락, 선간단락
계산방법	오옴법, %Z법, PU법	대칭좌표법, 클라크법

★☆☆
02 중성점 직접접지방식의 발전기가 있다. 1선 지락 사고 시 지락전류는? (단, Z_1, Z_2, Z_3는 각각 정상, 역상, 영상 임피던스이며, E_a는 지락된 상의 무부하 기전력이다.

① $\dfrac{E_a}{Z_0 + Z_1 + Z_2}$　　　　　　　　② $\dfrac{Z_1 E_a}{Z_0 + Z_1 + Z_2}$

③ $\dfrac{3E_a}{Z_0 + Z_1 + Z_2}$　　　　　　　　④ $\dfrac{Z_0 E_a}{Z_0 + Z_1 + Z_2}$

해설 지락전류 $I_g = 3I_0 = \dfrac{3E_a}{Z_0 + Z_1 + Z_2}$ [A]

★★☆
03 그림과 같은 평형 3상 발전기가 있다. a상이 지락한 경우 지락전류는 어떻게 표현 되는가? (단, Z_0 : 영상 임피던스, Z_1 : 정상 임피던스, Z_2 : 역상 임피던스이다.)

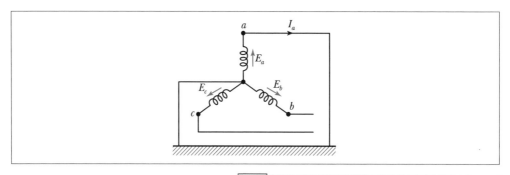

① $\dfrac{E_a}{Z_0 + Z_1 + Z_2}$ ② $\dfrac{3E_a}{Z_0 + Z_1 + Z_2}$

③ $\dfrac{-Z_0 E_a}{Z_0 + Z_1 + Z_2}$ ④ $\dfrac{2Z_2 E_a}{Z_1 + Z_2}$

해설 1선 지락 고장(a상 지락)전류 $I_g(I_a) = 3I_0 = \dfrac{3E_a}{Z_0 + Z_1 + Z_2}$ [A]

★☆☆
04 중성점 저항접지방식에서 1선 지락 시의 영상전류를 I_0라고 할 때, 접지저항으로 흐르는 전류는?

① $\dfrac{1}{3}I_o$ ② $\sqrt{3}\,I_o$

③ $3I_o$ ④ $6I_o$

해설 지락전류 : $I_g = 3I_0 = \dfrac{3E_a}{Z_0 + Z_1 + Z_2}$ [A]

★☆☆
05 일반적인 비접지 3상 송전선로의 1선 지락 고장 발생 시 각 상의 전압은 어떻게 되는가?

① 고장 상의 전압은 떨어지고, 나머지 두 상의 전압은 변동되지 않는다.
② 고장 상의 전압은 떨어지고, 나머지 두 상의 전압은 상승한다.
③ 고장 상의 전압은 떨어지고, 나머지 상의 전압도 떨어진다.
④ 고장 상의 전압이 상승한다.

해설 1선 지락 시 고장 상의 전압은 떨어지고, 건전상인 나머지 두 상의 전압은 상승한다.
→ 비접지 방식은 건전상 전압이 상전압의 $\sqrt{3}$ 배 이상 상승

★★★
06 송배전선로의 고장전류 계산에서 영상 임피던스가 필요한 경우는?

① 3상 단락 계산 ② 선간 단락 계산
③ 1선 지락 계산 ④ 3선 단선 계산

해설 사고별 존재하는 대칭성분

구분	정상분	역상분	영상분
1선, 2선 지락	○	○	○
2선(선간) 단락	○	○	×
3선(3상) 단락	○	×	×

• 1선 지락 고장계산 시 영상 임피던스가 필요하다.

정답 | 04 ③ 05 ② 06 ③

★☆☆

07 3상 송전선로에서 선간단락이 발생하였을 때 다음 중 옳은 것은?

① 역상전류만 흐른다.   ② 정상전류와 역상전류가 흐른다.

③ 역상전류와 영상전류가 흐른다.   ④ 정상전류와 영상전류가 흐른다.

해설 ▶ 2선(선간) 단락 고장이 발생하면 정상분, 역상분 전류가 흐른다.

★★★

08 그림과 같은 회로의 영상, 정상, 역상 임피던스 Z_0, Z_1, Z_2는?

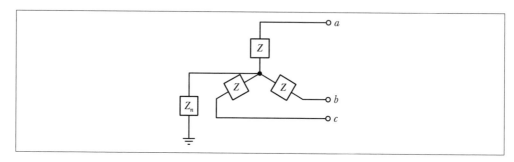

① $Z_o = Z + 3Z_n$, $Z_1 = Z_2 = Z$ ② $Z_o = 3Z_n$, $Z_1 = Z$, $Z_2 = 3Z$

③ $Z_o = Z + Z_n$, $Z_1 = Z_2 = Z + 3Z_n$ ④ $Z_o = 3Z + Z_n$, $Z_1 = 3Z$, $Z_2 = Z$

해설 ▶ • 영상 임피던스 $Z_o = Z + 3Z_n$
           • 정상, 역상 임피던스 $Z_1 = Z_2 = Z$

★☆☆

09 송전 계통의 한 부분이 그림과 같이 3상 변압기로 1차측은 △로, 2차측은 Y로 중성점이 접지되어 있을 경우, 1차측에 흐르는 영상전류는?

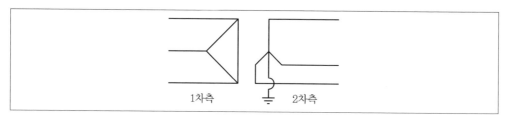

① 1차측 선로에서 ∞이다.

② 1차측 선로에서 반드시 0이다.

③ 1차측 변압기 내부에서는 반드시 0이다.

④ 1차측 변압기 내부와 1차측 선로에서 반드시 0이다.

해설 ▶ 1차측의 영상전류는 변압기 내부(△ 결선 내)에서 순환전류로 흐르고, △ 결선 외부 선로에는 유출되지 않는다.

정답 | 07 ②   08 ①   09 ②

★☆☆
10 그림에서 X 부분에 흐르는 전류는 어떤 전류인가?

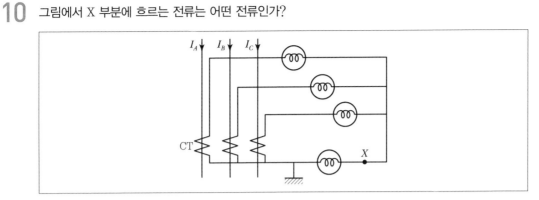

① b상 전류   ② 정상전류

③ 역상전류   ④ 영상전류

해설 접지선에 흐르는 전류는 영상전류(I_o)이다.

★★★
11 A, B 및 C상 전류를 각각 I_a, I_b, 및 I_c라 할 때 $I_x = \dfrac{1}{3}(I_a + a^2 I_b + a I_c)$, $a = -\dfrac{1}{2} + j\dfrac{\sqrt{3}}{2}$ 으로 표시되는

I_X는 어떤 전류인가?

① 정상전류   ② 역상전류

③ 영상전류   ④ 역상전류와 영상전류의 합

해설 • 대칭분 전류(I_0, I_1, I_2) → $\begin{bmatrix} I_0 \\ I_1 \\ I_2 \end{bmatrix} = \dfrac{1}{3} \begin{bmatrix} 1 & 1 & 1 \\ 1 & a & a^2 \\ 1 & a^2 & a \end{bmatrix} \begin{bmatrix} I_a \\ I_b \\ I_c \end{bmatrix}$

• 영상전류 : $I_0 = \dfrac{1}{3}(I_a + I_b + I_c)$

• 정상전류 : $I_1 = \dfrac{1}{3}(I_a + a I_b + a^2 I_c)$

• 역상전류 : $I_2 = \dfrac{1}{3}(I_a + a^2 I_b + a I_c)$

정답 | 10 ④   11 ②

12 ★☆☆ A, B 및 C 상의 전류를 각각 I_a, I_b, 및 I_c라 할 때, $I_x = \dfrac{1}{3}(I_a + aI_b + a^2 I_c)$이고, $a = -\dfrac{1}{2} + j\dfrac{\sqrt{3}}{2}$이다.

I_x는 어떤 전류인가?

① 정상전류
② 역상전류
③ 영상전류
④ 무효전류

해설 정상전류 : $I_1 = \dfrac{1}{3}(I_a + aI_b + a^2 I_c)$

13 ★☆☆ 송전용량이 증가함에 따라 송전선의 단락 및 지락전류도 증가하여 계통에 여러 가지 장해요인이 되고 있다. 이들의 경감대책으로 적합하지 않은 것은?

① 계통의 전압을 높인다.
② 고장 시 모선 분리 방식을 채용한다.
③ 발전기와 변압기의 임피던스를 작게 한다.
④ 송전선 또는 모선 간에 한류리액터를 삽입한다.

해설 단락 전류 $I_s = \dfrac{E}{Z}$[A]의 식에서, 발전기나 변압기의 임피던스가 작아지면 단락 전류(I_s)는 상승하게 된다.

14 ★★★ 한류리액터를 사용하는 가장 큰 목적은?

① 충전전류의 제한
② 접지전류의 제한
③ 누설전류의 제한
④ 단락 전류의 제한

해설 리액터의 종류에 따른 설치목적

종류	설치목적
직렬리액터	제5고조파 억제
분로리액터	페란티현상 방지
한류리액터	단락 전류 제한
소호리액터	지락전류(아크) 소멸

simple is the best 전기기사 이론파트는 본 내용으로 충분합니다.

CHAPTER 06 중성점 접지방식

01 SECTION 직접접지, 비접지, 저항접지 방식

1. 중성점 접지의 목적

① 지락 시 건전상의 대지전위 상승 억제
② 이상전압 저감 및 발생 방지
③ 선로 및 기기의 절연레벨 저감
④ 보호계전기의 동작을 신속하고 확실히 함
⑤ 지락전류 소멸(소호리액터 접지)
⑥ 과도안정도 증진

2. 중성점 접지 방식의 종류

① 직접접지 방식
② 비접지 방식
③ 저항접지 방식
④ 소호리액터 접지 방식

3. 직접접지 방식

(1) 개념

변압기 결선을 Y결선으로 하여 중성점을 도체를 이용($R ≒ 0$)하여 대지와 직접 접지하는 방식

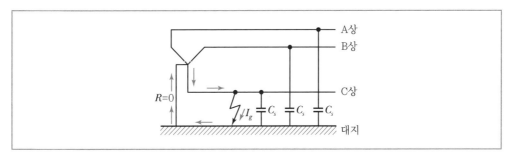

(2) 특징

① 1선 지락 고장 시 건전상의 대지전압 상승이 작다(1.3배 이하).

② 기기의 절연 수준 : 최저(절연비용 최소)

    ㉠ 저감절연, 단절연 가능

    ㉡ 154[kV], 345[kV]의 초고압 송전계통에 적용되는 주된 이유

③ 1선 지락전류(I_g) : 최대

④ 지락전류 검출 및 보호계전기 동작이 신속·확실하다.

⑤ 통신선 유도장해가 크다.

⑥ 과도 안정도 : 최소(지락전류가 크기 때문)

4. 비접지 방식

(1) 개념

변압기 결선을 △ - △ 결선으로 하여 중성점을 접지하지 않는 방식

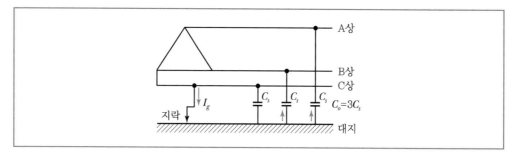

(2) 특징

① 1선 지락 고장 시 건전상의 대지전압 상승이 크다($\sqrt{3}$ 배 이상).

② 기기의 절연 수준 : 최고(절연비용 증가)

③ 1선 지락전류(I_g) : 작음(1[A] 미만)

$$I_g = j3wCE[\text{A}] \rightarrow \angle +90[°]\text{앞선전류}$$

④ 지락전류 검출 및 보호계전기 동작이 어렵다.

⑤ 통신선 유도장해가 적다.

⑥ 과도 안정도 : 크다.

5. 저항접지 방식

(1) 개념

변압기 결선을 Y결선으로 하고 중성점을 저저항 또는 고저항을 통해 대지와 접지하는 방식

(2) 저저항 접지

① 직접 접지 계통의 특징에 가깝다.

② 접지저항 값 : $R_g = 30[\Omega]$ 정도

(3) 고저항 접지

① 비접지, 소호리액터 접지 계통의 특징에 가깝다.

② 접지저항 값 : $R_g = 100 \sim 1,000[\Omega]$ 정도

과년도 기출 및 예상문제

★★★
01 송전선로의 중성점을 접지하는 목적이 아닌 것은?

① 송전용량의 증가
② 과도 안정도의 증진
③ 이상전압 발생의 억제
④ 보호계전기의 신속, 확실한 동작

해설 송전용량의 증가는 중성점 접지 목적과 관계가 없다.

송전선로의 중성점 접지목적
- 과도 안정도 증진(비접지, 소호리액터 접지)
- 이상전압 발생의 억제(직접접지)
- 보호계전기의 신속 · 확실한 동작(직접접지)

★☆☆
02 송전선로의 중성점을 접지하는 목적으로 가장 알맞은 것은?

① 전선량의 절약
② 송전용량의 증가
③ 전압강하의 감소
④ 이상전압의 경감 및 발생 감지

해설 직접접지 방식은 지락고상 시 지락전류가 큰 특성으로 검출이 용이하고 건전상 이상전압 상승이 낮다.

★☆☆
03 보호계전기 동작이 가장 확실한 중성점 접지방식은?

① 비접지방식
② 저항 접지방식
③ 직접 접지방식
④ 소호리액터 접지방식

해설 **직접접지 방식**
- 1선 지락전류 : 최대
- 지락전류 검출 및 보호계전기 동작이 신속 · 확실하다.

★☆☆
04 송전선로에서 1선 지락 시에 건전상의 전압 상승이 가장 적은 접지방식은?

① 비접지방식
② 직접접지 방식
③ 저항 접지방식
④ 소호리액터 접지방식

해설 직접접지 방식은 1선 지락 시 건전상 대지전위상승이 1.3배 이하로 가장 작다.

★☆☆

05 송전계통의 중성점을 직접 접지할 경우 관계가 없는 것은?

① 과도 안정도 증진   ② 계전기 동작 확실

③ 기기의 절연수준 저감   ④ 단절연 변압기 사용 가능

해설 • 중성점 직접접지 방식 : 과도안정도 최소
        • 소호리액터 접지 방식 : 과도안정도 최대

★★☆

06 송전계통에서 1선 지락 고장시 인접통신선의 유도장해가 가장 큰 중성점 접지방식은?

① 비접지방식   ② 직접접지 방식

③ 고저항 접지방식   ④ 소호리액터 접지방식

해설 통신선 전자유도전압 $E_m = -jwM\ell(3I_o)$ [V]의 식에서, 지락전류(I_o)가 가장 큰 직접접지 방식이 통신선 유도장해가 가장 크다.

★☆☆

07 중성점 비접지 방식을 이용하는 것이 적당한 것은?

① 고전압 장거리   ② 고전압 단거리

③ 저전압 장거리   ④ 저전압 단거리

해설 비접지 방식은 지락전류가 작은 저전압 단거리 선로에 적합하다.

★★☆

08 배전선로에 3상 3선식 비접지 방식을 채용할 경우 나타나는 현상은?

① 1선 지락 고장 시 고장 전류가 크다.

② 1선 지락 고장 시 인접 통신선의 유도장해가 크다.

③ 고저압 혼촉고장 시 전압선의 전위상승이 크다.

④ 1선 지락 고장 시 건전상의 대지 전위상승이 크다.

해설 비접지 방식은 1선 지락 고장 시 건전상의 대지전압 상승이 $\sqrt{3}$ 배 이상으로 크다.

★☆☆

09 비접지식 3상 송배전계통에서 1선 지락 고장 시 고장전류를 계산하는데 사용되는 정전용량은?

① 작용정전용량   ② 대지정전용량

③ 합성정전용량   ④ 선간정전용량

해설 비접지 방식의 지락전류 $I_g = j3wCE$[A]로 표현되고, 여기에서의 정전용량은 대지정전용량을 적용한다.

정답 | 05 ①   06 ②   07 ④   08 ④   09 ②

★☆☆
10 비접지식 송전선로에 있어서 1선 지락 고장이 생겼을 경우 지락점에 흐르는 전류는?

① 직류 전류
② 고장상의 영상전압과 동상의 전류
③ 고장상의 영상전압보다 90도 빠른 전류
④ 고장상의 영상전압보다 90도 늦은 전류

해설 • 비접지 방식의 지락전류는 대지정전용량을 통해 흐르므로 진상전류이다.
  • $I_g = j3wCE[\mathrm{A}]$, ∠ $+90[°]$앞선전류

★★★
11 △ – △ 결선된 3상 변압기를 사용한 비접지 방식의 선로가 있다. 이때 1선지락 고장이 발생하면 다른 건전한 2선의 대지전압은 지락 전의 몇 배까지 상승하는가?

① $\dfrac{\sqrt{2}}{2}$

② $\sqrt{3}$

③ $\sqrt{2}$

④ 1

해설 비접지 방식은 1선 지락 고장 시 건전상의 대지전압 상승이 $\sqrt{3}$ 배 이상으로 크다.

★☆☆
12 저항 접지방식 중 · 고저항 접지방식에 사용하는 저항은?

① 30~50[Ω]

② 50~100[Ω]

③ 100~1,000[Ω]

④ 1,000[Ω] 이상

해설 • 저저항 접지 : R_g=30[Ω] 정도
  • 고저항 접지 : R_g=100~1,000[Ω] 정도

정답 | 10 ③ 11 ② 12 ③

02 SECTION 소호리액터 접지 방식

1. 소호리액터 접지 방식

(1) 개념

변압기 결선을 Y결선으로 하여 중성점을 리액터를 이용하여 대지와 접지하는 방식

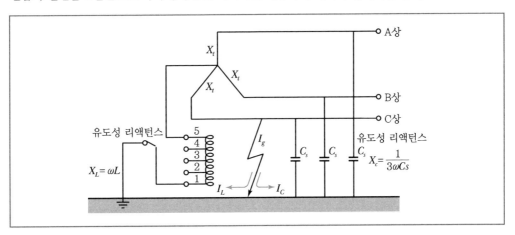

(2) 특징

① 1선 지락전류(I_g) : 최소

② 지락 고장 시 지락전류의 소멸($I_g = 0$) 가능

    ※ 지락 고장에도 계속적인 전력공급 가능

③ 지락전류 검출 및 보호계전기 동작이 어렵다.

④ 통신선 유도장해가 작다.

⑤ 과도 안정도 : 최대

⑥ 1선 지락 고장 시 건전상의 대지전압 상승이 크다.

⑦ 접지 구성 비용이 고가

⑧ 적용 : 주로 66[kV]급 계통에 적용

2. 병렬공진 조건

(1) 공진 리액턴스(공진 탭)

$$wL = \frac{1}{3wC_s} = \frac{1}{3 \times 2\pi f \times C_s} = \frac{1}{6\pi f C_s} [\Omega]$$

(2) 공진 인덕턴스

$$L = \frac{1}{3w^2 C_s} = \frac{1}{3(2\pi f)^2 C_s}\,[\text{H}]$$

(3) 변압기 리액턴스(X_t)를 고려할 때

$$wL + \frac{X_t}{3} = \frac{1}{3w C_s}\,[\Omega]$$

$$wL = \frac{1}{3w C_s} - \frac{X_t}{3}\,[\Omega]$$

3. 합조도

① 개념 : 소호리액터의 탭이 공진점을 벗어나고 있는 정도

$$\text{합조도 } P = \frac{\text{탭전류} - \text{전대지 충전전류}}{\text{전대지 충전전류}} \times 100 = \frac{I_L - I_C}{I_C} \times 100$$

② 합조도 구성

구분	공진 식	공진 정도	합조도
$I_L > I_c$	$wL < \dfrac{1}{3w C_s}$	과보상	+
$I_L = I_c$	$wL = \dfrac{1}{3w C_s}$	완전보상 (병렬공진)	0
$I_L < I_c$	$wL > \dfrac{1}{3w C_s}$	부족보상	−

③ 일반적인 탭(실제 탭) 크기 : 과보상 적용 $\left(wL < \dfrac{1}{3w C_s}\right)$

④ 과보상 이유 : 직렬 공진에 의한 이상전압 발생 방지

4. 소호리액터 용량

소호리액터 용량은 3선 일괄의 대지 충전용량과 같다.

$$Q_L = Q_C = 3w C E^2 = 3w C \left(\frac{V}{\sqrt{3}}\right)^2 = w C V^2 \times 10^{-3}\,[\text{kVA}]$$

⚡ 과년도 기출 및 예상문제

★★★
01 다음 중성점 접지방식 중에서 단선 고장일 때 선로의 전압 상승이 최대이고, 또한 통신 장해가 최소인 것은?

① 비접지   ② 직접 접지
③ 저항 접지   ④ 소호리액터 접지

> **해설** 소호리액터 접지방식에서 단선시 직렬 공진 전류가 흘러서 이상전압이 발생할 우려가 많으며, 지락전류는 최소이므로 통신선에 유도 장해가 최소가 된다.

★★☆
02 소호리액터를 송전계통에 사용하면 리액터의 인덕턴스와 선로의 정전용량이 다음의 어느 상태가 되어 지락전류를 소멸시키는가?

① 병렬공진   ② 직렬공진
③ 고임피던스   ④ 저임피던스

> **해설** 지락점을 중심으로 한 병렬공진 조건 $\left(wL = \dfrac{1}{3wC_s} \right)$ 을 이용하여 지락전류를 소멸시킨다.

★☆☆
03 1선 지락 시에 지락전류가 가장 작은 송전계통은?

① 비접지식   ② 직접접지식
③ 저항접지식   ④ 소호리액터 접지식

> **해설** 소호리액터 접지방식은 지락 고장 시 병렬공진에 의해 지락아크를 소멸시킬 수 있어 지락전류가 매우 작다.

★☆☆
04 소호리액터 접지에 대한 설명으로 틀린 것은?

① 지락전류가 작다.
② 과도안정도가 높다.
③ 전자유도장애가 경감된다.
④ 선택지락계전기의 작동이 쉽다.

> **해설** 지락 고장 시 지락전류가 작아서 지락전류 검출 및 보호계전기 동작이 어렵다.

정답 | 01 ④   02 ①   03 ④   04 ④

05 1상의 대지 정전용량이 $0.5[\mu F]$, 주파수가 $60[Hz]$인 3상 송전선이 있다. 이 선로에 소호리액터를 설치한다면, 소호리액터의 공진 리액턴스$[\omega L]$는 약 몇 $[\Omega]$이면 되는가?

① 970

② 1,370

③ 1,770

④ 3,570

해설 공진 리액턴스$(\omega L) = \dfrac{1}{3wC_s} = \dfrac{1}{3 \times 2\pi f \times C_s} = \dfrac{1}{6\pi f C_s} = \dfrac{1}{6\pi \times 60 \times 0.5 \times 10^{-6}} = 1,768[\Omega]$

06 소호리액터 접지 계통에서 리액터의 탭을 완전 공진 상태에서 약간 벗어나도록 하는 이유는?

① 전력 손실을 줄이기 위하여

② 선로의 리액턴스 분을 감소시키기 위하여

③ 접지 계전기의 동작을 확실히 하기 위하여

④ 직렬 공진에 의한 이상전압의 발생을 방지하기 위하여

해설 직렬 공진에 의한 이상전압을 억제하기 위하여 10[%] 정도 과보상하는 것이 일반적이다.

07 소호리액터 접지방식에서 사용되는 탭의 크기로 일반적인 것은?

① 과보상

② 부족보상

③ (−)보상

④ 직렬공진

해설 • 소호리액터 일반적인 탭(실제 탭) 크기 : 과보상 적용 $\left(\omega L < \dfrac{1}{3wC_s}\right)$

• 과보상 이유 : 직렬 공진에 의한 이상전압 발생 방지

08 소호리액터의 탭이 공진점을 벗어나고 있는 정도를 나타내는데 합조도라는 용어가 사용된다. 합조도가 정(+)이 되는 상태를 나타낸 것은?

① $wL > \dfrac{1}{3wC_s}$

② $wL < \dfrac{1}{3wC_s}$

③ $wL = \dfrac{1}{3wC_s}$

④ $wL > \dfrac{1}{3w^2C_s}$

합조도 구분

구분	공진식	공진 정도	합조도
$I_L > I_c$	$wL < \dfrac{1}{3wC_s}$	과보상	+
$I_L = I_c$	$wL = \dfrac{1}{3wC_s}$	완전보상 (병렬공진)	0
$I_L < I_c$	$wL > \dfrac{1}{3wC_s}$	부족보상	−

★★☆
09 3상 1회선 송전 선로의 소호리액터의 용량[kVA]은?

① 선로 충전용량과 같다.
② 3선 일괄의 대지 충전용량과 같다.
③ 선간 충전용량의 1/2이다.
④ 1선과 중성점 사이의 충전용량과 같다.

해설 소호리액터 용량은 3선 일괄의 대지 충전용량과 같다.

★☆☆
10 우리나라에서 소호리액터 접지방식이 사용되고 있는 계통은 어느 전압[kV] 계급인가?

① 22.9   ② 66
③ 154   ④ 345

해설 • 22.9[kV] 계통 : 중성점 다중 접지
     • 154[kV], 345[kV] 계통 : 직접 접지
     • 22[kV] 계통 : 비접지
     • 66[kV] 계통 : 소호리액터 접지

정답 | 09 ②   10 ②

simple is the best 전기기사 이론파트는 본 내용으로 충분합니다.

CHAPTER 07 유도장해

01 유도장해
SECTION

1. 유도장해의 개념 및 종류

(1) 개념

전력선과 통신선이 근접되어 있을 때 상호간의 정전적, 전자적 결합에 의해 통신선에 전압및 전류를 유도하여 장해를 일으키는 현상

(2) 종류

① 정전유도 : 정상 송전시 선로의 영상전압과 통신선과의 상호 정전용량(C_m)에 의해 발생

② 전자유도 : 지락사고 시 영상전류에 의한 상호 인덕턴스(M)에 의해 발생

③ 고조파 유도 : 고조파의 유도에 의한 잡음 장해

2. 정전유도 전압

(1) 개념

전력선과 통신선의 상호 정전용량에 의해 통신선에 유도되는 전압

(2) 계산식

① 3상 정전 유도전압(E_s)

$$E_s = \frac{\sqrt{C_a(C_a-C_b)+C_b(C_b-C_c)+C_c(C_c-C_a)}}{C_a+C_b+C_c+C_s} \times E\left(\frac{V}{\sqrt{3}}\right)[\text{V}]$$

⊙ 3상 정전 유도장해

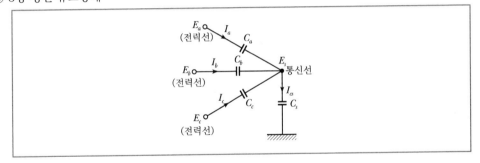

ⓒ 단상 정전 유도장해

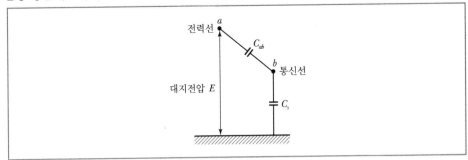

② 단상 정전 유도전압(E_s)

$$E_s = \frac{C_{ab}}{C_{ab} + C_s} \times E\,[\text{V}]$$

3. 전자유도 전압

(1) 개념

전력선과 통신선의 상호 인덕턴스에 의해 통신선에 발생하는 전압

(2) 계산식

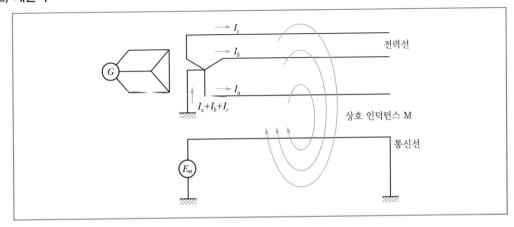

$$E_m = -jwM\ell(I_a + I_b + I_c) = -jwM\ell \times 3I_0 \text{[V]}$$

- M : 전력선과 통신선의 상호 인덕턴스[H/km]
- ℓ : 전력선과 통신선의 병행 길이[km]
- $I_a + I_b + I_c$: a, b, c상의 불평형 전류[A]
- I_0 : 지락전류[A]

4. 유도장해 경감 대책

(1) 구분

구분	대책 설명
전력선측 대책	• 송전선로와 통신선로의 충분한 이격 • 중성점 저항접지 시 고저항 접지 채용 • 고장회선의 고속도 차단 • 차폐선 설치 • 충분한 연가(선로정수 평형, 중성점 잔류전압 저감)
통신선측 대책	• 통신선 중간에 중계코일 설치(구간 분할) • 통신선에 성능이 우수한 피뢰기 설치 • 배류코일 설치 • 전력선과 교차 시 수직교차방식 채용

(2) 차폐선 효과

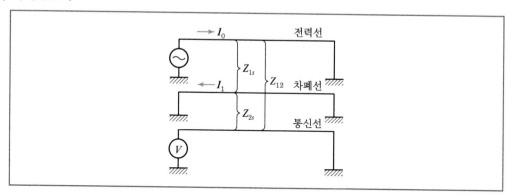

① 차폐계수

$$\lambda = 1 - \frac{Z_{1s}Z_{2s}}{Z_s Z_{12}}$$

② 30~50[%] 정도의 전자 유도전압 저감 가능

과년도 기출 및 예상문제

★★★
01 송전선로에 근접한 통신선에 유도장해가 발생한다. 정전유도의 원인과 관계가 있는 것은?

① 역상전압
② 영상전압
③ 역상전류
④ 정상전류

해설 • 정전유도 : 영상전압에 의해 발생
• 전자유도 : 영상전류에 의해 발생

★☆☆
02 3상 송전선로와 통신선이 병행되어 있는 경우에 통신유도장해로서 통신선에 유도되는 정전 유도전압은?

① 통신선의 길이와 비례한다.
② 통신선의 길이의 자승에 비례한다.
③ 통신선의 길이와 반비례한다.
④ 통신선의 길이와 관계없다.

해설 전자 유도전압은 통신선과 전력선의 병행 길이(ℓ)와 관련이 있으나, 정전 유도전압은 통신선 길이와 관계가 없다.

★★★
03 송전선로에 근접한 통신선에 유도장해가 발생하였을 때, 전자유도의 원인은?

① 역상전압
② 정상전압
③ 정상전류
④ 영상전류

해설 • 정전유도 : 영상전압에 의해 발생
• 전자유도 : 영상전류에 의해 발생

★☆☆
04 다음 중 전력선에 의한 통신선의 전자유도장해의 주된 원인은?

① 전력선과 통신선 사이의 상호 정전용량
② 전력선의 불충분한 연가
③ 전력선의 1선 지락 사고 등에 의한 영상전류
④ 통신선 전압보다 높은 전력선의 전압

해설 전자유도 : 영상전류에 의해 발생(지락사고 시)

정답 01 ② 02 ④ 03 ④ 04 ③

★★★
05 통신선과 평행인 주파수 60[Hz]의 3상 1회선 송전선이 있다. 1선 지락 때문에 영상전류가 100[A] 흐르고 있다면 통신선에 유도되는 전자 유도전압은 약 몇 [V]인가? (단, 영상전류는 전 전선에 걸쳐서 같으며, 송전선과 통신선과의 상호 인덕턴스는 0.06[mH/km], 그 평행 길이는 40[km]이다.)

① 156.6
② 162.8
③ 230.2
④ 271.4

해설 전자 유도전압 $E_m = -jwM\ell \times 3I_0 = -j2\pi \times 60 \times 0.06 \times 10^{-3} \times 40 \times 3 \times 100 = 271.43[V]$

★☆☆
06 유도장해를 방지하기 위한 전력선측의 대책으로 틀린 것은?

① 차폐선을 설치한다.
② 고속도 차단기를 사용한다.
③ 중성점 전압을 가능한 한 높게 한다.
④ 중성점 접지에 고저항을 넣어서 지락전류를 줄인다.

해설 **전력선측 대책**
- 송전선로와 통신선로의 충분한 이격
- 중성점 저항접지 시 고저항 접지 채용
- 고장회선의 고속도 차단
- 차폐선 설치
- 충분한 연가(선로정수 평형, 중성점 잔류전압 저감)

★☆☆
07 송전선의 전력선측에 대한 유도장해 방지대책이 아닌 것은?

① 전력선과 통신선의 이격거리를 증대한다.
② 전력선의 연가를 충분히 한다.
③ 배류 코일을 사용한다.
④ 차폐선을 설치한다.

해설 배류 코일 사용은 통신선측 대책이다.

08 송전선이 통신선에 미치는 유도장해를 억제 및 제거하는 방법이 아닌 것은?

① 송전선에 충분한 연가를 실시한다.
② 송전계통의 중성점 접지개소를 택하여 중성점을 리액터 접지한다.
③ 송전선과 통신선의 접근거리를 크게 한다.
④ 송전선측에 특성이 양호한 피뢰기를 설치한다.

해설 **통신선측 대책**
- 통신선 중간에 중계코일 설치(구간 분할)
- 통신선에 성능이 우수한 피뢰기 설치
- 배류코일 설치
- 전력선과 교차 시 수직교차방식 채용

09 전력선과 통신선 사이에 그림과 같이 차폐선을 설치하며, 각 선 사이의 상호 임피던스를 각각 Z_{12}, Z_{1s}, Z_{2s}라하고 차폐선 자기 임피던스를 Z_s라 할 때 저감계수를 나타낸 식은?

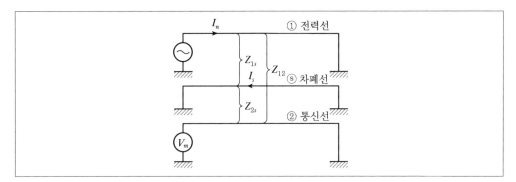

① $|1 - \dfrac{Z_{1s} Z_{2s}}{Z_s Z_{12}}|$

② $|1 - \dfrac{Z_{12} Z_{1s}}{Z_s Z_{2s}}|$

③ $|1 - \dfrac{Z_s Z_{2s}}{Z_{12} Z_{1s}}|$

④ $|1 - \dfrac{Z_s Z_{12}}{Z_{1s} Z_{2s}}|$

해설 차폐계수 $\lambda = 1 - \dfrac{Z_{1s} Z_{2s}}{Z_s Z_{12}}$

10 유도장해 방지책으로 차폐선을 이용하면 유도전압을 몇 [%] 정도 줄일 수 있는가?

① 30~50
② 60~70
③ 80~90
④ 90~100

해설 차폐선에 의한 유도전압의 감쇄율은 30~50[%] 정도이다.

정답 | 08 ④ 09 ① 10 ①

CHAPTER 08 이상전압 및 방호대책

01 SECTION 이상전압

1. 이상전압의 구분

(1) 내부 이상전압

① 종류

⊙ 개폐 시 이상전압

ⓒ 사고 시의 과도 이상전압

ⓒ 사고 시의 지속성 이상전압 등

② 무부하 충전전류 개방 시 이상전압이 가장 큼(위험)

⊙ 상시 대지전압의 3~4배 정도

ⓒ Y결선인 경우 : 약 6배 정도

ⓒ 개폐 저항기 : 개폐서지 억제

③ 재점호가 가장 일어나기 쉬운 차단전류 : 진상 전류

(2) 외부 이상전압

① 종류

⊙ 직격뢰

ⓒ 유도뢰

② 외부 이상전압과 내부 이상전압은 파두길이와 파미길이가 모두 다르다.

구분	뇌서지	개폐서지
파고치	높다	낮다
파두장 및 파미장	짧다 ($1.2 \times 50[\mu s]$)	길다 (50~500[ms])

③ 국내 표준 충격 전압파형 : $1.2 \times 50[\mu s]$(충격전압시험 시)

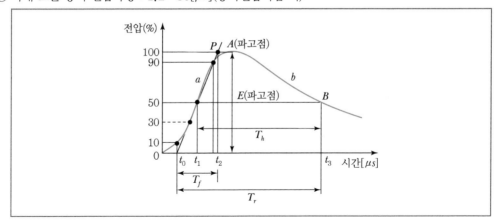

2. 진행파의 반사와 투과

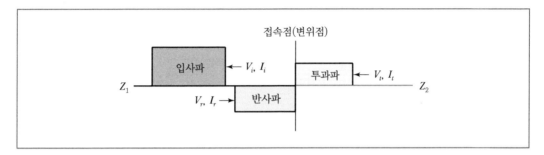

(1) 반사전압(V_r)과 반사계수(β)

① 반사전압 $V_r = \dfrac{Z_2 - Z_1}{Z_2 + Z_1} \times V_i$

② 반사계수 $\beta = \dfrac{Z_2 - Z_1}{Z_2 + Z_1}$

(2) 무반사 조건 : $Z_1 = Z_2$

(3) 투과전압(V_t)과 투과계수(γ)

① 투과전압 $V_t = \dfrac{2Z_2}{Z_2 + Z_1} \times V_i$

② 투과계수 $\gamma = \dfrac{2Z_2}{Z_2 + Z_1}$

⚡ 과년도 기출 및 예상문제

★☆☆
01 송배전 계통에서 발생하는 이상전압의 내부적 원인이 아닌 것은?

① 선로의 개폐   ② 직격뢰

③ 아크 접지   ④ 선로의 이상 상태

해설 직격뢰는 외부 이상전압이다.

★★☆
02 전력계통에서 내부 이상전압의 크기가 가장 큰 경우는?

① 유도성 소전류 차단 시

② 수차발전기의 부하 차단 시

③ 무부하 선로 충전전류 차단 시

④ 송전선로의 부하 차단기 투입 시

해설 무부하 충전전류 개방 시 이상전압이 가장 크다.

★★★
03 차단기의 개폐에 의한 이상전압은 송전선의 대지전압의 몇 배 정도가 최고인가?

① 2   ② 4

③ 8   ④ 10

해설 차단기 개폐 시에 발생하는 이상전압은 송전선 상시 대지전압의 약 3~4배 정도이고, Y결선인 경우에는 대지전압의 약 6배 정도로 발생한다.

★★★
04 초고압용 차단기에서 개폐 저항기를 사용하는 이유는?

① 개폐서지 이상전압(SOV) 억제

② 차단전류 감소

③ 차단속도 증진

④ 차단전류의 역률개선

해설 차단기의 개폐 시에 재점호로 인하여 개폐서지 이상전압이 발생된다. 이것을 낮추고 절연내력을 높이기 위해 차단기 접촉자 간에 병렬 임피던스로서 저항을 삽입한다.

정답 | 01 ②   02 ③   03 ②   04 ①

★☆☆
05 아래의 충격파형은 직격뇌에 의한 파형이다. 여기에서 T_f와 T_t는 무엇을 표시한 것인가?

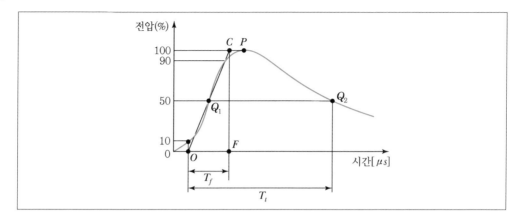

① T_f＝파고값, T_t＝파미 길이
② T_f＝파두 길이, T_t＝충격파 길이
③ T_f＝파미 길이, T_t＝충격반파 길이
④ T_f＝파두 길이, T_t＝파미 길이

해설 • 파두장(T_f) : 규약영점에서 파고값에 도달할 때까지의 시간
　　 • 파미장(T_t) : 규약영점에서 파고값의 50[%]로 감쇄할 때까지의 시간

★☆☆
06 기기의 충격 전압 시험을 할 때 채용하는 우리나라의 표준 충격 전압파의 파두장 및 파미장을 표시한 것은?

① $1.5 \times 40[\mu s]$
② $2 \times 40[\mu s]$
③ $1.2 \times 50[\mu s]$
④ $2.3 \times 50[\mu s]$

해설 • 국내 : $1.2 \times 50[\mu s]$
　　 • 일본 : $1 \times 40[\mu s]$
　　 • 미국 : $1.5 \times 50[\mu s]$

★★★
07 뇌서지와 개폐서지의 파두장과 파미장에 대한 설명으로 옳은 것은?

① 파두장과 파미장이 모두 같다.
② 파두장은 같고 파미장은 다르다.
③ 파두장이 다르고 파미장은 같다.
④ 파두장과 파미장이 모두 다르다.

해설 뇌서지와 개폐서지의 파두장과 파미장은 모두 다르다.

구분	뇌서지	개폐서지
파고치	높다	낮다
파두장 및 파미장	짧다 ($1.2 \times 50[\mu s]$)	길다 ($50 \sim 500[ms]$)

정답 | 05 ④　06 ③　07 ④

★★★
08 서지파가 파동 임피던스 Z_1의 선로 측에서 파동 임피던스 Z_2의 선로 측으로 진행할 때 반사계수 β는?

① $\beta = \dfrac{Z_2 - Z_1}{Z_1 + Z_2}$

② $\beta = \dfrac{2Z_2}{Z_1 + Z_2}$

③ $\beta = \dfrac{Z_1 - Z_2}{Z_1 + Z_2}$

④ $\beta = \dfrac{2Z_1}{Z_1 + Z_2}$

해설 • 반사전압 $V_r = \dfrac{Z_2 - Z_1}{Z_2 + Z_1} \times V_i$

• 반사계수 $\beta = \dfrac{Z_2 - Z_1}{Z_2 + Z_1}$

★★★
09 임피던스 Z_1, Z_2 및 Z_3을 그림과 같이 접속한 선로의 A쪽에서 전압파 E가 진행해 왔을 때 접속점 B에서 무반사로 되기 위한 조건은?

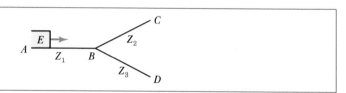

① $Z_1 = Z_2 + Z_3$

② $\dfrac{1}{Z_3} = \dfrac{1}{Z_2} + \dfrac{1}{Z_1}$

③ $\dfrac{1}{Z_1} = \dfrac{1}{Z_2} + \dfrac{1}{Z_3}$

④ $\dfrac{1}{Z_2} = \dfrac{1}{Z_1} + \dfrac{1}{Z_3}$

해설 • 무반사 조건 : $Z_A = Z_B$

• $Z_A = Z_1$, $Z_B = \dfrac{1}{\dfrac{1}{Z_2} + \dfrac{1}{Z_3}}$ 이므로, $Z_1 = \dfrac{1}{\dfrac{1}{Z_2} + \dfrac{1}{Z_3}}$

∴ $\dfrac{1}{Z_1} = \dfrac{1}{Z_2} + \dfrac{1}{Z_3}$

정답 | 08 ① 09 ③

★☆☆

10 파동 임피던스 Z_1=500[Ω], Z_2=300[Ω]인 두 무손실 선로 사이에 그림과 같이 저항 R을 접속하였다. 제1선로에서 구형파가 진행하여 왔을 때 무반사로 하기 위한 R의 값은 몇 [Ω]인가?

① 100[Ω]   ② 200[Ω]
③ 300[Ω]   ④ 500[Ω]

해설 • 무반사 조건 $Z_A = Z_B$

• 반사계수 $\beta = \dfrac{(R+Z_2)-Z_1}{Z_1+(R+Z_2)} = 0$의 조건에서, $(R+Z_2)-Z_1 = 0$일 때 무반사이므로,

∴ $R = Z_1 - Z_2 = 500 - 300 = 200[Ω]$

★☆☆

11 파동 임피던스 Z_1=500[Ω]인 선로의 종단에 파동 임피던스 Z_2=1,000[Ω]의 변압기가 접속되어 있다. 지금 선로에서 파고 e_i=600[kV]의 전압이 진입할 경우, 접속점에서의 전압의 반사파 파고는 몇 [kV]인가?

① 200   ② 300
③ 400   ④ 500

해설 반사파 전압 $e_r = \dfrac{Z_2-Z_1}{Z_1+Z_2} \times e_i = \dfrac{1,000-500}{500+1,000} \times 600 = 200[kV]$

★☆☆

12 파동 임피던스 Z_1 = 500[Ω]인 선로에 파동 임피던스 Z_2 = 1,500[Ω]인 변압기가 접속되어 있다. 선로로부터 600[kV]의 전압파가 들어왔을 때, 접속점에서의 투과파 전압[kV]은?

① 300   ② 600
③ 900   ④ 1,200

해설 투과파 전압 $V_t = \dfrac{2Z_2}{Z_1+Z_2} \times V_i = \dfrac{2 \times 1,500}{500+1,500} \times 600 = 900[kV]$

정답 | 10 ②   11 ①   12 ③

02 SECTION 이상전압 방호대책

1. 방호대책 구분

① 가공지선 설치 : 뇌(雷)의 차폐
② 매설지선 설치 : 탑각 접지저항 저감(역섬락 방지)
③ 피뢰기 설치 : 뇌서지로부터 기기 보호
④ 서지흡수기 설치 : 개폐서지 보호

2. 가공지선

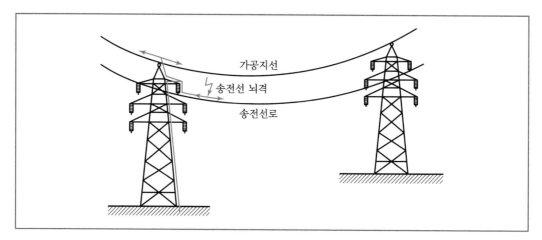

(1) 설치목적

① 직격뢰 차폐
② 정전유도 차폐
③ 전자유도 차폐

(2) 특징

① 국내의 경우 일반적으로 차폐각을 45[°] 이하가 되도록 설계한다.
② 차폐각이 적을수록 보호효율(차폐효율)은 상승하지만, 건설비가 비싸진다.
③ 가공지선을 2가닥으로 하면 차폐각이 작아진다.
④ 가공지선은 ACSR, 아연도금 강연선, 경동선, 광섬유 복합선을 사용한다.

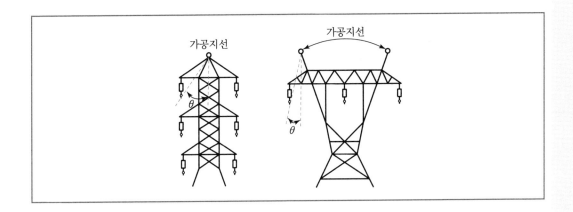

3. 매설지선 설치(역섬락 방지)

(1) 역섬락 개념

철탑 또는 가공지선에 뇌(雷)가 직격하면 뇌가 대지로 방출되어야 하나, 접지저항이 높으면 역으로 철탑에서 전력선으로 흘러가는 현상이다.

(2) 원인 : 높은 탑각 접지저항

(3) 영향

① 철탑에서 송전선으로 섬락 발생
② 애자련 절연파괴

(4) 대책 : 매설지선을 설치하여 탑각 접지저항을 작게한다.

⚡ 과년도 기출 및 예상문제

★☆☆
01 이상전압에 대한 방호장치가 아닌 것은?

① 피뢰기　　　　　　　　　　② 가공지선
③ 방전 코일　　　　　　　　　④ 서지 흡수기

> **해설** 이상전압 방호장치 : 가공지선, 매설지선, 피뢰기, 서지흡수기 등

★☆☆
02 직격뢰에 대한 방호설비로 가장 적당한 것은?

① 복도체　　　　　　　　　　② 가공지선
③ 서지흡수기　　　　　　　　④ 정전방전기

> **해설** 가공지선의 용도 : 송전선을 직격뢰로부터 보호한다.

★★★
03 송전선에서 뇌격에 대한 차폐 등을 위해 가선하는 가공지선에 대한 설명으로 옳은 것은?

① 차폐각은 보통 15~30[°] 정도로 하고 있다.
② 차폐각이 클수록 벼락에 대한 차폐효과가 크다.
③ 가공지선을 2선으로 하면 차폐각이 적어진다.
④ 가공지선으로는 연동선을 주로 사용한다.

> **해설** **가공지선의 특징**
> • 국내의 경우 일반적으로 차폐각을 45[°] 이하가 되도록 설계한다.
> • 차폐각이 적을수록 보호효율(차폐효율)은 상승하지만, 건설비가 비싸진다.
> • 가공지선을 2가닥으로 하면 차폐각이 작아진다.
> • 가공지선은 ACSR, 아연도금 강연선, 경동선, 광섬유 복합선을 사용한다.

★☆☆
04 송전선로에서 가공지선을 설치하는 목적이 아닌 것은?

① 뇌(雷)의 직격을 받을 경우 송전선 보호
② 유도뢰에 의한 송전선의 고전위 방지
③ 통신선에 대한 전자유도장해 경감
④ 철탑의 접지저항 경감

> **해설** 철탑의 접지저항 경감을 위해서는 매설지선을 설치한다.

정답 | 01 ③　02 ②　03 ③　04 ④

★★★

05 철탑에서의 차폐각에 대한 설명 중 옳은 것은?

① 차폐각이 클수록 보호 효율이 크다.　　② 차폐각이 작을수록 건설비가 비싸다.

③ 가공지선이 높을수록 차폐각이 크다.　　④ 차폐각은 보통 90도 이상이다.

해설 ➤ 차폐각이 적을수록 보호효율(차폐효율)은 상승하지만, 건설비가 비싸진다.

★☆☆

06 다음 중 송전선로의 역섬락을 방지하기 위한 대책으로 가장 알맞은 방법은?

① 가공지선 설치　　　　　　　　　　② 피뢰기 설치

③ 매설지선 설치　　　　　　　　　　④ 소호각 설치

해설 ➤ • 역섬락 원인 : 높은 탑각 접지저항
　　　• 방지대책 : 매설지선 설치(탑각 접지저항을 저감시킨다.)

★☆☆

07 철탑의 접지저항이 커지면 가장 크게 우려되는 문제점은?

① 정전유도　　　　　　　　　　　　② 역섬락 발생

③ 코로나 증가　　　　　　　　　　　④ 차폐각 증가

해설 ➤ 철탑의 탑각 접지저항이 크면 낙뢰 발생 시 철탑의 전위가 상승하여 철탑으로부터 송전선으로 섬락을 일으키게 된다.

★★★

08 송전선로에서 역섬락을 방지하는데 가장 유효한 방법은?

① 가공지선을 설치한다.　　　　　　② 소호각을 설치한다.

③ 탑각 접지저항을 작게 한다.　　　　④ 피뢰기를 설치한다.

해설 ➤ 역섬락 방지대책 : 매설지선 설치(탑각 접지저항을 저감시킨다.)

★★★

09 접지봉으로 탑각의 접지저항값을 희망하는 접지저항값까지 줄일 수 없을 때 사용하는 것은?

① 가공지선　　　　　　　　　　　　② 매설지선

③ 크로스 본드선　　　　　　　　　　④ 차폐선

해설 ➤ • 매설지선 용도 : 탑각 접지저항을 낮추어 역섬락 방지
　　　• 설치방법 : 탑각 접지저항을 낮추기 위해 지하 30~60[cm] 정도의 깊이에 길이 30~50[m] 정도의 아연도금 철선을 매설한다.

정답 │ 05 ② 　 06 ③ 　 07 ② 　 08 ③ 　 09 ②

03 SECTION 피뢰기 및 절연협조

1. 피뢰기

(1) 개념

낙뢰 및 회로개폐시 발생하는 이상전압을 신속히 대지로 방류하여 기기 및 선로를 보호하는 장치

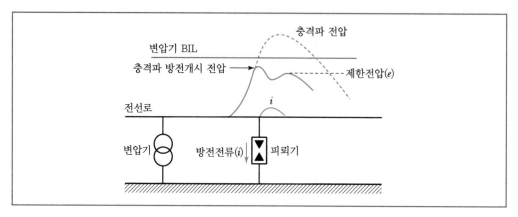

(2) 피뢰기의 구성요소 : 특성요소+직렬갭

구분	구성 설명
구성도	[갭형] (특성요소, 주갭, 측로갭, 소호코일, 분로저항) / [갭레스형] (특성요소)
특성요소	• 큰 방전전류 → 저저항 특성 • 작은 방전전류 → 고저항 특성
직렬 갭	• 정상 시 : 절연상태 유지(누설전류 방지) • 이상전압 내습 시 → 뇌 전류를 대지로 방전 • 방전 종료 후 : 속류 차단

(3) 피뢰기 구비조건

① 충격파 방전 개시전압이 낮을 것
② 상용주파 방전 개시전압이 높을 것
③ 방전 내량이 크면서 제한 전압이 낮을 것
④ 속류 차단능력이 충분할 것

(4) 피뢰기 주요특성

① 충격파 방전 개시전압 : 피뢰기 단자 간에 충격파 전압(충격파의 최대치) 인가 시 방전을 개시하는 전압
② 상용주파 방전 개시전압 : 피뢰기 단자 간에 상용주파의 전압이 인가 시 방전을 개시하는 전압
③ 제한전압 : 피뢰기 동작시 양 단자간에 나타나는 잔류전압의 파고치
④ 정격전압 : 피뢰기의 방전 중에 피뢰기에서 속류를 차단할 수 있는 최고의 상용주파 교류전압(실횻값)
⑤ 공칭 방전전류
  ㉠ 피뢰기의 보호성능을 표현하기 위해 사용하는 방전전류의 규정치
  ㉡ 22.9[kV – Y] 배전선로 및 일반수용가는 2,500[A] 선정

2. 절연협조

(1) 개념

계통 내의 각 기기, 기구 및 애자 등의 상호간에 적정한 절연 강도를 지니게 함으로서 계통 설계를 합리적으로 하는 것을 의미한다.

(2) 절연협조의 기본이 되는 것 : 피뢰기의 제한전압

(3) 기기별 절연내력의 크기 : 선로애자>차단기>변압기>피뢰기

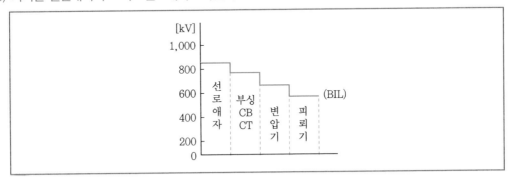

⚡ 과년도 기출 및 예상문제

★☆☆
01 이상전압의 파고값을 저감시켜 전력사용설비를 보호하기 위하여 설치하는 것은?

① 초호환
② 피뢰기
③ 계전기
④ 접지봉

> **해설** 피뢰기 : 낙뢰 및 회로개폐시 발생하는 이상전압을 신속히 대지로 방류(파고값 저감)하여 기기 및 선로를 보호하는 장치

★★☆
02 피뢰기의 구조는?

① 특성 요소와 소호리액터
② 특성요소와 콘덴서
③ 소호리액터와 콘덴서
④ 특성요소와 직렬갭

> **해설** • 피뢰기 구조 : 특성요소＋직렬갭
> • 특성요소
>   −큰 방전전류 → 저저항 특성
>   −작은 방전전류 → 고저항 특성
> • 직렬갭
>   −정상 시 : 절연상태 유지(누설전류 방지)
>   −이상전압 내습 시 : 뇌전류를 대지로 방전
>   −방전 종료 후 : 속류 차단

★☆☆
03 피뢰기의 직렬 갭(gap)의 작용으로 가장 옳은 것은?

① 이상전압의 진행파를 증가시킨다.
② 상용주파수의 전류를 방전시킨다.
③ 이상전압이 내습하면 뇌전류를 방전하고, 상용주파수의 속류를 차단하는 역할을 한다.
④ 뇌전류 방전 시의 전위상승을 억제하여 절연파괴를 방지한다.

> **해설** **직렬갭 역할**
> • 정상 시 : 절연상태 유지(누설전류 방지)
> • 이상전압 내습 시 : 뇌전류를 대지로 방전
> • 방전 종료 후 : 속류 차단

정답 | 01 ② 02 ④ 03 ③

★★★
04 피뢰기의 구비조건이 아닌 것은?

① 상용주파 방전 개시전압이 낮을 것   ② 충격방전 개시전압이 낮을 것
③ 속류 차단능력이 클 것   ④ 제한전압이 낮을 것

해설 **피뢰기 구비조건**
- 충격방전 개시전압이 낮을 것
- 상용주파 방전 개시전압이 높을 것
- 방전 내량이 크면서 제한 전압이 낮을 것
- 속류 차단능력이 충분할 것

★☆☆
05 피뢰기에서 속류를 끊을 수 있는 최고의 교류전압은?

① 정격전압   ② 제한전압
③ 차단전압   ④ 방전 개시전압

해설 피뢰기 정격전압 : 피뢰기의 방전 중에 피뢰기에서 속류를 차단할 수 있는 최고의 상용주파 교류전압(실횻값)

★★★
06 피뢰기의 정격전압에 대한 설명으로 옳은 것은?

① 충격 방전전류를 통하고 있을 때의 단자전압
② 충격파의 방전 개시전압
③ 속류의 차단이 되는 최고의 교류전압
④ 상용주파수의 방전 개시전압

해설 피뢰기 정격전압 : 피뢰기의 방전중에 피뢰기에서 속류를 차단할 수 있는 최고의 상용주파 교류전압(실횻값)

★☆☆
07 변전소, 발전소 등에 설치하는 피뢰기에 대한 설명 중 틀린 것은?

① 방전전류는 뇌충격전류의 파고값으로 표시한다.
② 피뢰기의 직렬갭은 속류를 차단 및 소호하는 역할을 한다.
③ 정격전압은 상용주파수 정현파 전압의 최고 한도를 규정한 순시값이다.
④ 속류란 방전현상이 실질적으로 끝난 후에도 전력계통에서 피뢰기에 공급되어 흐르는 전류를 말한다.

해설 피뢰기 정격전압은 순싯값이 아닌 실횻값으로 표현된다.

정답 | 04 ①   05 ①   06 ③   07 ③

★★★
08 피뢰기의 제한전압에 대한 설명으로 옳은 것은?

① 상용주파전압에 대한 피뢰기의 충격방전 개시전압
② 충격파 침입 시 피뢰기의 충격방전 개시전압
③ 피뢰기가 충격파 방전 종료 후 언제나 속류를 확실히 차단할 수 있는 상용주파 최대전압
④ 충격파 전류가 흐르고 있을 때의 피뢰기 단자전압

해설 피뢰기 제한전압 : 피뢰기 동작 시 양 단자 간에 나타나는 잔류전압의 파고치를 말한다.

★★★
09 피뢰기의 충격방전 개시전압은 무엇으로 표시하는가?

① 직류전압의 크기   ② 충격파의 평균치
③ 충격파의 최대치   ④ 충격파의 실효치

해설 충격파 방전 개시전압 : 피뢰기 단자 간에 충격파 전압(충격파의 최대치)을 인가되었을 경우 방전을 개시하는 전압

★☆☆
10 우리나라 22.9[kV] 배전선로에 적용하는 피뢰기의 공칭방전전류[A]는?

① 1,500   ② 2,500
③ 5,000   ④ 10,000

해설 22.9[kV-Y] 배전선로 및 일반수용가는 2,500[A] 선정

★★★
11 계통 내의 각 기기, 기구 및 애자 등의 상호 간에 적정한 절연 강도를 지니게 함으로써 계통 설계를 합리적으로 하는 것은?

① 기준 충격 절연 강도   ② 절연 협조
③ 절연계급 선정   ④ 보호 계전 방식

해설 절연 협조 : 계통 내의 각 기기, 기구 및 애자 등의 상호 간에 적정한 절연 강도를 지니게 함으로써 계통 설계를 합리적으로 하는 것

정답 08 ④   09 ③   10 ②   11 ②

★★★
12 다음 중 송전계통의 절연협조에 있어서 절연레벨이 가장 낮은 기기는?

① 피뢰기   ② 단로기
③ 변압기   ④ 차단기

해설 절연협조의 기본은 피뢰기 제한전압이며 절연레벨이 가장 낮다.

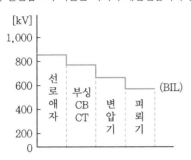

★★☆
13 송전계통에서 절연협조의 기본이 되는 것은?

① 애자의 섬락전압   ② 권선의 절연내력
③ 피뢰기의 제한전압   ④ 변압기 부싱의 섬락전압

해설 피뢰기의 제한전압을 기준으로 어느 정도의 여유를 갖는 절연강도를 마련하여 계통 전체의 안전성과 경제성
을 도모한다.

★★☆
14 345[kV] 송전계통의 절연협조에서 충격 절연내력의 크기순으로 나열한 것은?

① 선로애자 > 차단기 > 변압기 > 피뢰기
② 선로애자 > 변압기 > 차단기 > 피뢰기
③ 변압기 > 차단기 > 선로애자 > 피뢰기
④ 변압기 > 선로애자 > 차단기 > 피뢰기

해설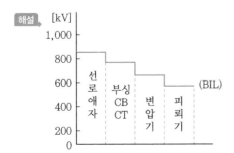

CHAPTER

09 보호계전기와 개폐장치

01 보호계전기
SECTION

1. 보호계전기

(1) 개념

보호 대상물인 전력선, 전력기기 등에 발생한 이상상태에 대해서 고장구간을 줄이고 피해를 줄이기 위해 고장을 판정하고 차단기가 동작하도록 제어한다.

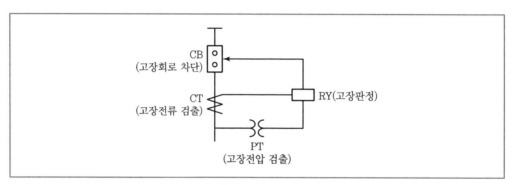

(2) 기본 기능

① 확실성 : 오 · 부동작이 없도록 확실히 동작
② 선택성 : 고장구간을 정확히 선택하여 차단 및 복구(정전구간 최소화)
③ 신속성 : 주어진 조건에 부합하는 경우 신속히 동작

(3) 구비조건

① 고장 상태를 식별하여 고장의 정도를 파악할 수 있을 것
② 고장 개소를 정확히 선택할 수 있을 것
③ 동작이 예민하고 오동작이 없을 것
④ 적절한 후비 보호 능력이 있을 것

2. 동작시간에 따른 분류

분류	동작시간 특성
동작시간 특성도	
순한시 계전기	최소동작전류 이상의 전류가 흐르면 즉시 동작
정한시 계전기	최소동작전류 이상의 전류가 흐르면 동작전류의 크기와 관계없이 일정한 시간에 동작
반한시 계전기	• 동작전류가 커질수록 동작시간이 짧게 되는 것 • 계전기 동작시간은 동작전류의 크기와 반비례
반한시 정한시성 계전기	• 반한시 특성과 정한시 특성을 조합한 것 • 일정 동작값에서는 반한시, 일정 동작값에서는 정한시 특성을 갖는 계전기

3. 기능에 따른 분류

(1) 과전류 계전기(OCR)

① 정정값 이상의 전류가 흐를 때 동작하는 계전방식
② 주요 용도 : 발전기, 변압기, 선로등의 단락 보호용

(2) 과전압 계전기(OVR)

① 보호회로의 전압이 정정값 이상이 되었을 때 동작
② 주요 용도 : 발전기의 무부하 운전 시 과전압 보호용

(3) 부족전압 계전기(UVR)

① 보호회로의 전압이 정정값 이하가 되었을 때 동작
② 주요 용도 : 수전설비의 정전 보호용

(4) 비율차동 계전기(RDFR)

① 입력전류와 출력전류의 차이가 일정 비율값 이상일 때 동작
② 주요 용도 : 발전기 또는 변압기의 내부 고장 보호용

(5) 선택지락 계전기(SGR)

① 다회선(병행회선)에서 접지고장 회선만을 선택하여 동작
② 주요 용도 : 다회선 선로의 지락보호용

(6) 거리 계전기(DR)

① 계전기 위치에서 사고점까지의 거리에 해당하는 임피던스를 측정하여 그 값이 정정값 이상일 때 동작

② 주요 용도 : 선로의 단락보호 및 사고의 검출용

(7) 방향단락 계전기(DOCR, DSR)

① 일정 방향으로 일정값 이상의 전류가 흐를 때 동작

② 주요 용도 : 환상 선로의 단락 사고 보호

⚡ 과년도 기출 및 예상문제

★☆☆
01 보호계전기의 기본 기능이 아닌 것은?

① 확실성 ② 선택성
③ 유동성 ④ 신속성

해설 **보호계전기 기본 기능**
• 확실성 : 오·부동작이 없도록 확실히 동작
• 선택성 : 고장구간을 정확히 선택하여 차단 및 복구(정전구간 최소화)
• 신속성 : 주어진 조건에 부합하는 경우 신속히 동작

★☆☆
02 보호 계전 방식의 구비조건이 아닌 것은?

① 여자돌입전류에 동작할 것
② 고장 구간의 선택 차단을 신속 정확하게 할 수 있을 것
③ 과도 안정도를 유지하는 데 필요한 한도 내의 동작 시한을 가질 것
④ 적절한 후비 보호 능력이 있을 것

해설 보호계전기는 여자돌입전류에 동작하지 않아야 한다.

★★★
03 고장 즉시 동작하는 특성을 갖는 계전기는?

① 순시 계전기 ② 정한시 계전기
③ 반한시 계전기 ④ 반한시성 정한시 계전기

해설 순시 계전기 : 최소 동작전류 이상의 전류가 흐르면 즉시 동작하는 계전기

★☆☆
04 정정된 값 이상의 전류가 흘렀을 때 동작전류의 크기와 상관없이 항상 정해진 시간이 경과한 후에 동작하는 보호계전기는?

① 순시 계전기 ② 정한시 계전기
③ 반한시 계전기 ④ 반한시성 정한시 계전기

정답 | 01 ③ 02 ① 03 ① 04 ②

해설 정한시 계전기 : 최소 동작전류 이상의 전류가 흐르면 동작전류의 크기와 관계없이 정해진 시간이 경과한 후 동작

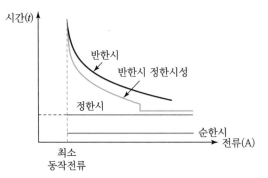

05 동작전류의 크기가 커질수록 동작시간이 짧게 되는 특성을 가진 계전기는?

① 순한시 계전기　　　　　　　　② 정한시 계전기

③ 반한시 계전기　　　　　　　　④ 반한시 정한시 계전기

해설 반한시 계전기 : 동작전류의 크기가 커질수록 동작시간이 짧게 되는 특성을 가진 계전기

06 반한시성 과전류 계전기의 전류 – 시간 특성에 대한 설명으로 옳은 것은?

① 계전기 동작시간은 전류의 크기와 비례한다.

② 계전기 동작시간은 전류의 크기와 관계없이 일정하다.

③ 계전기 동작시간은 전류의 크기와 반비례한다.

④ 계전기 동작시간은 전류의 크기 제곱에 비례한다.

해설 **반한시성 과전류 계전기**
- 동작전류의 크기가 커질수록 동작시간이 짧게 되는 특성을 가진 계전기
- 계전기 동작시간은 전류의 크기와 반비례한다.

07 보호계전기의 반한시 · 정한시 특성은?

① 동작전류가 커질수록 동작시간이 짧게 되는 특성

② 최소 동작전류 이상의 전류가 흐르면 즉시 동작하는 특성

③ 동작전류의 크기와 관계없이 일정한 시간에 동작하는 특성

④ 동작전류가 커질수록 동작시간이 짧아지며, 특정 전류 이상이 되면 동작전류의 크기와 관계없이 일정한 시간에서 동작하는 특성

해설 반한시 · 정한시 계전기 : 동작전류가 커질수록 동작시간이 짧아지며, 어떤 전류 이상이 되면 동작전류의 크기와 관계없이 일정한 시간에서 동작하는 계전기

정답	05 ③　06 ③　07 ④

★☆☆
08 송배전 선로에서 선택지락계전기(SGR)의 용도는?

① 다회선에서 접지 고장 회선의 선택
② 단일 회선에서 접지 전류의 대소 선택
③ 단일 회선에서 접지 전류의 방향 선택
④ 단일 회선에서 접지 사고의 지속 시간 선택

해설 선택지락계전기(SGR) : 병행 2회선 또는 다회선 선로에서 1회선에 지락사고 발생 시 고장회선을 검출하여
선택 · 차단할 수 있는 보호계전 장치

★★★
09 선택지락 계전기의 용도를 옳게 설명한 것은?

① 단일 회선에서 지락고장 회선의 선택 차단
② 단일 회선에서 지락전류의 방향 선택 차단
③ 병행 2회선에서 지락고장 회선의 선택 차단
④ 병행 2회선에서 지락고장의 지속시간 선택 차단

해설 선택지락 계전기(SGR) : 병행 2회선 또는 다회선 선로에서 지락 회선만을 선택 차단 가능한 보호계전 장치

★☆☆
10 영상변류기를 사용하는 계전기는?

① 과전류 계전기   ② 과전압 계전기
③ 부족전압 계전기   ④ 선택지락 계전기

해설 비접지 선로의 지락보호
- 구성요소 : GPT+OVGR+ZCT+SGR
- 영상변류기(ZCT)에서 지락전류를 검출하여 선택지락계전기(SGR)의 동작요소로 작용한다.

★★☆
11 6.6[kV] 고압 배전선로(비접지 선로)에서 지락보호를 위하여 특별히 필요치 않은 것은?

① 과전류 계전기(OCR)   ② 선택접지 계전기(SGR)
③ 영상 변류기(ZCT)   ④ 접지 변압기(GPT)

해설 비접지 선로의 지락보호 : GPT+OVGR+ZCT+SGR

★★★
12 변전소에서 비접지 선로의 접지 보호용으로 사용되는 계전기에 영상전류를 공급하는 계전기는?

① CT
② GPT
③ ZCT
④ PT

해설 ▶ GPT는 영상 전압을 공급하며 영상전류는 ZCT가 공급한다.

★☆☆
13 인입되는 전압이 정정값 이하로 되었을 때 동작하는 것으로서 단락 고장 검출 등에 사용되는 계전기는?

① 접지 계전기
② 부족전압 계전기
③ 역전력 계전기
④ 과전압 계전기

해설 ▶ 부족전압 계전기 : 보호회로의 전압이 정정값 이하로 되었을 때 동작하는 계전기

★☆☆
14 발전기 또는 주변압기의 내부고장 보호용으로 가장 널리 쓰이는 것은?

① 거리 계전기
② 과전류 계전기
③ 비율차동 계전기
④ 방향단락 계전기

해설 ▶ 비율차동 계전기 : 발전기 또는 변압기의 지락, 단락 등 내부고장 발생 시 입력전류와 출력전류의 차이가 정정 비율 이상이 되면 동작하는 계전기

★☆☆
15 변압기 보호용 비율차동 계전기를 사용하여 △ − Y결선의 변압기를 보호하려고 한다. 이때 변압기 1, 2차 측에 설치하는 변류기의 결선 방식은? (단, 위상 보정기능이 없는 경우이다.)

① △ − △
② △ − Y
③ Y − △
④ Y − Y

해설 ▶ 비율차동 계전기 CT 결선 시 위상각 보정 및 변류기 2차전류(i_1, i_2)의 크기를 동일하게 하기 위하여 변압기 결선과 반대로 결선해야 한다.

비율차동 계전기의 변류기(CT) 결선방법

변압기 결선 방식	Y − △	△ − Y
변류기(CT) 결선 방식	△ − Y	Y − △

16 변압기를 보호하기 위한 계전기로 사용되지 않는 것은?

★☆☆

① 비율차동 계전기
② 온도 계전기
③ 부흐홀쯔 계전기
④ 주파수 계전기

해설 **변압기 내부고장 보호장치**
- 차동 계전기 : 입·출력 전류의 차이가 일정값 이상일 때 동작하는 계전기
- 비율차동 계전기 : 입·출력 전류의 차이가 일정비율 이상일 때 동작하는 계전기
- 부흐홀쯔 계전기 : 절연유에서 발생한 가스 또는 급격한 유류를 검출하여 동작
- 온도 계전기 : 변압기 권선 및 절연유 온도가 정정값 이상에서 동작

17 변압기의 보호방식에서 차동 계전기는 무엇에 의하여 동작하는가?

★☆☆

① 1, 2차 전류의 차로 동작한다.
② 전압과 전류의 배수 차로 동작한다.
③ 정상전류와 역상전류의 차로 동작한다.
④ 정상전류와 영상전류의 차로 동작한다

해설 차동 계전기 : 입·출력 전류의 차이가 일정값 이상일 때 동작하는 계전기

18 변압기의 기계적 보호계전기인 부흐홀쯔 계전기의 설치 위치로 알맞은 것은?

★★★

① 유면 위의 탱크 내
② 컨서베이터 내부
③ 변압기의 고압측 부싱
④ 주 탱크와 컨서베이터를 연결하는 파이프의 관중

해설 **부흐홀쯔 계전기**
- 변압기 내부 절연유에서 발생한 가스 또는 급격한 유류를 검출하여 동작
- 설치위치 : 변압기 본체와 컨서베이터를 연결하는 파이프의 중간에 설치

19 송전선로의 단락보호 계전방식이 아닌 것은?

★☆☆

① 과전류 계전방식
② 방향단락 계전방식
③ 거리 계전방식
④ 과전압 계전방식

해설 **단락보호 계전방식**
- 과전류 계전기
- 부족전압 계전기
- 방향 계전기
- 거리 계전기

정답 | 16 ④ 17 ① 18 ④ 19 ④

★☆☆
20 전원이 양단에 있는 방사상 송전선로의 단락보호에 사용되는 계전기의 조합 방식은?

① 방향거리 계전기와 과전압 계전기의 조합
② 방향단락 계전기와 과전류 계전기의 조합
③ 선택접지 계전기와 과전류 계전기의 조합
④ 부족전류 계전기와 과전압 계전기의 조합

해설 전원이 2개 이상인 방사상 선로의 단락보호는 방향단락 계전기(DSR)와 과전류 계전기(OCR)를 조합하여 사용한다.

★☆☆
21 전원이 양단에 있는 환상선로의 단락보호에 사용되는 계전기는?

① 방향거리 계전기　　　　　　② 부족전압 계전기
③ 선택접지 계전기　　　　　　④ 부족전류 계전기

해설 전원이 2개 이상인 환상 선로의 단락보호는 방향거리 계전기(DZR)를 사용한다.

★☆☆
22 송전계통에서 발생한 고장 때문에 일부 계통의 위상각이 커져서 동기를 벗어나려고 할 경우 이것을 검출하고 계통을 분리하기 위해서 차단하지 않으면 안 될 경우에 사용되는 계전기는?

① 한시 계전기　　　　　　　　② 선택단락 계전기
③ 탈조보호 계전기　　　　　　④ 방향거리 계전기

해설 탈조보호 계전기 : 송전 계통에 발생한 고장 때문에 일부 계통의 위상각이 커져서 동기를 벗어나려고 할 경우 이를 검출하고, 그 계통을 분리하기 위해서 사용하는 계전기

★☆☆
23 송전선로의 후비 보호 계전 방식의 설명으로 틀린 것은?

① 주 보호 계전기가 그 어떤 이유로 정지해 있는 구간의 사고를 보호한다.
② 주 보호 계전기에 결함이 있어 정상 동작을 할 수 없는 상태에 있는 구간 사고를 보호한다.
③ 차단기 사고 등 주 보호 계전기로 보호할 수 없는 장소의 사고를 보호한다.
④ 후비 보호 계전기의 정정값은 주 보호 계전기와 동일하다.

해설 **후비 보호 시스템(Backup protection system)**
• 1차 보호 시스템에서 고장 제거를 실패할 경우에 그 보호 역할을 대신할 수 있는 시스템이다.
• 후비 보호 계전기의 정정값은 주 보호 계전기와 동일하지 않고, 정정값과 동작시한의 차이를 갖게 한다.

정답 | 20 ② 21 ① 22 ③ 24 ④

02 SECTION 차단기

1. 차단기의 개념

정상시 부하전류 개폐 및 고장 시 고장회로를 신속히 차단하여 전로와 기기를 보호하는 개폐장치

2. 차단기 정격사항

(1) 정격전압

규정된 조건에 따라 차단기에 인가할 수 있는 사용전압의 상한값

공칭전압[kV]	765	345	154	22.9	6.6
정격전압[kV]	800	362	170	25.8	7.2

(2) 정격차단시간

① 정격전압하에서 규정된 동작책무 및 동작 상태에 따라 차단할때의 차단시간 한도

② 트립 코일 여자로부터 아크 소호까지의 시간(개극시간+아크시간)

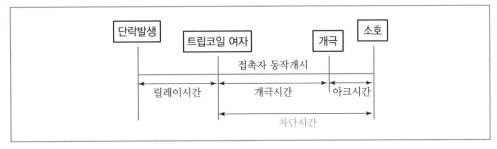

③ 정격 차단시간의 표준 : 2, 3, 5, 8[Hz]

(3) 정격투입전류

① 모든 정격 및 규정된 회로조건하에서 규정된 동작책무에 따라 차단기가 투입할 수 있는 투입전류의 한도

② 투입순간 최초 주파수의 최댓값으로 표시함(정격차단전류×2.6배 정도)

3. 차단기 종류별 특성

(1) 진공차단기(VCB)

① 소호매질 : 진공상태 이용

② 특징

ㄱ 구조 : 소형, 경량

ㄴ 화재 위험이 없으며 동작 시 폭발음이 없다.

ⓒ 보수 및 점검이 거의 필요하지 않다.

ⓔ 차단시간이 짧고, 차단성능이 회로주파수의 영향을 받지 않는다.

ⓕ 6[kV], 22.9[kV]급 소내전력 공급용으로 가장 많이 사용한다.

(2) 유입차단기(OCB)

① 소호매질 : 절연유 분해가스 이용

② 특징

　ⓐ 방음설비가 불필요하다.

　ⓑ 높은 재기전압 상승에서도 차단 성능에 영향이 없다.

　ⓒ 옥외용으로 폐쇄 배전반에 수납하지 않아도 된다.

　ⓔ 보수가 번거롭다.

(3) 가스차단기(GCB)

① 소호매질 : SF_6(육불화황) 가스 사용

② SF_6(육불화황) 가스의 특성

물리적 특성	전기적 특성
• 무색, 무취, 무미, 무독성 기체 • 화학적으로 안정된 불활성, 난연성 가스 • 열전도성 우수	• 절연성능 우수(공기의 약 2~3배) • 아크 소호능력 우수(공기의 약 100배) • 아크에 대한 안정성 우수

(4) 공기차단기(ABB, 임펄스차단기)

① 소호매질 : 15~30$[kg/cm^2]$의 압축공기 이용

② 특징

　ⓐ 소음이 크다.

　ⓑ 화재 위험이 없다.

(5) 자기차단기(MBB)

① 소호매질 : 전자력 이용

② 특징

　ⓐ 화재 위험이 없다.

　ⓑ 고유주파수에 차단능력이 좌우되지 않는다.

4. 차단기 트립방식

구분	차단기 트립원리
직류전압 트립방식	축전지 등 제어용 직류전원에 의해 트립되는 방식
과전류 트립방식	회로에 접속된 변류기의 2차전류에 의해 트립되는 방식
콘덴서 트립방식	충전된 콘덴서의 에너지에 의해 트립되는 방식
부족전압 트립방식	부족전압 트립장치(UVT ; Under Voltage Trip Device)에 인가된 전압강하에 의해 트립되는 방식

5. 차단기의 표준 동작책무

(1) 개념

차단기가 계통에서 사용될 때 차단(O) – 투입(C) – 투입 후 즉시차단(CO)의 동작을 반복하는 그 동작 시간 간격을 나타낸 일련의 동작 규정

(2) 고속도 재투입용과 일반용 동작 책무 규정

일반용	갑호	O – 3분 – CO – 3분 – CO
	을호	CO – 15초 – CO
고속도 재투입용		O – 0.3초 – CO – 1분(3분) – CO

※ O : 차단, C : 투입, CO : 투입 후 즉시 차단

⚡ 과년도 기출 및 예상문제

★☆☆
01 부하전류 및 단락전류를 모두 개폐할 수 있는 스위치는?

① 단로기   ② 차단기
③ 선로개폐기   ④ 전력퓨즈

> **해설** **차단기**
> • 정상 시 : 부하전류 개폐
> • 고장 시 : 지락, 단락전류 개폐

★★★
02 차단기의 정격 차단시간은?

① 고장 발생부터 소호까지의 시간
② 트립코일 여자부터 소호까지의 시간
③ 가동 접촉자의 개극부터 소호까지의 시간
④ 가동 접촉자의 동작시간부터 소호까지의 시간

> **해설** 정격 차단시간 : 트립 코일 여자로부터 아크 소호까지의 시간(개극시간+아크시간)

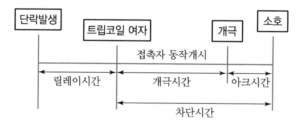

★☆☆
03 차단기에서 정격차단 시간의 표준이 아닌 것은?

① 3[Hz]   ② 5[Hz]
③ 8[Hz]   ④ 10[Hz]

> **해설** 정격 차단시간의 표준 : 2, 3, 5, 8[Hz]

정답 | 01 ②   02 ②   03 ④

04 차단기의 정격투입전류란 투입되는 전류의 최초 주파수의 어느 값을 말하는가?

① 평균값   ② 최댓값

③ 실효값   ④ 직류값

해설 정격 투입전류 : 투입순간 최초 주파수의 최댓값으로 표시한다.

05 차단기와 차단기의 소호 매질이 틀리게 결합된 것은 어느 것인가?

① 공기차단기 – 압축 공기   ② 가스차단기 – SF_6 가스

③ 자기차단기-진공   ④ 유입차단기 – 절연유

해설 자기차단기(MBB)는 전자력을 이용하여 아크를 소호한다.

06 다음 중 VCB의 소호원리로 맞는 것은?

① 압축된 공기를 아크에 불어 넣어서 차단

② 절연유 분해가스의 흡부력을 이용해서 차단

③ 고진공에서 전자의 고속도 확산에 의해 차단

④ 고성능 절연특성을 가진 가스를 이용하여 차단

해설 진공차단기(VCB)의 소호원리 : 진공에서의 높은 절연내력과 아크 생성물의 급속한 확산을 이용한 전자소멸의 원리를 이용하여 차단

07 접촉자가 외기(外氣)로부터 격리되어 있어 아크에 의한 화재의 염려가 없으며 소형, 경량으로 구조가 간단하고 보수가 용이하며 진공 중의 아크 소호 능력을 이용하는 차단기는?

① 유입차단기   ② 진공차단기

③ 공기차단기   ④ 가스차단기

해설 진공차단기(VCB) 소호매질 : 진공상태 이용

08 특고압 차단기 중 개폐서지 전압이 가장 높은 것은?

① 유입차단기(OCB)   ② 진공차단기(VCB)

③ 자기차단기(MBB)   ④ 공기차단기(ABB)

해설 진공차단기의 개폐서지 전압이 높기 때문에 VCB 2차측에 Mold 변압기가 설치된 경우 VCB 2차측에 SA(서지흡수기)를 설치하여 서지로부터 변압기를 보호해야 한다.

| 정답 | 04 ② | 05 ③ | 06 ③ | 07 ② | 08 ② |

★☆☆

09 전력계통에서 사용되고 있는 GCB(Gas Circuit Breaker)용 가스는?

① N_2가스

② SF_6가스

③ 알곤 가스

④ 네온 가스

해설 가스차단기(GCB)의 소호매질 : SF_6(육불화황) 가스 사용

★☆☆

10 SF_6 가스차단기에 대한 설명으로 틀린 것은?

① SF_6 가스 자체는 불활성 기체이다.

② SF_6 가스는 공기에 비하여 소호능력이 약 100배 정도이다.

③ 절연거리를 적게 할 수 있어 차단기 전체를 소형, 경량화할 수 있다.

④ SF_6 가스를 이용한 것으로서 독성이 있으므로 취급에 유의하여야 한다.

해설 SF_6 (육불화황)가스 특성

물리적 특성	전기적 특성
• 무색, 무취, 무미, 무독성 기체 • 화학적으로 안정된 불활성, 난연성 가스 • 열전도성 우수	• 절연성능 우수(공기의 약 2~3배) • 아크 소호능력 우수(공기의 약 100배) • 아크에 대한 안정성 우수

★★★

11 공기차단기와 비교한 SF_6 가스차단기의 특징으로 틀린 것은?

① 절연내력이 공기의 2~3배이다.

② 밀폐구조이므로 소음이 없다.

③ 소전류 차단 시 이상전압이 높다.

④ 아크에 SF_6 가스는 분해되지 않고 무독성이다.

해설 가스차단기(GCB)는 소전류 차단에도 안정된 차단능력을 가진다.

★☆☆

12 소호 원리에 따른 차단기의 종류 중에서 소호실에서 아크에 의한 절연유 분해가스의 흡부력을 이용하여 차단하는 것은?

① 유입차단기

② 기중차단기

③ 자기차단기

④ 가스차단기

해설 유입차단기(OCB) 소호매질 : 절연유 분해가스(흡부력) 이용

정답 | 09 ② 10 ④ 11 ③ 12 ①

★☆☆

13 압축된 공기를 아크에 불어 넣어서 차단하는 차단기는?

① ABB ② MBB

③ VCB ④ ACB

해설 **공기차단기(ABB)**
- 소호매질 : 15~30[kg/cm²]의 압축공기 이용
- 소호원리 : 차단 시 발생하는 아크를 강력한 압축공기를 불어넣어서 소호한다.

★☆☆

14 공기차단기(ABB)의 공기 압력은 일반적으로 몇 [kg/cm²] 정도 되는가?

① 5~10 ② 15~30

③ 30~45 ④ 45~55

해설 공기차단기(ABB) 소호매질 : 15~30[kg/cm²]의 압축공기 이용

★★★

15 차단기가 전류를 차단할 때, 재점호가 일어나기 쉬운 차단전류는?

① 동상전류 ② 지상전류

③ 진상전류 ④ 단락전류

해설 재점호 현상 : 차단기가 충전전류(진상전류)를 차단할 때 전류파형의 제로(0) 위치에서 소멸된 아크가 재기전압 때문에 극간에 다시 발생하는 현상을 말한다.

★☆☆

16 충전된 콘덴서의 에너지에 의한 트립되는 방식으로 정류기, 콘덴서 등으로 구성되어 있는 차단기의 트립방식은?

① 과전류 트립방식 ② 콘덴서 트립방식

③ 직류전압 트립방식 ④ 부족전압 트립방식

해설 **차단기 출입방식에 따른 트립원리**

구분	차단기 트립원리
직류전압 트립방식	축전지 등 제어용 직류전원에 의해 트립되는 방식
과전류 트립방식	수 회로에 접속된 변류기의 2차전류에 의해 트립되는 방식
콘덴서 트립방식	충전된 콘덴서의 에너지에 의해 트립되는 방식
부족전압 트립방식	부족전압 트립장치(UVT ; Under Voltage Trip Device)에 인가된 전압강하에 의해 트립되는 방식

정답 | 13 ① 14 ② 15 ③ 16 ②

★☆☆

17 차단기에서 'O − t_1 − CO − t_2 − CO'의 표기로 나타내는 것은? (단, O : 차단 동작, t_1, t_2 : 시간 간격, C : 투입동작, CO : 투입 직후 차단)

① 차단기 동작 책무　　　　　　　　② 차단기 재폐로 계수
③ 차단기 속류 주기　　　　　　　　④ 차단기 무전압 시간

> **해설** 차단기의 표준 동작 책무 : 차단기가 계통에서 사용될 때 차단(O) − 투입(C) − 투입 직후 차단(CO)의 동작을 반복하는 그 동작시간 간격을 나타낸 일련의 동작 규정

★☆☆

18 다음 중 고속도 재투입용 차단기의 표준 동작책무표기로 가장 옳은 것은? (단, t는 임의의 시간 간격으로 재투입하는 시간을 말하며, O은 차단동작, C는 투입동작, CO는 투입 동작에 계속하여 차단 동작을 하는 것을 말한다.)

① O − 1분 − CO　　　　　　　　② CO − 15초 − CO
③ CO − 15분 − CO − t초 − CO　　　　④ O − t초 − CO − 3분 − CO

> **해설** 고속도 재투입용과 일반용 동작 책무 규정

일반용	갑호	O − 3분 − CO − 3분 − CO
	을호	CO − 15초 − CO
고속도 재투입용		O − 0.3초 − CO − 1분(3분) − CO

※ O : 차단, C : 투입, CO : 투입 후 즉시 차단

03 SECTION 개폐장치

1. 개폐장치의 기능 비교

구분	회로분리		사고차단	
	무부하	부하	과부하	단락
퓨즈	○	−	−	○
차단기	○	○	○	○
개폐기	○	○	○	−
단로기	○	−	−	−
전자접촉기	○	○	○	−

2. 단로기(DS)

(1) 기능

① 무부하 상태의 전로, 미약한 선로의 충전전류, 변압기 여자전류 개폐 가능
② 인터록(Interlock) 기능 : 차단기가 열려 있어야만 단로기를 열거나 닫을 수 있도록 기계적으로 연동, 잠금장치를 하여야 한다.

(2) 특징

① 부하전류의 차단능력은 없음
② 소호장치가 없어서 아크를 소멸시키는 소호능력이 없다.

(3) 단로기(DS), 선로개폐기(LS), 차단기(CB)의 조작 순서

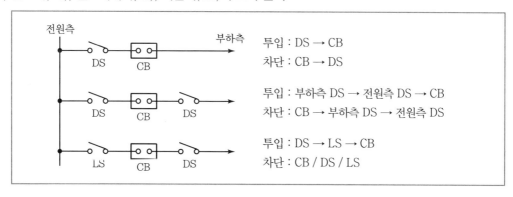

투입 : DS → CB
차단 : CB → DS

투입 : 부하측 DS → 전원측 DS → CB
차단 : CB → 부하측 DS → 전원측 DS

투입 : DS → LS → CB
차단 : CB / DS / LS

3. 전력퓨즈(PF)

(1) 기능

① 단락 전류 차단
② 부하를 안전하게 통전

(2) 특징(장 · 단점)

장점	단점
• 소형, 경량의 구조로 가격이 저렴	• 재투입 불가
• 차단용량이 크고, 고속차단 가능	• 결상의 우려가 있음
• 한류특성이 커서 후비보호에 적합	• 동작시간 – 전류특성을 조정할 수 없음
• 릴레이, 변성기가 불필요	• 과도전류에 용단될 수 있음
• 한류형은 차단 시 무소음, 무방출	• 한류형은 차단 시 과전압 발생
• 유지보수 간단	• 최소차단전류가 있음(비보호영역 존재)

4. 선로개폐기(LS)

(1) 기능 : 책임 분계점에 전선로를 구분하기 위하여 설치

(2) 특징

① 3상 선로개폐기는 3극이 동시에 조작
② 무부하 전류를 개폐, 최근에는 LBS(기중부하개폐기)로 대체되어 사용한다.

⚡ 과년도 기출 및 예상문제

★★★
01 부하전류의 차단에 사용되지 않는 것은?

① DS
② ACB
③ OCB
④ VCB

> **해설** 단로기(DS) : 무부하 상태에서 전로를 개폐하거나, 선로로부터 기기를 분리, 구분 및 변경할 때 사용되는 개폐장치

★★☆
02 무부하시 충전전류 차단만이 가능한 것은?

① 진공차단기
② 유입차단기
③ 단로기
④ 자기차단기

> **해설** **단로기**
> • 부하전류의 차단능력은 없다.
> • 무부하 상태의 전로, 미약한 선로의 충전전류, 변압기 여자전류 등은 개폐가 가능하다.

★★★
03 단로기에 대한 설명으로 틀린 것은?

① 소호장치가 있어 아크를 소멸시킨다.
② 무부하 및 여자전류의 개폐에 사용된다.
③ 사용 회로수에 의해 분류하면 단투형과 쌍투형이 있다.
④ 회로의 분리 또는 계통의 접속 변경 시 사용한다.

> **해설** 단로기 : 소호장치가 없어서 아크를 소멸시키는 소호능력이 없다.

★★★
04 인터록(interlock)의 기능에 대한 설명으로 옳은 것은?

① 조작자의 의중에 따라 개폐되어야 한다.
② 차단기가 열려 있어야 단로기를 닫을 수 있다.
③ 차단기가 닫혀 있어야 단로기를 닫을 수 있다.
④ 차단기와 단로기를 별도로 닫고, 열 수 있어야 한다.

> **해설** 차단기와 단로기의 인터록(Interlock) 기능 : 차단기가 열려 있어야만 단로기를 열거나 닫을 수 있도록 기계적으로 연동, 잠금장치를 하여야 한다.

정답	01 ① 02 ③ 03 ① 04 ②

★★☆
05 그림과 같은 배전선이 있다. 부하에 급전 및 정전할 때 조작 방법으로 옳은 것은?

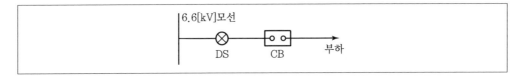

6.6[kV]모선 / DS / CB / 부하

① 급전 및 정전할 때는 항상 DS, CB 순으로 한다.
② 급전 및 정전할 때는 항상 CB, DS 순으로 한다.
③ 급전 시는 DS, CB 순이고, 정전 시는 CB, DS 순이다.
④ 급전 시는 CB, DS 순이고, 정전 시는 DS, CB 순이다.

> 해설 • 급전(투입) 시 조작 순서
>   − 부하전류 개폐능력이 없는 부하측 개폐기 ON
>   − 부하전류 개폐능력이 없는 전원측 개폐기 ON
>   − 부하전류 개폐능력이 있는 차단기 ON
> • 정전(차단) 시 조작 순서
>   − 부하전류 개폐능력이 있는 차단기 OFF
>   − 부하전류 개폐능력이 없는 부하측 개폐기 OFF
>   − 부하전류 개폐능력이 없는 전원측 개폐기 OFF

★★★
06 전력퓨즈(Power Fuse)는 고압, 특고압기기의 주로 어떤 전류의 차단을 목적으로 설치하는가?

① 충전전류
② 부하전류
③ 단락전류
④ 영상전류

> 해설 전력퓨즈(PF ; Power Fuse) : 단락발생 시 전로 및 기기를 단락전류로 보호

★★☆
07 전력용 퓨즈의 설명으로 옳지 않은 것은?

① 소형으로 큰 차단용량을 갖는다.
② 가격이 싸고 유지 보수가 간단하다.
③ 밀폐형 퓨즈는 차단 시에 소음이 없다.
④ 과도전류에 의해 쉽게 용단되지 않는다.

> 해설 **전력퓨즈의 장·단점**

장점	단점
• 소형, 경량의 구조로 가격이 저렴 • 차단용량이 크고, 고속차단 가능 • 한류특성이 커서 후비보호에 적합 • 릴레이, 변성기가 불필요 • 한류형은 차단 시 무소음, 무방출 • 유지보수가 간단함	• 재투입 불가 • 결상의 우려가 있음 • 동작시간−전류특성을 조정할 수 없음 • 과도전류에 의해 용단될 수 있음 • 한류형은 차단 시 과전압 발생 • 최소차단전류가 있음(비보호영역 존재)

정답 | 05 ③ 06 ③ 07 ④

CHAPTER 01

배전선로(계통)의 구성과 전기방식

01 SECTION 배전선로 구성

1. 급전선, 간선 및 분기선

(1) 개념도

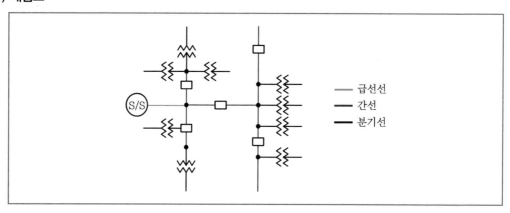

급선선

간선

분기선

(2) 의미 설명

① 배전계통의 구성 순서 : 변전소 → 급전선 → 간선 → 분기선

② 급전선(Feeder) : 변전소에서 최초로 인출되는 배전선로

③ 간선 : 급전선 이후의 배전선 주요 부분(분기선이 집중된 선)

④ 분기선 : 간선으로부터 분기한 배전선로

⑤ 궤전점 : 급전선과 배전 간선과의 접속점

⑥ 분기점 : 간선과 분기선의 접속점

2. 배전계통의 구성방식

(1) 수지방식(방사상식, 나뭇가지식 : Tree system)

① 개념 : 부하의 증설에 따라 나뭇가지 모양으로 간선이나 분기선을 추가로 접속시키는 배선방식

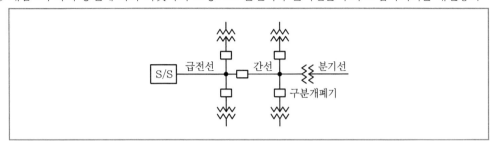

② 특징(장 · 단점)

장점	단점
• 구조가 간단함 • 시설비(공사비) 저렴 • 전력수요 변동에 쉽게 대응	• 공급 신뢰도가 나쁨 • 전압강하 및 전력손실이 큼 • 사고 시 정전범위 확대

③ 적용 : 부하가 적은 지역(농 · 어촌)에 적용

(2) 환상방식(Loop system)

① 개념 : 배전 간선이 하나의 환상(Loop)선의 형태를 가지는 배선방식

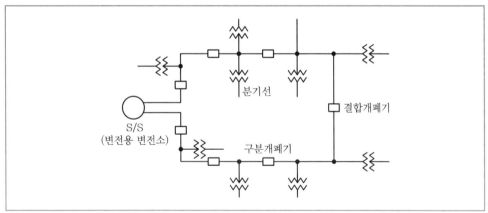

② 특징(장 · 단점)

장점	단점
• 고장구간의 분리조작 용이 • 공급 신뢰도가 높음 • 전압강하, 전력손실이 작음	• 보호방식이 복잡 • 수지식 대비 시설비가 고가

③ 적용 : 부하가 밀집된 시가지에 적합

(3) 망상방식(network system)

① 개념 : 배전간선을 망상으로 접속하고 여러 곳의 접속점에 급전선을 연결한 방식

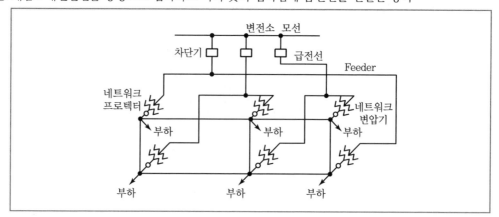

② 특징(장 · 단점)

장점	단점

• 무정전 전원공급 가능
• 공급 신뢰도가 가장 높음
• 전압강하, 전력손실이 작음
• 부하증가 시 적응성 우수
	• 인축의 감전사고 우려 큼
	• 네트워크 프로텍터 필요
	  − 저압용 차단기
	  − 저압퓨즈
	  − 방향성 계전기
	• 시설비가 고가

③ 적용 : 부하가 밀집된 시가지에 적합

(4) 저압 뱅킹방식(banking)

① 개념 : 고압선(모선)에 접속된 2대 이상의 변압기의 저압측을 병렬접속하는 방식

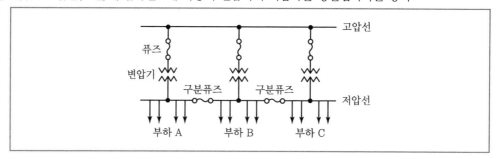

② 특징(장 · 단점)

장점	단점
• 공급 신뢰도가 높음 • 플리커(flicker)현상 경감 • 전압강하, 전력손실이 작음 • 부하증가 시 적응성 우수	• 캐스케이딩 현상 발생 • 보호방식이 복잡 • 시설비가 고가

③ 캐스케이딩 현상
  ⊙ 부하측 사고 시 건전한 변압기의 일부 또는 전부가 소손되는 현상
  ⓛ 대책 : 구분 퓨즈 설치
④ 적용 : 부하가 밀집된 시가지에 적합

⚡ 과년도 기출 및 예상문제

★★★
01 다음 중 고압 배전선로의 구성 순서로 알맞은 것은?

① 배전변전소 → 간선 → 분기선 → 급전선   ② 배전변전소 → 급전선 → 간선 → 분기선
③ 배전변전소 → 간선 → 급전선 → 분기선   ④ 배전변전소 → 급전선 → 분기선 → 간선

> **해설** 배전선로 구성 순서 : 배전변전소 → 급전선 → 간선 → 분기선

★☆☆
02 배전선로의 용어 중 틀린 것은?

① 궤전점 : 간선과 분기선의 접속점
② 분기선 : 간선으로 분기되는 변압기에 이르는 선로
③ 간선 : 급전선에 접속되어 부하로 전력을 공급하거나 분기선을 통하여 배전하는 선로
④ 급전선 : 배전용 변전소에서 인출되는 배전선로에서 최초의 분기점까지의 전선으로 도중에 부하가
  접속되어 있지 않은 선로

> **해설**
> • 궤전점 : 급전선과 배전 간선과의 접속점
> • 분기점 : 간선과 분기선의 접속점

★☆☆
03 고압 배전선로 구성방식 중 고장 시 자동적으로 고장개소의 분리 및 건전선로에 폐로하여 전력을 공급하는 개폐기를 가지며 수요 분포에 따라 임의의 분기선으로부터 전력을 공급하는 방식은?

① 환상식   ② 망상식
③ 뱅킹식   ④ 가지식(수지식)

> **해설** **환상식 배선방식**
> • 배전 간선이 하나의 환상(Loop)선의 형태를 가지는 배선방식
> • 고장 시 고장개소의 분리 및 건전선로에 폐로하여 전력을 계속 공급

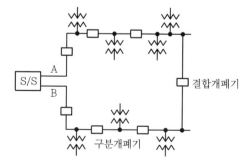

정답 │ 01 ② 02 ① 03 ①

★☆☆
04 루프(loop) 배전방식에 대한 설명으로 옳은 것은?

① 전압강하가 적은 이점이 있다.
② 시설비가 적게 드는 반면에 전력손실이 크다.
③ 부하밀도가 적은 농·어촌에 적당하다.
④ 고장 시 정전범위가 넓은 결점이 있다.

해설 **루프(loop) 배전방식의 장·단점**

장점	단점
• 고장구간의 분리조작 용이함 • 공급 신뢰도가 높음 • 전압강하, 전력손실이 작음	• 보호방식이 복잡 • 수지식 대비 시설비가 고가

★★★
05 망상(Network) 배전방식에 대한 설명으로 옳은 것은?

① 전압변동이 대체로 크다.
② 부하 증가에 대한 융통성이 적다.
③ 방사상 방식보다 무정전 공급의 신뢰도가 더 높다.
④ 인축에 대한 감전사고가 적어서 농촌에 적합하다.

해설 **망상(Network) 배전방식의 장·단점**

장점	단점
• 무정전 전원공급 가능함 • 공급 신뢰도가 가장 높음 • 전압강하, 전력손실이 작음 • 부하증가 시 적응성 우수함	• 인축의 감전사고 우려 큼 • 네트워크 프로텍터 필요함 　－저압용 차단기 　－저압퓨즈 　－방향성 계전기 • 시설비가 고가

★★★
06 네트워크 배전방식의 설명으로 옳지 않은 것은?

① 전압변동이 적다.　　　　　　② 배전 신뢰도가 높다.
③ 전력손실이 감소한다.　　　　④ 인축의 접촉사고가 적어진다.

해설 네트워크 배전방식 : 인축의 감전(접촉)사고의 우려가 큼

정답 ┃ 04 ① 05 ③ 06 ④

07 배전방식으로 저압 네트워크 방식이 적당한 경우는?

★☆☆

① 부하가 밀집되어 있는 시가지
② 바람이 많은 어촌지역
③ 농촌지역
④ 화학공장

해설 네트워크 배전방식의 적용 : 부하가 밀집된 시가지에 적합하다.

08 저압뱅킹방식에서 저전압의 고장에 의하여 건전한 변압기의 일부 또는 전부가 차단되는 현상은?

★★★

① 아킹(Arcing)
② 플리커(Flicker)
③ 밸런스(Balance)
④ 캐스케이딩(Cascading)

해설 **캐스케이딩 현상**
• 부하측 사고시 건전한 변압기의 일부 또는 전부가 소손되는 현상
• 대책 : 구분 퓨즈 설치

09 저압배전계통을 구성하는 방식 중 캐스케이딩(Cascading)을 일으킬 우려가 있는 방식은?

★☆☆

① 방사상 방식
② 저압뱅킹 방식
③ 저압 네크워크 방식
④ 스포트네트워크 방식

해설 저압뱅킹 방식은 고압선(모선)에 접속된 2대 이상의 변압기의 저압측을 병렬접속하는 방식으로 캐스케이딩을 일으킬 우려가 있다.

10 저압 뱅킹 배선방식에서 '캐스케이딩'이란 무엇인가?

★★★

① 변압기의 전압 배분을 자동으로 하는 것
② 수전단 전압이 송전단 전압보다 높아지는 현상
③ 저압선에 고장이 생기면 건전한 변압기의 일부 또는 전부가 차단되는 현상
④ 전압 동요가 일어나면 연쇄적으로 파동치는 현상

해설 **캐스케이딩 현상**
• 부하측 사고시 건전한 변압기의 일부 또는 전부가 소손되는 현상
• 대책 : 구분 퓨즈 설치

정답 | 07 ① 08 ④ 09 ② 10 ③

★☆☆
11 저압뱅킹 배전방식에서 캐스케이딩 현상을 방지하기 위하여 인접 변압기를 연락하는 저압선의 중간에 설치하는 것으로 알맞은 것은?

① 구분 퓨즈   ② 리클로우저
③ 섹셔널라이저   ④ 구분개폐기

해설 ▶ 캐스케이딩 현상의 대책 : 구분 퓨즈 설치

★☆☆
12 서울과 같이 부하밀도가 큰 지역에서는 일반적으로 변전소의 수와 배전거리를 어떻게 결정하는 것이 좋은가?

① 변전소의 수는 감소하고 배전거리가 증가한다.
② 변전소의 수는 증가하고 배전거리가 감소한다.
③ 변전소의 수는 감소하고 배전거리도 감소한다.
④ 변전소의 수는 증가하고 배전거리도 증가한다.

해설 ▶ 부하밀도가 큰 지역에서는 변전소의 수를 증가시켜 담당 용량을 줄이고, 배전거리를 작게해야 전력손실이 감소되는 효과를 얻을 수 있다.

정답 | 11 ①   12 ②

02 SECTION 배전계통 전기방식

1. 배전 전기방식의 종류

(1) 종류

① 단상 2선식
② 단상 3선식
③ 3상 3선식
④ 3상 4선식

(2) 국내 배전방식 중 가장 많이 사용하는 방식 : 3상 4선식

2. 단상 2선식

(1) 개념

단상 교류전력을 전선 2가닥을 이용하여 배전하는 방식

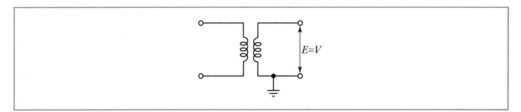

(2) 특징

① 전등용 저압배전방식에 가장 많이 사용
② 주상변압기 과전류 보호
   ㉠ 고압측 : COS(Cut Out Switch)
   ㉡ 저압측 : 캐치홀더
③ 주상변압기 2차측 접지 → 1, 2차측 혼촉 시 2차측의 전압상승 억제
④ 적용 : 가정, 소규모 공장 등

3. 단상 3선식

(1) 개념

주상변압기 저압측의 중간점으로부터 중성선을 인출한 배전방식

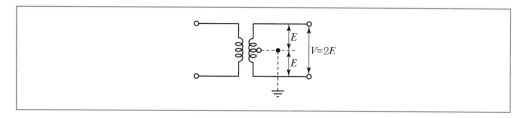

(2) 특징

① 두 종류의 전압을 얻을 수 있다(110/220[V]).
② 단상 2선식에 비해 전압강하, 전력손실이 적다.
③ 부하 불평형 시 전압 불평형 발생한다(설비불평형률 : 40[%] 이하로 제한).
④ 불평형률 저감을 위해 저압밸런서 설치해야 한다.

4. 3상 3선식

(1) 개념

3상 교류전력을 3가닥의 전선을 이용하여 배전하는 방식이다.

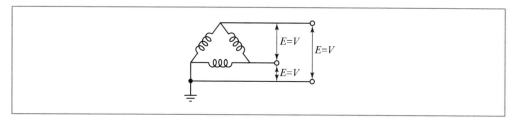

(2) 특징

① △결선이나 V결선이 많이 사용된다.
② 공장, 빌딩 등에 시설되는 전동기의 전원공급용으로 사용한다.
③ 부하의 전압에 따라 220[V] 또는 380[V]로 공급한다.
④ 설비불평형률 : 30[%] 이하로 제한

5. 3상 4선식

(1) 개념

변압기의 2차측을 Y로 접속하고, 중성점으로부터 중성선을 인출한 배전방식이다.

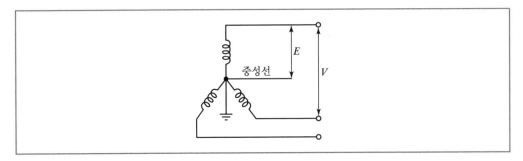

(2) 특징

① 국내 배전방식 중 가장 많이 사용한다.

② 3상 동력과 단상 전등부하를 동시에 사용 가능하다.

③ 사용전압은 380/220[V]로 구분한다.

④ 설비불평형률 : 30[%] 이하로 제한

6. 경제적인 전력 전송 방식

구분	송전(선간전압 V 기준)		배전(상전압 E 기준)	
	1선당 송전전력	중량비	1선당 배전전력	중량비
단상 2선식	$1(100[\%])$	$1(100[\%])$	$1(100[\%])$	$1(100[\%])$
단상 3선식	$\dfrac{2}{3}(67[\%])$	$\dfrac{3}{2}(150[\%])$	$\dfrac{4}{3}(133[\%])$	$\dfrac{3}{8}(37.5[\%])$
삼상 3선식	$\dfrac{2\sqrt{3}}{3}(115[\%])$	$\dfrac{3}{4}(75[\%])$	$\dfrac{2\sqrt{3}}{3}(115[\%])$	$\dfrac{3}{4}(75[\%])$
삼상 4선식	$\dfrac{2\sqrt{3}}{4}(87[\%])$	$1(100[\%])$	$\dfrac{2\cdot3}{4}(150[\%])$	$\dfrac{1}{3}(33.3[\%])$

① 송전 : 3상 3선식이 가장 경제적인 송전방식

② 배전 : 3상 4선식이 가장 경제적인 배전방식

과년도 기출 및 예상문제

★☆☆

01 우리나라에서 현재 가장 많이 사용되고 있는 배전방식은?

① 3상 3선식

② 3상 4선식

③ 단상 2선식

④ 단상 3선식

해설 • 송전 : 3상 3선식이 가장 유리한 송전방식
• 배전 : 3상 4선식이 가장 유리한 배전방식

★☆☆

02 저압 배전선의 배전방식 중 배전설비가 단순하고, 공급능력이 최대인 경제적 배분방식이며, 국내에서 220/380[V] 승압방식으로 채택된 방식은?

① 단상 2선식

② 단상 3선식

③ 3상 3선식

④ 3상 4선식

해설 **3상 4선식 배전방식의 특징**
• 국내 배전방식 중 가장 많이 사용
• 3상 동력과 단상 전등부하를 동시에 사용 가능
• 사용전압은 380/220[V]으로 구분
• 설비불평형률 : 30[%] 이하로 제한

★☆☆

03 교류 저압 배전방식에서 밸런서를 필요로 하는 방식은?

① 단상 2선식

② 단상 3선식

③ 3상 3선식

④ 3상 4선식

해설 저압 밸런서는 단상 3선식 배전방식에서 불평형률 저감을 위해 설치한다.

정답 | 01 ② 02 ④ 03 ②

★☆☆
04 단상 2선식에 비하여 단상 3선식의 특징으로 옳은 것은?

① 소요 전선량이 많아야 한다.
② 중성선에는 반드시 퓨즈를 끼워야 한다.
③ 110[V] 부하 외에 220[V] 부하의 사용이 가능하다.
④ 전압 불평형을 줄이기 위하여 저압선의 말단에 전력용 콘덴서를 설치한다.

> **해설** **단상 3선식 배전방식의 특징**
> • 두 종류의 전압을 얻을 수 있다(110/220[V]).
> • 단상 2선식에 비해 전압강하, 전력손실이 적다.
> • 부하 불평형 시 전압 불평형 발생한다(설비불평형률 : 40[%] 이하로 제한).
> • 불평형률 저감을 위해 저압밸런서 설치해야 한다.

★★★
05 배전선로에 관한 설명으로 틀린 것은?

① 밸런서는 단상 2선식에 필요하다.
② 저압 뱅킹 방식은 전압변동을 경감할 수 있다.
③ 배전선로의 부하율이 F일 때 손실계수는 F와 F^2 사이의 값이다.
④ 수용률이란 최대수용전력을 설비 용량으로 나눈 값을 퍼센트로 나타낸다.

> **해설** 밸런서는 단상 3선식에서 불평형률 저감을 위해 설치한다.

★☆☆
06 같은 선로와 같은 부하에서 교류 단상 3선식은 단상 2선식에 비하여 전압강하와 배전효율이 어떻게 되는가?

① 전압강하는 적고, 배전효율은 높다.   ② 전압강하는 크고, 배전효율은 낮다.
③ 전압강하는 적고, 배전효율은 낮다.   ④ 전압강하는 크고, 배전효율은 높다.

> **해설** • 단상 3선식은 단상 2선식에 비해 전압이 2배가 크다.
>
> • 전압강하 $e \propto \dfrac{1}{V}$, 전력손실 $P_\ell \propto \dfrac{1}{V^2}$ 의 관계에서, 단상 3선식이 단상 2선식에 비해 전압강하가 적고, 전력
>
> 손실이 작기 때문에 배전효율이 높다.

07 단상 2선식 110[V] 저압 배전선로를 단상 3선식(110/220[V])으로 변경하였을 때 전선로의 전압강하율은 변경 전에 비하여 어떻게 되는가? (단, 부하용량은 변경 전후에 같고 역률은 1.0이며 평형부하이다.)

① 1/4로 된다.　　　　　　　　　　② 1/3로 된다.

③ 1/2로 된다.　　　　　　　　　　④ 변하지 않는다.

해설 전압강하율 $\varepsilon \propto \dfrac{1}{V^2}$ 의 관계에서, 단상 3선식일 때의 전압강하율(ε')은

$$\varepsilon' = \left(\dfrac{\dfrac{1}{220}}{\dfrac{1}{110}}\right)^2 = \left(\dfrac{110}{220}\right)^2 = \dfrac{1}{4}$$

08 송전전력, 부하역률, 송전거리, 전력손실, 선간전압이 동일할 때 3상 3선식에 의한 소요 전선량은 단상 2선식의 몇 [%]인가?

① 50　　　　　　　　　　　　　　② 67

③ 75　　　　　　　　　　　　　　④ 87

해설 송 · 배전 시 전기방식별 전력과 전선중량비 비교

구분	송전(선간전압 V 기준)		배전(상전압 E 기준)	
	1선당 송전전력	중량비	1선당 배전전력	중량비
단상 2선식	1(100[%])	1(100[%])	1(100[%])	1(100[%])
단상 3선식	$\dfrac{2}{3}$(67[%])	$\dfrac{3}{2}$(150[%])	$\dfrac{4}{3}$(133[%])	$\dfrac{3}{8}$(37.5[%])
삼상 3선식	$\dfrac{2\sqrt{3}}{3}$(115[%])	$\dfrac{3}{4}$(75[%])	$\dfrac{2\sqrt{3}}{3}$(115[%])	$\dfrac{3}{4}$(75[%])
삼상 4선식	$\dfrac{2\sqrt{3}}{4}$(87[%])	1(100[%])	$\dfrac{2\cdot3}{4}$(150[%])	$\dfrac{1}{3}$(33.3[%])

정답　07 ①　08 ③

★★★

09 송전방식에서 선간전압, 선로 전류, 역률이 일정할 때(3상 3선식/단상 2선식)의 전선 1선당의 전력비는 약 몇 [%]인가?

① 87.5

② 94.7

③ 115.5

④ 141.4

해설 **송전, 배전 시 전기방식별 전력과 전선중량비 비교**

구분	송전(선간전압 V 기준)		배전(상전압 E 기준)	
	1선당 송전전력	중량비	1선당 배전전력	중량비
단상 2선식	1(100[%])	1(100[%])	1(100[%])	1(100[%])
단상 3선식	$\frac{2}{3}$(67[%])	$\frac{3}{2}$(150[%])	$\frac{4}{3}$(133[%])	$\frac{3}{8}$(37.5[%])
삼상 3선식	$\frac{2\sqrt{3}}{3}$(115[%])	$\frac{3}{4}$(75[%])	$\frac{2\sqrt{3}}{3}$(115[%])	$\frac{3}{4}$(75[%])
삼상 4선식	$\frac{2\sqrt{3}}{4}$(87[%])	1(100[%])	$\frac{2\cdot3}{4}$(150[%])	$\frac{1}{3}$(33.3[%])

★☆☆

10 선간전압, 부하역률, 선로손실, 전선중량 및 배전거리가 같다고 할 경우 단상 2선식과 3상 3선식의 공급전력의 비(단상/3상)는?

① $\frac{1}{3}$

② $\frac{1}{\sqrt{3}}$

③ $\sqrt{3}$

④ $\frac{\sqrt{3}}{2}$

해설 공급전력의 비 $\frac{P_{12}}{P_{33}} = \frac{1}{\frac{2\sqrt{3}}{3}} = \frac{3}{2\sqrt{3}} = \frac{\sqrt{3}}{2}$

정답 | 09 ③ 10 ④

CHAPTER 02 배전선로(계통)의 전기적 특성

01 SECTION 배전선로 전압강하 및 전압변동

1. 전기방식별 전압강하 계산

전기방식	계산식
단상 2선식	• R과 X가 1선당 값일 때 $e = E_S - E_R = 2I(R \cdot \cos\theta + X \cdot \sin\theta)\,[\text{V}]$ • R과 X가 2선당 값일 때 $e = I(R \cdot \cos\theta + X \cdot \sin\theta) = \dfrac{P}{V}(R + X \cdot \tan\theta)\,[\text{V}]$
단상 3선식 및 3상 4선식	$e = I(R \cdot \cos\theta + X \cdot \sin\theta)\,[\text{V}]$
3상 3선식	$e = \sqrt{3}\,I(R \cdot \cos\theta + X \cdot \sin\theta) = \dfrac{P}{V}(R + X \cdot \tan\theta)\,[\text{V}]$

2. 전압강하율

$$\delta = \frac{V_S - V_R}{V_R} \times 100 = \frac{P}{V_r^2}(R + X\tan\theta) \times 100\,[\%]$$

3. 전압변동률

$$\varepsilon = \frac{V_{R0} - V_R}{V_R} \times 100\,[\%]$$

4. 1단 급전 배전선의 전압강하

① 전압강하 계산

$$e = (i_1 + i_2 + i_3 + i_4)\,r_1 + (i_2 + i_3 + i_4)\,r_2 + (i_3 + i_4)\,r_3 + i_4 r_4\,[\mathrm{V}]$$

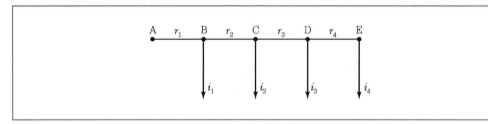

② 부하 형태에 따른 전압강하와 전력손실 : 부하가 선로의 말단에 집중되어 있을 때와 선로전체에 걸쳐 균일하게 분포되어 있을 때의 선로손실과 전압강하는 다음과 같다.

구분	전압강하	전력손실
말단 집중 부하	IR	$I^2 R$
균등 분산 부하	$\dfrac{1}{2}IR$	$\dfrac{1}{3}I^2 R$

⚡ 과년도 기출 및 예상문제

★☆☆
01 교류 배전선로에서 전압강하 계산식은 $V_d = k(R \cdot \cos\theta + X \cdot \sin\theta)I$ 로 표현된다. 3상 3선식 배전선로인 경우에 k는?

① $\sqrt{3}$ ② $\sqrt{2}$

③ 3   ④ 2

해설 3상 3선식의 전기방식계수 $k = \sqrt{3}$ 이므로,

전압강하 $e = \sqrt{3}\,I(R \cdot \cos\theta + X \cdot \sin\theta) = \dfrac{P}{V}(R + X \cdot \tan\theta)\,[\text{V}]$ 의 식이 된다.

★★★
02 지상부하를 가진 3상 3선식 배전선로 또는 단거리 송전선로에서 선간 전압강하를 나타낸 식은? (단, I, R, X, θ는 각각 수전단 전류, 선로저항, 리액턴스 및 수전단 전류의 위상각이다.)

① $I(R\cos\theta + X\sin\theta)$ ② $2I(R\cos\theta + X\sin\theta)$

③ $\sqrt{3}\,I(R\cos\theta + X\sin\theta)$ ④ $3I(R\cos\theta + X\sin\theta)$

해설 3상 3선식의 전압강하(e) 계산식 : $e = \sqrt{3}\,I(R \cdot \cos\theta + X \cdot \sin\theta)\,[\text{V}]$

★☆☆
03 그림과 같은 저압배전선이 있다. FA, AB, BC 간의 저항은 각각 0.1[Ω], 0.1[Ω], 0.2[Ω]이고, A, B, C 점에 전등(역률 100%) 부하가 각각 5[A], 15[A], 10[A]가 걸려 있다. 지금 급전점 F의 전압을 105[V]라 하면 C점의 전압[V]은? (단, 선로의 리액턴스는 무시한다.)

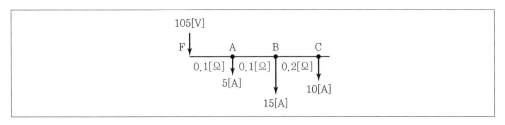

① 102.5   ② 100.5

③ 97.5   ④ 95.5

해설 C점의 전압 $V_C = 105 - (30 \times 0.1) - (25 \times 0.1) - (10 \times 0.2) = 97.5\,[\text{V}]$

정답 | 01 ①   02 ③   03 ③

★★★

04 단상 2선식 교류 배전선로가 있다. 전선의 1가닥 저항이 0.15[Ω]이고, 리액턴스는 0.25[Ω]이다. 부하는 순저항부하이고 100[V], 3[kW]이다. 급전점의 전압[V]은 약 얼마인가?

① 105
② 110
③ 115
④ 124

해설 급전점의 전압 $V_s = V_r + 2I(R \cdot \cos\theta + X \cdot \sin\theta)$[V]의 식에서, 부하가 순저항이므로 $\cos\theta = 1$, $\sin\theta = 0$

$$\therefore V_s = 100 + 2 \times \frac{3 \times 10^3}{100} \times 0.15 = 109 ≒ 110[V]$$

★☆☆

05 3상 3선식 배전선로에 역률이 0.8(지상)인 3상 평형 부하 40[kW]를 연결했을 때 전압강하는 약 몇 [V]인가? (단, 부하의 전압은 200[V], 전선 1조의 저항은 0.02[Ω]이고, 리액턴스는 무시한다.)

① 2
② 3
③ 4
④ 5

해설 • 3상 3선식 전압강하 $e = \sqrt{3}I(R \cdot \cos\theta + X \cdot \sin\theta) = \frac{P}{V}(R + X \cdot \tan\theta)$[V]

• 리액턴스를 무시하므로 $X = 0$, $e = \frac{P}{V} \times R = \frac{40 \times 10^3}{200} \times 0.02 = 4[V]$

★★★

06 전선의 굵기가 균일하고 부하가 송전단에서 말단까지 균일하게 분포되어 있을 때 배전선 말단에서 전압강하는? (단, 백전선 전체저항은 R, 송전단의 부하전류는 I이다.)

① $\frac{1}{2}RI$
② $\frac{1}{\sqrt{2}}RI$
③ $\frac{1}{\sqrt{3}}RI$
④ $\frac{1}{3}RI$

해설 **부하 형태에 따른 전압강하와 전력손실**

구분	전압강하	전력손실
말단 집중 부하	IR	I^2R
균등 분산 부하	$\frac{1}{2}IR$	$\frac{1}{3}I^2R$

07 그림에서와 같이 부하가 균일한 밀도로 도중에서 분기되어 선로 전류가 송전단에 이를수록 직선적으로 증가할 경우 선로 말단의 전압강하는 이 송전단 전류와 같은 전류의 부하가 선로의 말단에만 집중되어 있을 경우의 전압강하보다 대략 어떻게 되는가? (단, 부하역률은 모두 같다고 한다.)

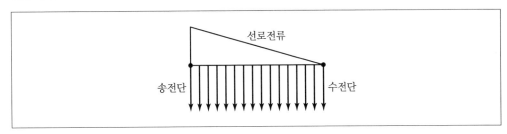

① $\frac{1}{3}$로 된다.

② $\frac{1}{2}$로 된다.

③ 동일하다.

④ $\frac{1}{4}$로 된다.

해설 ▶ 균등 분산 부하일 때의 전압강하는 말단 집중부하 대비 1/2로 감소한다 $\left(\frac{1}{2}IR\right)$.

08 선로에 따라 균일하게 부하가 분포된 선로의 전력손실은 이들 부하가 선로의 말단에 집중적으로 접속되어 있을 때보다 어떻게 되는가?

① 1/2로 된다.

② 1/3로 된다.

③ 2배로 된다.

④ 3배로 된다.

해설 구분	전압강하	전력손실
말단 집중 부하	IR	I^2R
균등 분산 부하	$\frac{1}{2}IR$	$\frac{1}{3}I^2R$

02 SECTION 전력손실

1. 전력손실 표현식

(1) 단상일 때 전력손실 표현식

$$P_\ell = I^2 R = \left(\frac{P}{V \cdot \cos\theta}\right)^2 \times R = \frac{P^2}{V^2 \cdot \cos^2\theta} \times \rho\frac{\ell}{A}\,[\mathrm{W}]$$

(2) 3상일 때 전력손실 표현식

$$P_\ell = 3I^2 R = 3\left(\frac{P}{\sqrt{3}\,V \cdot \cos\theta}\right)^2 \times R = \frac{P^2}{V^2 \cdot \cos^2\theta} \times \rho\frac{\ell}{A}\,[\mathrm{W}]$$

2. 손실전력량(W) 계산

(1) 표현식

$$W = 3I_m^2 R \cdot T \times H[\mathrm{W}]$$

- I_m : 최대전류[A]
- R : 전선의 저항[Ω]
- T : 전력사용시간
- H : 손실계수

(2) 손실계수

① 개념 : 어떤 임의의 기간 중의 최대손실전력에 대한 평균손실전력의 비
② 손실계수와 부하율과의 관계 : $1 \geq F \geq H \geq F^2 \geq 0$
③ 부하 형태에 따른 손실계수 : $H = \alpha F + (1 - \alpha)F^2$
  - α : 부하의 모양에 따른 상수(0.2~0.5)

3. 전력손실 저감 대책

① 전력용 콘덴서 설치(역률 개선)
② 배전전압(V) 승압
③ 배전길이(ℓ) 단축
④ 전선 단면적(A) 증가
⑤ 불평형부하 개선
⑥ 단위기기(변압기) 용량(P) 감소

4. 전압 승압 시 특성 변화

구분	계산식	전압 n배 승압 시
전압강하(e)	$e = \dfrac{P}{V}(R + X \cdot \tan\theta)\,[\text{V}]$	$\dfrac{1}{n}$
전압강하율(ε)	$\varepsilon = \dfrac{P}{V^2}(R + X \cdot \tan\theta) \times 100\,[\%]$	$\dfrac{1}{n^2}$
전력손실(P_ℓ)	$P_\ell = \dfrac{P^2}{V^2 \cdot \cos^2\theta} \times \rho\dfrac{\ell}{A}\,[\text{W}]$	$\dfrac{1}{n^2}$
전력손실률(η)	$\eta = \dfrac{PR}{V^2 \cdot \cos^2\theta} \times 100\,[\%]$	$\dfrac{1}{n^2}$
공급전력(P)	$P = \dfrac{\eta \cdot V^2 \cdot \cos^2\theta}{R \cdot 100}\,[\text{W}]$	n^2
전선 단면적(A)	$A = \dfrac{P \cdot \rho \cdot \ell \cdot 100}{\eta \cdot V^2 \cdot \cos^2\theta}\,[\text{mm}^2]$	$\dfrac{1}{n^2}$

과년도 기출 및 예상문제

★★★
01 다음 중 배전선로의 부하율이 F일 때 손실계수 H와의 관계로 옳은 것은?

① $H = F$

② $H = \dfrac{1}{F}$

③ $H = F^3$

④ $0 \leq F^2 \leq H \leq F \leq 1$

해설 ▶ 손실계수와 부하율과의 관계 : $1 \geq F \geq H \geq F^2 \geq 0$

★☆☆
02 연간 최대전류 200[A], 배전 거리 10[km]의 말단에 집중 부하를 가진 6.6[kV], 3상 3선식 배전선이 있다. 이 선로의 연간 손실 전력량은 몇 [MWh] 정도인가? (단, 부하율은 $F = 0.6$, 손실계수는 $H = 0.3F + 0.7F^2$이고, 전선의 저항은 0.25[Ω/km]이다.)

① 685

② 1,135

③ 1,585

④ 1,825

해설 ▶ • 손실계수 $H = 0.3F + 0.7F^2 = 0.3 \times 0.6 + 0.7 \times 0.6^2 = 0.432$
• 연간 손실 전력량[W] 계산
$$W = 3I_m^2 Rt \times H = 3 \times 200^2 \times 0.25 \times 10 \times 365 \times 24 \times 0.432 \times 10^{-6} = 1,135.296[\text{MWh}]$$

★★★
03 배전선의 전력손실 경감 대책이 아닌 것은?

① 다중접지 방식을 채용한다.

② 역률을 개선한다.

③ 배전 전압을 높인다.

④ 부하의 불평형을 방지한다.

해설 ▶ **전력손실 경감 대책**
• 전력용 콘덴서 설치(역률 개선)
• 배전전압(V) 승압
• 배전길이(ℓ) 단축
• 전선 단면적(A) 증가
• 불평형부하 개선
• 단위기기(변압기) 용량(P) 감소

정답 | 01 ④　02 ②　03 ①

★☆☆
04 전압과 유효전력이 일정할 경우 부하 역률이 70%인 선로에서의 저항 손실($P_{70\%}$)은 역률이 90%인 선로에서의 저항 손실($P_{90\%}$)과 비교하면 약 얼마인가?

① $P_{70\%}=0.6P_{90\%}$ 　　　　　　　　 ② $P_{70\%}=1.7P_{90\%}$

③ $P_{70\%}=0.3P_{90\%}$ 　　　　　　　　 ④ $P_{70\%}=2.7P_{90\%}$

해설 ・ 전력손실 $P_\ell = \dfrac{P^2R}{V^2 \cdot \cos^2\theta}$ [W]의 식에서, $P_\ell \propto \dfrac{1}{\cos^2\theta}$ 의 관계가 성립한다.

・ 저항 손실비 $\dfrac{P_{70\%}}{P_{90\%}} = \dfrac{\dfrac{1}{0.7^2}}{\dfrac{1}{0.9^2}} = \dfrac{0.9^2}{0.7^2} \fallingdotseq 1.7 \rightarrow \therefore P_{70\%} = 1.7P_{90\%}$

★★★
05 부하역률이 0.8인 선로의 저항손실은 0.9인 선로의 저항손실에 비해서 약 몇 배 정도 되는가?

① 0.97 　　　　　　　　 ② 1.1

③ 1.27 　　　　　　　　 ④ 1.5

해설 전력손실 $P_\ell \propto \dfrac{1}{\cos^2\theta}$ 의 관계에서, 저항 손실비 $\dfrac{P_{0.8}}{P_{0.9}} = \dfrac{\dfrac{1}{0.8^2}}{\dfrac{1}{0.9^2}} = \dfrac{0.9^2}{0.8^2} \fallingdotseq 1.27$

$$\therefore P_{0.8} = 1.27P_{0.9}$$

★☆☆
06 공장이나 빌딩에 200[V] 전압을 400[V]로 승압하여 배전할 때, 400[V] 배전과 관계없는 것은?

① 전선 등 재료의 절감 　　　　　　 ② 전압변동률의 감소

③ 배선의 전력손실 경감 　　　　　　 ④ 변압기 용량의 절감

해설 **전압을 승압하는 이유**

・ 전압강하 감소 　　 ・ 전압강하율 감소

・ 전력손실 저감 　　 ・ 전력손실율(손실비) 저감

・ 공급전력 증가 　　 ・ 전선의 단면적 감소

★☆☆
07 배전선로의 전압을 3[kV]에서 6[kV]로 승압하면 전압강하율(δ)은 어떻게 되는가? (단, $\delta3$[kV]는 전압이 3[kV]일때 전압강하율이고, $\delta6$[kV]는 전압이 6[kV]일 때 전압강하율이고, 부하는 일정하다고 한다.)

① $\delta6[\text{kV}] = \dfrac{1}{2}\,\delta3[\text{kV}]$ ② $\delta6[\text{kV}] = \dfrac{1}{4}\,\delta3[\text{kV}]$

③ $\delta6[\text{kV}] = 2\delta3[\text{kV}]$ ④ $\delta6[\text{kV}] = 4\delta3[\text{kV}]$

해설 전압강하율 $\varepsilon \propto \dfrac{1}{V^2}$ 의 관계에서, 전압을 3[kV]에서 6[kV]로 2배 승압하면 전압강하율은 $\dfrac{1}{4}$ 배로 감소한다.

★★★
08 동일한 부하전력에 대하여 전압을 2배로 승압하면 전압강하, 전압강하율, 전력손실률은 각각 얼마나 감소하는지를 순서대로 나열한 것은?

① $\dfrac{1}{2},\ \dfrac{1}{3},\ \dfrac{1}{2}$ ② $\dfrac{1}{2},\ \dfrac{1}{2},\ \dfrac{1}{4}$

③ $\dfrac{1}{2},\ \dfrac{1}{4},\ \dfrac{1}{4}$ ④ $\dfrac{1}{4},\ \dfrac{1}{4},\ \dfrac{1}{4}$

해설 • 전압강하 $e \propto \dfrac{1}{V} \to$ 전압 2배 승압 시 전압강하는 $\dfrac{1}{2}$ 로 감소

• 전압강하율 $\varepsilon \propto \dfrac{1}{V^2} \to \dfrac{1}{4}$ 로 감소

• 전력손실 $P_\ell \propto \dfrac{1}{V^2} \to \dfrac{1}{4}$ 로 감소

★☆☆
09 송전전력, 송전거리, 전선의 비중 및 전력손실률이 일정하다고 하면 전선의 단면적 $A\,[\text{mm}^2]$와 송전전압 $V\,[\text{kV}]$와의 관계로 옳은 것은?

① $A \propto V$ ② $A \propto V^2$

③ $A \propto \dfrac{1}{\sqrt{V}}$ ④ $A \propto \dfrac{1}{V^2}$

해설 단면적 $A = \dfrac{P \cdot \rho \cdot \ell \cdot 100}{\eta \cdot V^2 \cdot \cos^2\theta}\,[\text{mm}^2]$, $A \propto \dfrac{1}{V^2}$ 의 관계가 성립한다.

정답 | 07 ②   08 ③   09 ④

★☆☆

10 배전선로의 전압을 $\sqrt{3}$ 배로 증가시키고 동일한 전력손실률로 송전할 경우 송전전력은 몇 배로 증가하는가?

① $\sqrt{3}$

② $\dfrac{3}{2}$

③ 3

④ $2\sqrt{3}$

해설 공급전력 $P \propto V^2$ 의 관계에서 전압이 $\sqrt{3}$ 배로 증가하면 $P = (\sqrt{3})^2 = 3$배 증가한다.

★★★

11 다음 (   )에 알맞은 내용으로 옳은 것은? (단, 공급 전력과 선로 손실률은 동일하다.)

선로의 전압을 2배로 승압할 경우, 공급전력은 승압 전의 (㉮)로 되고, 선로손실은 승압 전의 (㉯)로 된다.

① ㉮ $\dfrac{1}{4}$배, ㉯ 2배

② ㉮ $\dfrac{1}{4}$배, ㉯ 4배

③ ㉮ 2배, ㉯ $\dfrac{1}{4}$배

④ ㉮ 4배, ㉯ $\dfrac{1}{4}$배

해설 • 공급전력 $P \propto V^2$ → 전압 2배 승압 시 공급전력은 4배로 증가

• 전력손실 $P_\ell \propto \dfrac{1}{V^2}$ → $\dfrac{1}{4}$로 감소

정답 | 10 ③ 11 ④

03 SECTION 부하특성

1. 수용률

(1) 개념

수용장소에 설비된 총 설비용량에 대한 실제 사용되고 있는 최대 수용전력과의 비율

(2) 수용률 표현식

$$수용률 = \frac{최대\ 수용전력}{총\ 설비용량} \times 100 [\%]$$

(3) 수용률 예시

① 1일 부하곡선

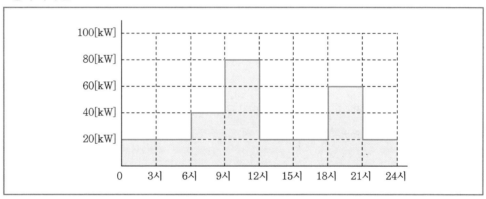

② 수용률 계산

$$수용률 = \frac{80[kW]}{100[kW]} \times 100 = 80[\%]$$

2. 부등률

(1) 개념

다수의 수용가가 존재할 때 합성 최대수용전력에 대한 각각의 최대 수용전력합과의 비

(2) 표현식

$$부등률 = \frac{각각의\ 최대수용전력의\ 합[kW]}{합성\ 최대수용전력[kW]} \geq 1$$

(3) 부등률 예시

① A 수용가의 1일 부하곡선

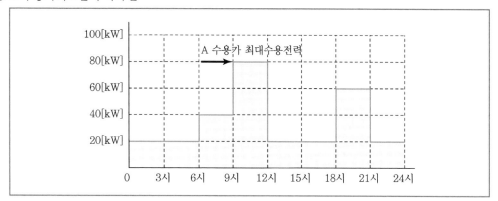

② B 수용가의 1일 부하곡선

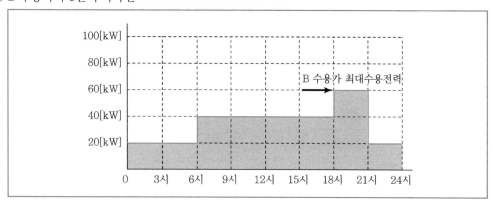

③ 합성 1일 부하곡선

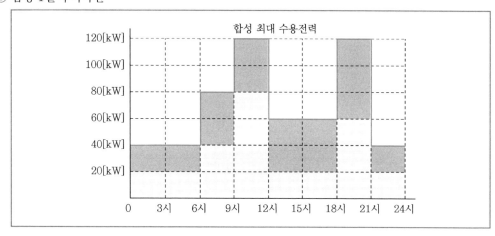

④ 부등률 계산

    ㉠ A 수용가의 최대 수용전력 : 80[kW]

    ㉡ B 수용가의 최대 수용전력 : 60[kW]

    ㉢ 합성 최대 수용전력 : 120[kW] ∴ 부등률 $= \dfrac{80[\text{kW}]+60[\text{kW}]}{120[\text{kW}]} \fallingdotseq 1.17 \geq 1$

⑤ 변압기 용량계산

$$\text{변압기용량}[\text{kVA}] \geq \frac{\text{총 수용설비 용량} \times \text{수용율}}{\text{부등률} \times \text{역률} \times \text{효율}} \times \text{여유율(손실율)}$$

3. 부하율

(1) 개념

어느 일정기간 동안의 최대 수용전력에 대한 그 기간 중의 평균 수용전력과의 비율

(2) 표현식

$$\text{부하율} = \frac{\text{평균 수용전력}}{\text{최대 수용전력}} \times 100[\%]$$

• 평균수용전력 $= \dfrac{\text{일정기간 동안의 사용전력량}[\text{kWh}]}{\text{일정기간 동안의 시간}[\text{h}]}$

(3) 부하율 예시

① 1일 부하곡선

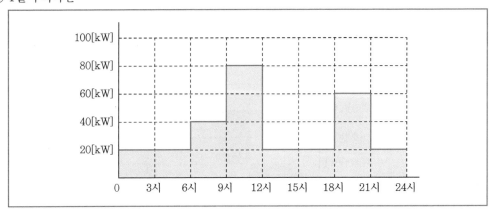

② 부하율 계산

평균 수용전력 $= \dfrac{(20 \times 15)+(40 \times 3)+(60 \times 3)+(80 \times 3)}{24\text{시간}} = 35[\text{kW}]$

∴ 부하율 $= \dfrac{35[\text{kW}]}{80[\text{kW}]} \times 100 = 43.75[\%]$

(4) "부하율이 크다"의 의미

    ① 공급 설비에 대한 설비 이용률이 큼

    ② 시간이 지남에 대한 전력변동이 작음

 참고

수용률, 부등률, 부하율이 크다는 것은 전력을 최대로 소비할 때에는 쓰지 않는 기구가 거의 없다는 것을 뜻한다.

🔅 과년도 기출 및 예상문제

★★☆
01 전력설비의 수용률을 나타낸 것은?

① 수용률 $= \dfrac{\text{평균전력(kW)}}{\text{부하설비용량(kW)}} \times 100\%$

② 수용률 $= \dfrac{\text{부하설비용량(kW)}}{\text{평균전력(kW)}} \times 100\%$

③ 수용률 $= \dfrac{\text{최대수용전력(kW)}}{\text{부하설비용량(kW)}} \times 100\%$

④ 수용률 $= \dfrac{\text{부하설비용량(kW)}}{\text{최대수용전력(kW)}} \times 100\%$

> **해설** 수용률은 수용장소에 설비된 모든 부하설비용량의 합에 대한 실제 사용되고 있는 최대수용전력과의 비율로 표현된다.

★★☆
02 어느 수용가의 부하설비는 전등설비가 500[W], 전열설비가 600[W], 전동기 설비가 400[W], 기타설비가 100[W]이다. 이 수용가의 최대수용전력이 1,200[W]이면 수용률은 몇 [%]인가?

① 55   ② 65

③ 75   ④ 85

> **해설** 수용률 $= \dfrac{\text{최대 수용전력}}{\text{부하설비 용량 합계}} \times 100 = \dfrac{1,200}{500+600+400+100} \times 100 = 75[\%]$

★★★
03 다음 중 그 값이 항상 1 이상인 것은?

① 부등률   ② 부하율

③ 수용률   ④ 전압강하율

> **해설** 부등률 $= \dfrac{\text{수용설비 각각의 최대수용전력의 합[kW]}}{\text{합성 최대수용전력[kW]}} \geqq 1$, 부등률은 항상 1 이상인 값을 가진다.

정답 | 01 ③   02 ③   03 ①

★☆☆
04 최대 수용전력의 합계와 합성 최대 수용전력의 비를 나타내는 계수는?

① 부하율 　　　　　　　　　　　　② 수용률
③ 부등률 　　　　　　　　　　　　④ 보상율

해설 부등률 $= \dfrac{\text{수용설비 각각의 최대수용전력의 합}[\mathrm{kW}]}{\text{합성 최대수용전력}[\mathrm{kW}]} \geqq 1$

★★☆
05 설비 A가 150[kW], 수용률 0.5, 설비 B가 250[kW], 수용률 0.8일 때, 합성 최대전력이 235[kW]이면 부등률은 약 얼마인가?

① 1.10 　　　　　　　　　　　　② 1.13
③ 1.17 　　　　　　　　　　　　④ 1.22

해설 부등률 $= \dfrac{\text{수용설비 각각의 최대수용전력의 합}[\mathrm{kW}]}{\text{합성 최대수용전력}[\mathrm{kW}]} = \dfrac{150 \times 0.5 + 250 \times 0.8}{235} = 1.17$

★☆☆
06 전력 사용의 변동 상태를 알아보기 위한 것으로 가장 적당한 것은?

① 수용률 　　　　　　　　　　　　② 부등률
③ 부하율 　　　　　　　　　　　　④ 역률

해설 • 부하율 : 일정 기간의 합성 최대수용전력에 대한 그 기간 중의 평균 수용전력과의 비율

• 부하율 $= \dfrac{\text{평균 수용전력}}{\text{최대 수용전력}} \times 100[\%]$

★★☆
07 정격 10[KVA]의 주상변압기가 있다. 이것의 2차측 열부하 곡선이 다음 그림과 같을 때 1일의 부하율은 약 몇 [%]인가?

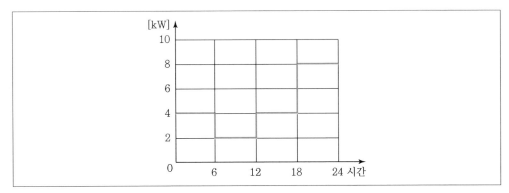

① 52.3   ② 54.3

③ 56.3   ④ 58.3

해설 부하율 $= \dfrac{평균\ 전력}{최대\ 전력} = \dfrac{\dfrac{4\times6+2\times6+4\times6+8\times6}{24}}{8} \times 100 = 56.25[\%]$

★★☆

08 연간 전력량이 E[kWh]이고, 연간 최대전력이 W[kW]인 연부하율은 몇 [%]인가?

① $\dfrac{E}{W} \times 100$ ② $\dfrac{\sqrt{3}\,W}{E} \times 100$

③ $\dfrac{8,760W}{E} \times 100$ ④ $\dfrac{E}{8,760W} \times 100$

해설 • 평균수용전력 $= \dfrac{일정기간\ 동안의\ 사용전력량[kWh]}{일정기간\ 동안의\ 시간[h]} = \dfrac{E}{365\times24} = \dfrac{E}{8,760}$

     • 부하율 $= \dfrac{평균\ 수용전력}{최대\ 수용전력} \times 100 = \dfrac{\dfrac{E}{8,760}}{W} \times 100 = \dfrac{E}{8,760W} \times 100[\%]$

★★☆

09 최대수용전력이 45×10^3[kW]인 공장의 어느 하루의 소비전력량이 480×10^3[kWh]라고 한다. 하루의 부하율은 몇 [%]인가?

① 22.2[%]   ② 33.3[%]

③ 44.4[%]   ④ 66.6[%]

해설 일 부하율 $= \dfrac{평균\ 수용전력}{최대\ 수용전력} \times 100 = \dfrac{\dfrac{480\times10^3}{24}}{45\times10^3} \times 100 = 44.4[\%]$

★★☆

10 30일간의 최대수용전력이 200[kW], 소비 전력량이 72,000[kWh]일 때, 월 부하율은 몇 [%]인가?

① 30   ② 40

③ 50   ④ 60

해설 월 부하율 $= \dfrac{평균\ 수용전력}{최대\ 수용전력} \times 100 = \dfrac{\dfrac{72,000}{30\times24}}{200} \times 100 = 50[\%]$

정답 | 08 ④   09 ③   10 ③

★★☆

11 설비용량이 360[kW], 수용률 0.8, 부등률 1.2일 때 최대수용전력은 몇 [kW]인가?

① 120   ② 240

③ 360   ④ 480

해설 최대수용전력 $\geq \dfrac{\text{총 수용설비 용량} \times \text{수용율}}{\text{부등률}} = \dfrac{360 \times 0.8}{1.2} = 240\,[\text{kW}]$

★★☆

12 각 수용가의 수용설비 용량이 50[kW], 100[kW], 80[kW], 60[kW], 150[kW]이며, 각각의 수용률이 0.6, 0.6, 0.5, 0.5, 0.4일 때 부하의 부등률이 1.3이라면 변압기의 용량은 약 몇 [kVA]가 필요한가? (단, 평균 부하 역률은 80[%]라고 한다.)

① 142   ② 165

③ 183   ④ 212

해설 변압기용량[kVA] $\geq \dfrac{(50+100) \times 0.6 + (80+60) \times 0.5 + 150 \times 0.4}{1.3 \times 0.8} = 211.54 \fallingdotseq 212\,[\text{kVA}]$

★★☆

13 설비용량 800[kW], 부등률 1.2, 수용률 60[%]일 때, 변전시설 용량은 최저 약 몇 [kVA] 이상이어야 하는가? (단, 역률은 90[%] 이상 유지되어야 한다.)

① 450   ② 500

③ 550   ④ 600

해설 변전시설 용량[kVA] $\geq \dfrac{\text{총 설비 용량} \times \text{수용율}}{\text{부등률} \times \text{역률}} = \dfrac{800 \times 0.6}{1.2 \times 0.9} = 444.44 \fallingdotseq 450\,[\text{kVA}]$

정답 | 11 ②   12 ④   13 ①

배전선로(계통) 운용

 역률 개선
SECTION

1. 역률개선용 콘덴서용량(Q_c) 계산

(1) 표현식

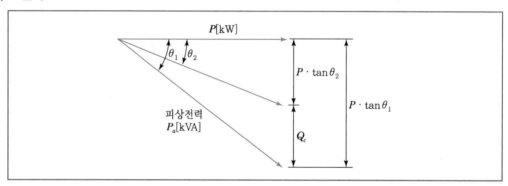

$$Q_c = P(\tan\theta_1 - \tan\theta_2) = P\left(\frac{\sin\theta_1}{\cos\theta_1} - \frac{\sin\theta_2}{\cos\theta_2}\right) = P\left(\frac{\sqrt{1-\cos^2\theta_1}}{\cos\theta_1} - \frac{\sqrt{1-\cos^2\theta_2}}{\cos\theta_2}\right)$$

$$= P(\tan\cos^{-1}\cos\theta_1 - \tan\cos^{-1}\cos\theta_2)$$

(2) 개선 후 역률

$$\cos\theta_2 = \frac{P}{\sqrt{P^2 + (P\cdot\tan\theta_1 - Q_c)^2}}$$

2. 역률 개선 효과

① 변압기 및 배전선로의 전력손실 경감 $\left(P_\ell \propto \dfrac{1}{V^2 \cos^2\theta} \right)$

② 설비용량의 여유도 증가
③ 전압강하 경감(부하전류의 감소)
④ 전기요금의 저감

3. 콘덴서 결선 방법

구분	△결선	Y결선
구성도		
충전용량	$Q_\triangle = 3Q_Y$	$Q_Y = \dfrac{1}{3} Q_\triangle$
정전용량	$C_{\triangle} = \dfrac{1}{3} C_Y$	$C_Y = 3 C_\triangle$

과년도 기출 및 예상문제

★☆☆

01 부하가 P[kW]이고, 그의 역률이 $\cos\theta_1$인 것을 $\cos\theta_2$로 개선하기 위해서는 전력용 콘덴서가 몇 [kWA]가 필요한가?

① $P(\tan\theta_1 - \tan\theta_2)$

② $P\left(\dfrac{\cos\theta_1}{\sin\theta_1} - \dfrac{\cos\theta_2}{\sin\theta_2}\right)$

③ $\dfrac{P}{(\tan\theta_1 - \tan\theta_2)}$

④ $\dfrac{P}{(\cos\theta_1 - \cos\theta_2)}$

해설 콘덴서 용량 $Q_c = P(\tan\theta_1 - \tan\theta_2) = P\left(\dfrac{\sin\theta_1}{\cos\theta_1} - \dfrac{\sin\theta_2}{\cos\theta_2}\right) = P\left(\dfrac{\sqrt{1-\cos^2\theta_1}}{\cos\theta_1} - \dfrac{\sqrt{1-\cos^2\theta_2}}{\cos\theta_2}\right)$[kWA]

★★★

02 3,000[kW], 역률 80[%](뒤짐)의 부하에 전력을 공급하고 있는 변전소에 콘덴서를 설치하여 변전소에 있어서의 역률을 90[%]로 향상시키는 데 필요한 콘덴서 용량[kVar]은?

① 600

② 700

③ 800

④ 900

해설 콘덴서 용량 $Q_c = P(\tan\theta_1 - \tan\theta_2) = 3,000\left(\dfrac{0.6}{0.8} - \dfrac{\sqrt{1-0.9^2}}{0.9}\right) = 800$[kVar]

★★★

03 부하의 선간전압 3,300[V], 피상전력 330[kVA], 역률 0.7인 3상 부하가 있다. 부하의 역률을 0.85로 개선하는 데 필요한 전력용 콘덴서의 용량은 약 몇 [kVA]인가?

① 63

② 73

③ 83

④ 93

해설 • 콘덴서 용량 $Q_c = P(\tan\theta_1 - \tan\theta_2) = P\left(\dfrac{\sin\theta_1}{\cos\theta_1} - \dfrac{\sin\theta_2}{\cos\theta_2}\right) = P\left(\dfrac{\sqrt{1-\cos^2\theta_1}}{\cos\theta_1} - \dfrac{\sqrt{1-\cos^2\theta_2}}{\cos\theta_2}\right)$

• $Q_c = 330 \times 0.7 \times \left(\dfrac{\sqrt{1-0.7^2}}{0.7} - \dfrac{\sqrt{1-0.85^2}}{0.85}\right) = 92.5$[kVA]

정답 | 01 ① 02 ③ 03 ④

★★★
04
같은 전력을 수송하는 배전선로에서 다른 조건은 현상태로 유지하고 역률만을 개선할 때의 효과로 기대하기 어려운 것은?

① 설비용량의 여유 증가　　　　　　② 고조파의 경감
③ 전압강하의 경감　　　　　　　　　④ 배전선의 손실 경감

해설 **역률 개선 효과**
- 변압기 및 배전선로의 전력손실 경감 $\left(P_\ell \propto \dfrac{1}{V^2\cos^2\theta}\right)$
- 설비용량의 여유도 증가
- 전압강하 경감(부하전류의 감소)
- 전기요금의 저감

★☆☆
05
역률개선용 콘덴서를 부하와 병렬로 연결할 때 △결선 방법을 채택하는 이유로 가장 타당한 것은?

① 부하 저항을 일정하게 유지할 수 있기 때문이다.
② 콘덴서의 정전용량[μF]의 소요가 적기 때문이다.
③ 콘덴서의 관리가 용이하기 때문이다.
④ 부하의 안정도가 높기 때문이다.

해설 $\dfrac{C_\triangle}{C_Y} = \dfrac{\dfrac{Q}{3\times 2\pi f V^2 \times}}{\dfrac{Q}{2\pi f V^2}} = \dfrac{1}{3}$ ∴ $C_\triangle = \dfrac{1}{3}\,C_Y$

★★★
06
3상의 같은 전원에 접속하는 경우, △결선의 콘덴서를 Y결선으로 바꾸어 연결하면 진상용량은 몇 배가 되는가?

① $Q_Y = \sqrt{3}\,Q_\triangle$　　　　　　　　　　② $Q_Y = \dfrac{1}{3}\,Q_\triangle$

③ $Q_Y = 3Q_\triangle$　　　　　　　　　　　④ $Q_Y = \dfrac{1}{\sqrt{3}}\,Q_\triangle$

해설 $Q_\triangle = 3\omega C V^2$, $Q_Y = 3\omega C\left(\dfrac{V}{\sqrt{3}}\right)^2 = \omega C V^2$

∴ $Q_Y = \dfrac{1}{3}\,Q_\triangle$

정답 | 04 ② 　 05 ② 　 06 ②

CHAPTER 03 배전선로(계통) 운용 **201**

07 역률 개선용 콘덴서를 부하와 병렬로 연결하고자 한다. △결선방식과 Y결선방식을 비교하면 콘덴서의 정전용량[μF]의 크기는 어떠한가?

① 정전용량은 △결선 방식과 Y결선 방식이 동일하다.

② 정전용량은 Y결선 방식이 △결선 방식의 $\frac{1}{2}$ 이다.

③ 정전용량은 △결선 방식이 Y결선 방식의 $\frac{1}{3}$ 이다.

④ 정전용량은 Y결선 방식이 △결선 방식의 $\frac{1}{\sqrt{3}}$ 이다.

해설 △결선 시 정전용량 $C_\triangle = \frac{1}{3}C_Y$

08 정전 용량 C[F]인 콘덴서를 △결선해서 3상 전압 V[V]를 가했을 때의 충전용량과 같은 전원을 Y결선으로 했을 때의 충전 용량비(△결선/Y결선)는?

① $\frac{1}{3}$

② 3

③ $\frac{1}{\sqrt{3}}$

④ $\sqrt{3}$

해설 $\dfrac{Q_\triangle}{Q_Y} = \dfrac{3 \times 2\pi f C V^2}{2\pi f C V^2} = 3$

02 SECTION 전압 조정

1. 송 · 배전 계통에서의 전압조정 방식

송전계통	배전계통
• 동기 조상기 • 전력용 콘덴서	• 탭 절환 변압기(주상변압기) • 유도전압 조정기 • 승압기(단권 변압기) • 자동전압 조정기

2. 승압기

(1) 개념

단권변압기를 이용하여 1차측의 전압을 승압하여 2차측으로 출력하는 방식

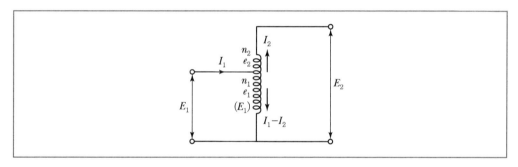

(2) 승압 후 전압(2차 전압)

$$E_2 = e_1 + e_2 = E_1 + e_2 = E_1 + \frac{e_1}{n} = E_1 + \frac{E_1}{n} = E_1\left(1 + \frac{1}{n}\right)$$

(3) 승압기 용량(w)

$$w = e_2 \times I_2 = e_2 \times \frac{W}{E_2} = \frac{e_2}{E_2} \times W\,[\text{VA}]$$

- E_1 : 승압전의 전원측 전압[V]
- E_2 : 승압후의 부하측 전압[V]
- e_1 : 승압기의 1차 정격전압[V]
- e_2 : 승압기의 2차 정격전압[V]
- W : 부하의 용량[kVA]
- w : 승압기의 용량[kVA]
- I_2 : 부하전류[A]

(4) 부하용량(W)

$$W = E_2 \times I_2 = E_2 \times \frac{w}{e_2} = w \times \frac{E_2}{e_2} \, [\text{VA}]$$

(5) 단권변압기 결선 별 용량계산

① 단상의 경우(단권 변압기 1대)

$$\frac{\text{자기용량}}{\text{부하용량}} = \frac{V_H - V_L}{V_H}$$

② 3상의 경우

V결선	Y결선	△결선
$\dfrac{\text{자기용량}}{\text{부하용량}} = \dfrac{2}{\sqrt{3}}\left(\dfrac{V_H - V_L}{V_H}\right)$	$\dfrac{\text{자기용량}}{\text{부하용량}} = \dfrac{V_H - V_L}{V_H}$	$\dfrac{\text{자기용량}}{\text{부하용량}} = \dfrac{V_H^{\,2} - V_L^{\,2}}{\sqrt{3}\, V_H V_L}$

(4) 과년도 기출 및 예상문제

★☆☆
01 배전선의 전압조정장치가 아닌 것은?

① 승압기
② 리클로서
③ 유도전압조정기
④ 주상변압기 탭 절환장치

해설	송전계통	배전계통
	• 동기 조상기 • 전력용 콘덴서	• 탭 절환 변압기(주상변압기) • 유도전압 조정기 • 승압기(단권 변압기) • 자동전압 조정기

★☆☆
02 선로 전압강하 보상기(LDC)에 대한 설명으로 옳은 것은?

① 승압기로 저하된 전압을 보상하는 것
② 분로 리액터로 전압 상승을 억제하는 것
③ 선로의 전압 강하를 고려하여 모선 전압을 조정하는 것
④ 직렬 콘덴서로 선로의 리액턴스를 보상하는 것

해설 **선로 전압강하 보상기**(LDC ; Line Drop Compensator)
• 부하전류에 의한 배전선의 전압강하를 고려하여 모선전압을 조정하는 역할을 한다.
• 배전전압을 중부하 시에는 높게, 경부하 시에는 낮게 자동으로 조정하여 일정한 전압을 유지한다.

★☆☆
03 고압 배전선로의 중간에 승압기를 설치하는 주 목적은?

① 부하의 불평형 방지
② 말단의 전압강하 방지
③ 전력손실의 감소
④ 역률 개선

해설 **승압기**
• 배전선로의 길이가 길어서 전압강하가 클 경우 배전선로의 중간에 설치한다.
• 승압기 2차측 전압을 높여서 선로 말단의 전압강하를 방지한다.

정답 | 01 ② 02 ③ 03 ②

★☆☆
04 단상승압기 1대를 사용하여 승압할 경우 승압 전의 전압을 E_1이라 하면, 승압 후의 전압 E_2는 어떻게 되는가? (단, 승압기의 변압비는 $\dfrac{전원측전압}{부하측전압} = \dfrac{e_1}{e_2}$ 이다.)

① $E_2 = E_1 + e_1$

② $E_2 = E_1 + e_2$

③ $E_2 = E_1 + \dfrac{e_2}{e_1} E_1$

④ $E_2 = E_1 + \dfrac{e_1}{e_2} E_1$

해설 **단상 승압기 승압 후 전압(E_2) 계산**

$$E_2 = e_1 + e_2 = E_1 + e_2 = E_1 + \frac{e_1}{n}$$

$$= E_1 + \frac{E_1}{n} = E_1 + \frac{e_2}{e_1} E_1 = E_1 \left(1 + \frac{1}{n}\right)[\text{V}]$$

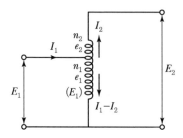

★★☆
05 승압기에 의하여 전압 V_e에서 V_h로 승압할 때, 2차 정격전압 e, 자기용량 W인 단상 승압기가 공급할 수 있는 부하 용량은 어떻게 표현되는가?

① $\dfrac{V_h}{e} \times W$

② $\dfrac{V_e}{e} \times W$

③ $\dfrac{V_e}{V_h - V_e} \times W$

④ $\dfrac{V_h - V_e}{V_e} \times W$

해설 • 승압기의 자기용량 : $W = e \times I_2 [\text{VA}]$

• 승압기의 2차 정격전류 : $I_2 = \dfrac{W}{e} [\text{A}]$

• 부하용량 : $P = V_h I_2 = V_h \times \dfrac{W}{e} = \dfrac{V_h}{e} \times W [\text{VA}]$

정답 | 04 ③ 05 ①

03 SECTION 배전선로 및 주상변압기 보호

1. 고압 배전선로의 보호

(1) 보호장치 구성도

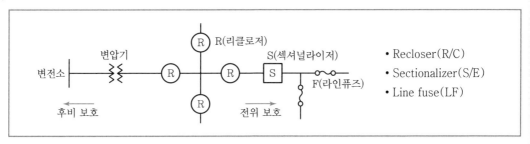

(2) 보호협조 구성

① 변전소 차단기 → 리클로저(R) → 섹셔널라이저(S) → 라인퓨즈(F)

② 설치목적 : 사고구간 축소, 정전범위 확대 방지

2. 주상변압기 보호

(1) 주상변압기 과전류 보호

① 고압측 : COS(Cut Out Switch)

② 저압측 : 캐치홀더

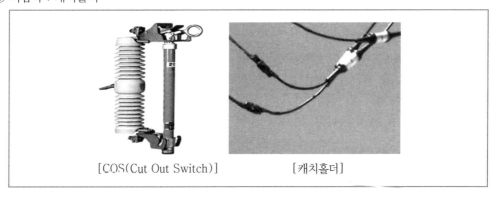

[COS(Cut Out Switch)]   [캐치홀더]

(2) 주상변압기 2차측 접지

1. 2차측 혼촉 시 2차측의 전압상승 억제

⚡ 과년도 기출 및 예상문제

★☆☆
01 우리나라의 대표적인 배전 방식으로는 다중 접지방식인 22.9[kV] 계통으로 되어있고, 이 배전선에 사고가 생기면 그 배전선 전체가 정전이 되지 않도록 선로 도중이나 분기선에 다음의 보호장치를 설치하여 상호 협조를 기함으로써 사고 구간을 국한하여 제거시킬 수 있다. 해당 보호장치의 설치 순서가 옳은 것은?

① 변전소 차단기 – 섹셔너라이저 – 리클로저 – 라인 퓨즈
② 변전소 차단기 – 리클로저 – 섹셔너라이저 – 라인 퓨즈
③ 변전소 차단기 – 섹셔너라이저 – 라인 퓨즈 – 리클로저
④ 변전소 차단기 – 라인 퓨즈 – 리클로저 – 섹셔너라이저

해설 배전선로 보호협조 구성 : 변전소 차단기 → 리클로저(R) → 섹셔널라이저(S) → 라인퓨즈(F)

★☆☆
02 공통 중성선 다중 접지방식의 배전선로에서 Recloser(R), Sectionalizer(S), Fuse(F)의 보호협조가 가장 적합한 배열은? (단, 보호협조는 변전소를 기준으로 한다.)

① S – F – R
② S – R – F
③ F – S – R
④ R – S – F

해설 배전선로 보호협조 구성 : 변전소 차단기 → 리클로저(R) → 섹셔널라이저(S) → 라인퓨즈(F)

★★☆
03 다중접지 계통에 사용되는 재폐로 기능을 갖는 일종의 차단기로서 과부하 또는 고장전류가 흐르면 순시 동작하고, 일정 시간 후에는 자동적으로 재폐로 하는 보호기기는?

① 리클로저
② 라인퓨즈
③ 섹셔널라이저
④ 고장구간 자동 개폐기

해설 리클로저는 배전선로의 고장구간을 고속 차단하고 재송전하는 조작을 자동적으로 시행하는 재폐로 차단장치이다.

정답 | 01 ② 02 ④ 03 ①

★★★
04 선로 고장발생 시 타 보호기기와 협조에 의해 고장 구간을 신속히 개방하는 자동구간 개폐기로서 고장전류를 차단할 수 없어 차단기능이 있는 후비 보호장치와 직렬로 설치되어야 하는 배전용 개폐기는?

① 배전용 차단기
② 부하 개폐기
③ 컷아웃 스위치
④ 섹셔널라이저

해설 자동 선로 구분개폐기(섹셔널라이저) ; 가공 배전선로의 분기점에 설치하여 선로 고장 발생시 선로의 타 보호
기기(리클로저)와 협조하여 고장 구간을 신속하게 개방하는 개폐기

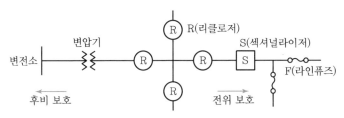

★☆☆
05 다음 중 배전선로에 사용되는 개폐기의 종류와 그 특성의 연결이 바르지 못한 것은?

① 컷아웃 스위치(COS) – 주된 용도로는 주상변압기의 고장이 배전선로에 파급되는 것을 방지하고 변압기의 과부하 소손을 예방하고자 사용한다.
② 부하개폐기 – 고장전류와 같은 대전류는 차단할 수 없지만, 평상 운전시의 부하전류는 개폐할 수 있다.
③ 리클로저(recloser) – 선로에 고장이 발생하였을 때 고장전류를 검출하여 지정된 시간 내에 고속 차단하고 자동 개폐로 동작을 수행하여 고장 구간을 분리하거나 재송전하는 장치이다.
④ 섹셔널라이저(sectionalizer) – 고장 발생 시 신속히 고장 전류를 차단하여 사고를 국부적으로 분리시키는 것으로 후비 보호장치와 직렬로 설치하여야 한다.

해설 섹셔널라이저는 고장전류 차단기능이 없어서 리클로저와 협조하여 사용된다.

★★☆
06 고압 가공 배전선로의 고장, 또는 보수 점검 시 정전구간을 축소하기 위하여 사용되는 것은?

① 캐치홀더
② 컷아웃 스위치
③ 공기차단기
④ 구분 개폐기

해설 구분 개폐기는 고장, 보수 시 정전구간을 축소하기 위한 개폐기로 유입개폐기, 기중개폐기(AS), 진공개폐기(VS) 등이 있다.

정답 | 04 ④ 05 ④ 06 ④

★☆☆
07 주상변압기에 시설하는 캐치 홀더는 다음 어느 부분에 직렬로 삽입하는가?

① 1차측 양선 ② 1차측 1선
③ 2차측 비접지측선 ④ 2차측 접지된 선

해설 주상변압기의 1차측 보호는 프라이머리 컷 아웃(primary cut out), 2차측 보호는 캐치 홀더(catch holder)이다.

★★★
08 배전선로의 주상변압기에서 고압측 – 저압측에 주로 사용되는 보호장치의 조합으로 적합한 것은?

① 고압측 : 프라이머리 컷아웃 스위치, 저압측 : 캐치홀더
② 고압측 : 캐치홀더, 저압측 : 프라이머리 컷아웃 스위치
③ 고압측 : 리클로저, 저압측 : 라인퓨즈
④ 고압측 : 라인퓨즈, 저압측 : 리클로저

해설 **주상변압기 과전류 보호**
• 고압측 : COS(Cut Out Switch)
• 저압측 : 캐치홀더

★☆☆
09 주상변압기의 2차측 접지는 어느 것에 대한 보호를 목적으로 하는가?

① 1차측의 단락 ② 2차측의 단락
③ 2차측의 전압강하 ④ 1차측과 2차측의 혼촉

해설 주상변압기 2차측 접지 : 변압기 1, 2차측 혼촉 시 2차측의 전압상승 억제

정답 | 07 ③ 08 ① 09 ④

전기기사 핵심완성 시리즈-2. 전력공학

CRAFTSMAN
ELECTRICITY

CHAPTER

01 수력발전

01 수력발전 원리 및 출력
SECTION

1. 수력발전 원리

물의 위치에너지 → 운동에너지 → 수차 회전 → 발전기 회전 → 전기에너지 생산

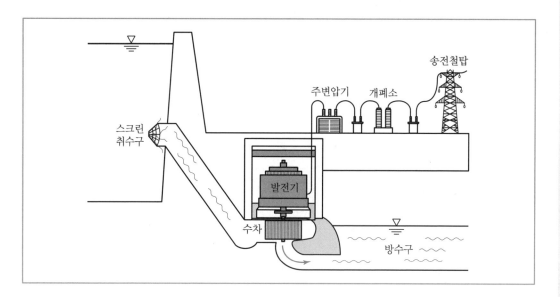

2. 수력발전 출력

(1) 이론적 출력 및 실제적 출력

① 이론적 출력

$$P_o = 9.8QH \,[\text{kW}]$$

② 실제적 출력

$$P_g = 9.8QH \cdot \eta_t \cdot \eta_g [\text{kW}]$$

- Q : 유량[m³/s]
- η_t : 수차 효율
- H : 유효낙차[m]
- η_g : 발전기 효율

(2) 연 평균 유량(Q) 계산

$$Q = k\frac{A \times 10^6 \times a \times 10^{-3}}{365 \times 24 \times 60 \times 60} [\text{m}^3/\text{s}]$$

- k : 유출계수$\left(= \dfrac{\text{전 유출량}}{\text{전 강수량}}\right)$

- A : 유역면적[km²]
- a : 강수량[mm]

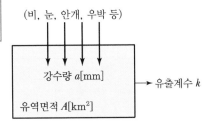

3. 연속의 원리

① 개념 : 임의의 점에서의 유량은 항상 일정함을 의미하는 법칙
② 표현식 : $A_1 v_1 = A_2 v_2 = Q[\text{m}^3/\text{s}]$

4. 유량을 나타내는 곡선

(1) 유량도

① 개념 : 1년(365일)을 기준하여 날짜별로 하천유량을 기입한 그래프
② 월 평균 유량을 알 수 있다.

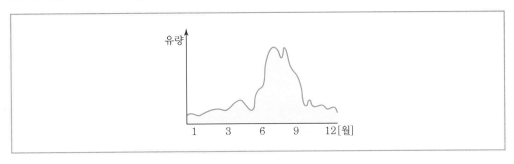

(2) 유황 곡선

① 개념 : 유량도를 기초로 날짜별 유량 중에서 큰 것부터 순서대로 기록한 그래프

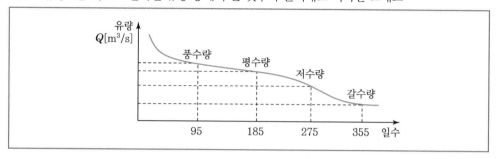

② 유량의 크기에 대한 용어

구분	용어 설명
갈수량, 갈수위	1년 중 355일은 이 양 이하로 내려가지 않는 유량 및 수위
저수량, 저수위	1년 중 275일은 이 양 이하로 내려가지 않는 유량 및 수위
평수량, 평수위	1년 중 185일은 이 양 이하로 내려가지 않는 유량 및 수위
풍수량, 풍수위	1년 중 95일은 이 양 이하로 내려가지 않는 유량 및 수위

③ 유황 곡선을 통해서 알 수 있는 것
   ⊙ 하천의 이용률, 저수지 용량, 사용 유량, 발전기 대수 등
   ⊙ 월별 하천유량은 알 수 없다.

④ 하천의 이용률과 필요한 저수지 용량
   ⊙ 이용률 $= \dfrac{OCDBA}{OPDBA} \times 100 [\%]$

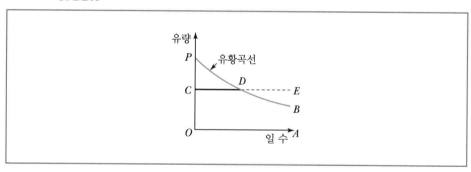

   ⊙ 필요한 저수지 용량 : 면적 DEB
     → 최대 사용수량 OC로 1년간 발전을 지속할 때 부족한 수량은 DEB에 해당하는 수량이므로 필요한 수량은 면적 DEB만큼의 수량이 필요하다.

(3) 적산 유량 곡선(유량 누가 곡선)

① 개념 : 저수지 내로 유입하는 매일의 유량을 순차적으로 가산한 곡선

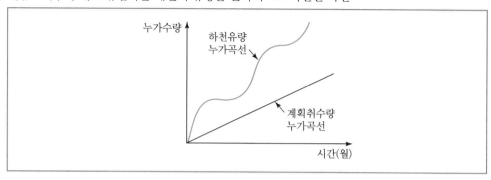

② 가로축, 세로축

　　㉠ 가로축 : 날짜

　　㉡ 세로축 : 누가수량, 적산수량(매일 유량의 적산곡선 및 사용수량을 적산)

③ 적용 : 댐을 설계하거나 저수지의 용량 등을 결정하는 데 사용

과년도 기출 및 예상문제

★★★
01 어떤 발전소의 유효낙차가 100[m]이고, 최대사용수량이 10[m³/s]일 경우 이 발전소의 이론적인 출력은 몇 [kW]인가?

① 4,900
② 9,800
③ 10,000
④ 14,700

해설 수력발전소 이론적 출력 $P_o = 9.8QH = 9.8 \times 10 \times 100 = 9,800[\text{kW}]$

★☆☆
02 총 낙차 300[m], 사용수량 20[m³/s]인 수력발전소의 발전기출력은 약 몇 [kW]인가? (단, 수차 및 발전기효율은 각각 90[%], 98[%]라하고, 손실낙차는 총 낙차의 6[%]라고 한다.)

① 48,750
② 51,860
③ 54,170
④ 54,970

해설 • 유효낙차 H = 총 낙차 − 손실 낙차 = $300 - 300 \times 0.06 = 282[\text{m}]$
• $P_g = 9.8Q \cdot H \cdot \eta_t \cdot \eta_g = 9.8 \times 20 \times 282 \times 0.9 \times 0.98 = 48,749.9[\text{kW}]$

★★★
03 유효낙차 100[m], 최대사용수량 20[m³/sec], 수차효율 70%인 수력발전소의 연간 발전 전력량은 약 몇 [kWh] 정도 되는가? (단, 발전기의 효율은 85[%]라고 한다.)

① 2.5×10^7
② 5×10^7
③ 10×10^7
④ 20×10^7

해설 • 수력발전소 출력 $P_g = 9.8QH\eta_t\eta_g = 9.8 \times 20 \times 100 \times 0.7 \times 0.85 = 11,662[\text{kW}]$
• 연간 발전량 $W = P \times t = 11,662 \times 365 \times 24 = 10 \times 10^7[\text{kWh}]$

★☆☆
04 발전용량 9,800[kW]의 수력발전소 최대사용 수량이 10[m³/s]일 때, 유효낙차는 몇 [m]인가?

① 100
② 125
③ 150
④ 175

해설 발전용량 $P_o = 9.8QH[\text{kW}]$의 식에서, 유효낙차 $H = \dfrac{P_o}{9.8Q} = \dfrac{9,800}{9.8 \times 10} = 100[\text{m}]$

정답 | 01 ② 02 ① 03 ③ 04 ①

★★☆
05 "수류가 고체에 둘러싸여 있고 A로부터 유입되는 수량과 B로부터 유출되는 수량이 같다"고 하는 이론은?

① 수두이론　　　　　　　　　　　② 연속의 원리
③ 베르누이의 정리　　　　　　　　④ 토리첼리의 정리

> 해설 **연속의 원리**
> • 임의의 점에서의 유량은 항상 일정함을 나타내는 원리
> • 표현식 : $A_1 v_1 = A_2 v_2 = Q[\text{m}^3/\text{s}]$

★☆☆
06 다음은 수압관 내의 평균 유속을 V[m/s], 사용량을 Q[m³/s]라 하고, 관의 직경을 D[m]라고 하면 사용 유량 Q를 구하는 식은?

① $\dfrac{\pi}{4}\text{D}^2\text{V}[\text{m}^3/\text{s}]$　　　　　　　　② $\dfrac{4}{\pi}\text{D}^2\text{V}[\text{m}^3/\text{s}]$

③ $4\pi\text{D}^2[\text{m}^3/\text{s}]$　　　　　　　　　④ $4\pi\text{DV}[\text{m}^3/\text{s}]$

> 해설 유량 $Q = Av = \dfrac{1}{4}\pi\text{D}^2 \times \text{V }[\text{m}^3/\text{s}]$

★☆☆
07 수압철관의 안지름이 4[m]인 곳에서의 유속이 4[m/s]이었다. 안지름이 3.5[m]인 곳에서의 유속은 약 몇 [m/s]인가?

① 4.2m/s　　　　　　　　　　　② 5.2m/s
③ 6.2m/s　　　　　　　　　　　④ 7.2m/s

> 해설 • 연속의 원리 : $A_1 v_1 = A_2 v_2 = Q[\text{m}^3/\text{s}]$
>
> • 유속 $v_2 = \dfrac{A_1 v_1}{A_2} = \dfrac{\frac{1}{4}\pi D_1^{\,2} \times v_1}{\frac{1}{4}\pi D_2^{\,2}} = \dfrac{\frac{1}{4}\times\pi\times 4^2 \times 4}{\frac{1}{4}\times\pi\times 3.5^2} = \dfrac{4^2 \times 4}{3.5^2} = 5.22[\text{m/s}]$

★☆☆
08 수력발전소의 댐을 설계하거나 저수지의 용량 등을 결정하는데 가장 적당한 것은?

① 유량도　　　　　　　　　　　② 적산 유량 곡선
③ 유황 곡선　　　　　　　　　　④ 수위 유량 곡선

> 해설 **적산 유량 곡선(유량 누가 곡선)**
> • 가로축 : 날짜, 세로축 : 적산수량(매일 유량의 적산곡선 및 사용수량을 적산)
> • 댐을 설계하거나 저수지의 용량 등을 결정하는 데 사용

정답 | 05 ② 06 ① 07 ② 08 ②

09 ★★★ 유황 곡선으로부터 알 수 없는 것은?

① 월별 하천 유량   ② 하천의 유량 변동 상태

③ 연간 총 유출량   ④ 평수량

> **해설** **유황 곡선**
> • 유량도를 기초로 날짜별 유량 중에서 큰 것부터 순서대로 기록한 그래프이다.
> • 월별 하천 유량은 알 수 없다.

10 ★★☆ 그림과 같은 유황 곡선을 가진 수력지점에서 최대 사용수량 OC로 1년간 계속 발전하는 데 필요한 저수지의 용량은?

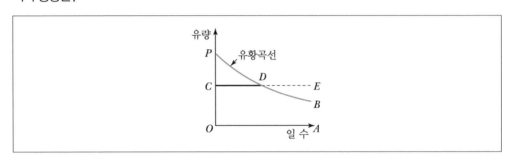

① 면적 OCPBA   ② 면적 OCDBA

③ 면적 DEB   ④ 면적 PCD

> **해설** 최대 사용수량 OC로 1년간 발전을 지속할 때 부족한 수량은 DEB에 해당하는 수량이므로 필요한 수량은 면적 DEB만큼의 수량이 필요하다.

11 ★★☆ 1년 365일 중 185일은 이 양 이하로 내려가지 않는 유량은?

① 평수량   ② 풍수량

③ 고수량   ④ 저수량

> **해설** 평수량 : 1년 중 185일은 이 양 이하로 내려가지 않는 유량 또는 수위

정답 | 09 ①   10 ③   11 ①

★★★
12 갈수량이란 어떤 유량을 말하는가?

① 1년 365일 중 95일간은 이보다 낮아지지 않는 유량
② 1년 365일 중 185일간은 이보다 낮아지지 않는 유량
③ 1년 365일 중 275일간은 이보다 낮아지지 않는 유량
④ 1년 365일 중 355일간은 이보다 낮아지지 않는 유량

해설 ▸ 갈수량 : 1년 중 355일은 이 양 이하로 내려가지 않는 유량 또는 수위

★★☆
13 유역 면적이 4,000[km²]인 어떤 발전 지점이 있다. 유역 내의 연 강우량이 1,400[mm]이고, 유출계수가 75[%]라고 하면 그 지점을 통과하는 연평균 유량[m³/sec]은?

① 약 121   ② 약 133
③ 약 251   ④ 약 150

해설 ▸ • 연평균 유량(Q) 계산식 : $Q = k \dfrac{A \times 10^6 \times a \times 10^{-3}}{365 \times 24 \times 60 \times 60} \, [\text{m}^3/\text{s}]$

• 연평균 유량 $Q = 0.75 \times \dfrac{4,000 \times 10^6 \times 1,400 \times 10^{-3}}{365 \times 24 \times 60 \times 60} = 133.18 \, [\text{m}^3/\text{s}]$

02 SECTION 수력발전소 및 수차의 구분

1. 수력발전소 구분

(1) 구분

수력발전소의 종류에는 취수방법(낙차를 얻는 방법)과 운용 방법에 따라 구분된다.

취수, 낙차를 얻는 방법	운용 방법
• 댐식 발전소 • 수로식 발전소 • 댐 수로식 발전소 • 유역변경식 발전소	• 유입식 발전소 • 저수지식 발전소 • 조정지식 발전소 • 양수식 발전소 • 조력 발전소

(2) 수력발전소의 종류별 특징

① 댐식 발전소
   ㉠ 큰 댐을 설치하고 상·하류에 생기는 수위차를 이용하여 발전하는 방식
   ㉡ 유량이 풍부하고 낙차가 적은 곳에 적용

② 수로식 발전소
   ㉠ 하천과 발전소를 연결하는 수로를 설치하여 작은 수압관로를 통해 내려가는 물의 힘으로 수차를 돌리게 하는 발전 방식
   ㉡ 유량이 적고 낙차가 큰 곳에 적용
   ㉢ 취수구에 설치되는 장치
      • 제진 스크린 : 쓰레기, 부유물, 이물질 제거
      • 배사토 : 흙, 모래, 자갈 제거
      • 제수문 : 유량 조절

④ 댐수로식 발전소
   ㉠ 댐식과 수로식의 결합
   ㉡ 유량이 풍부하고, 낙차가 큰 곳에 적용

⑤ 유역 변경식 발전소 : 발전소를 댐이 위치한 하천유역에 건설하지 않고, 다른 하천유역으로 변경시켜 매우 큰 낙차를 얻게 하는 방식

⑥ 양수식 발전소
   ㉠ 경부하 시 또는 심야에 잉여전력을 이용해서 펌프로 물을 하부 저수지에서 상부 저수지로 양수하여 저장하였다가 첨두부하 시에 발전한다.

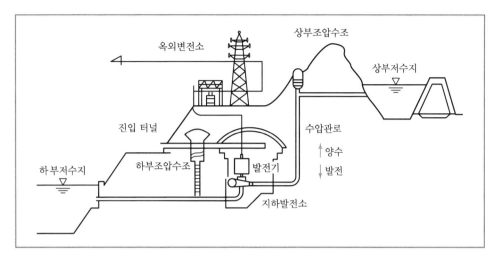

ⓛ 첨두 부하용으로 적합(연간 발전비용 절감)

2. 수차의 구분

(1) 구분

동작원리에 의한 분류	수차의 종류	적용 낙차	필요설비
충동형	펠톤 수차	300[m] 이상 고낙차	디플렉터
반동형	프란시스 수차	50~500[m]의 중낙차	흡출관
	• 카플란 수차 • 프로펠러 수차	30[m] 이하의 저낙차	
	튜블러(원통형) 수차	20[m] 이하의 저낙차	

(2) 충동형 수차 및 반동형 수차

① 충동형 수차

ⓐ 고낙차(300[m] 이상), 저수량에 적용

ⓛ 종류 : 펠톤수차

• 반드시 필요한 장치 : 디플렉터(전향장치), 수격작용 방지

• 특유속도 : 12~23

② 반동형 수차

ⓐ 저·중낙차(20~500[m] 이하), 고수량에 적용

ⓛ 종류 : 펠턴수차를 제외한 모든 수차(프란시스, 카플란, 프로펠러 등)

ⓒ 반드시 필요한 장치

• 흡출관 : 유효 낙차를 크게하기 위해 사용

• 이론적 : 8~10[m] 사용, 실제적 : 6~7[m] 사용

• 이유 : 공동현상(캐비테이션 현상) 때문

⚡ 과년도 기출 및 예상문제

★☆☆
01 수력발전소의 형식을 취수방법, 운용방법에 따라 분류할 수 있다. 다음 중 취수방법에 따른 분류가 아닌 것은?

① 댐식   ② 수로식
③ 조정지식   ④ 유역 변경식

해설 **수력발전소의 분류**

취수, 낙차를 얻는 방법	운용 방법
• 댐식 발전소 • 수로식 발전소 • 댐 수로식 발전소 • 유역 변경식 발전소	• 유입식 발전소 • 저수지식 발전소 • 조정지식 발전소 • 양수식 발전소 • 조력 발전소

★☆☆
02 수력발전소의 분류 중 낙차를 얻는 방법에 의한 분류 방법이 아닌 것은?

① 댐식 발전소   ② 수로식 발전소
③ 양수식 발전소   ④ 유역 변경식 발전소

해설 양수식 발전소는 운용방법에 따른 구분에 해당된다.

★☆☆
03 전력계통의 경부하 시 또는 다른 발전소의 발전전력에 여유가 있을 때, 이 잉여전력을 이용하여 전동기로 펌프를 돌려서 물을 상부의 저수지에 저장하였다가 필요에 따라 이 물을 이용해서 발전하는 발전소는?

① 조력 발전소   ② 양수식 발전소
③ 유역 변경식 발전소   ④ 수로식 발전소

해설 **양수식 발전소**
• 발전형태 : 경부하시 또는 심야에 잉여전력을 이용해서 펌프로 물을 하부 저수지에서 상부 저수지로 양수하여 저장하였다가 첨두부하 시 발전
• 설치목적 : 연간 발전비용 절감

정답 | 01 ③   02 ③   03 ②

★★★
04 양수발전의 주된 목적으로 옳은 것은?

① 연간 발전량을 늘이기 위하여
② 연간 평균 손실 전력을 줄이기 위하여
③ 연간 발전비용을 줄이기 위하여
④ 연간 수력발전량을 늘이기 위하여

해설 양수발전의 주된 목적 : 연간 발전비용 절감

★☆☆
05 댐의 부속설비가 아닌 것은?

① 수로
② 수조
③ 취수구
④ 흡출관

해설 흡출관은 반동수차의 출구부터 방수로 수면까지 연결하는 관을 말하며, 낙차를 유효하게 늘리기 위해 사용하는 장치이다.

★★★
06 저수지에서 취수구에 제수문을 설치하는 목적은?

① 낙차를 높인다.
② 어족을 보호한다.
③ 수차를 조절한다.
④ 유량을 조절한다.

해설 **취수구에 설치하는 장치**
- 제진 스크린 : 이물질 제거
- 배사토 : 모래, 자갈 제거
- 제수문 : 유량 조절

★☆☆
07 수력발전소에서 사용되는 수차 중 15[m] 이하의 저낙차에 적합하여 조력 발전용으로 알맞은 수차는?

① 카플란수차
② 펠톤 수차
③ 프란시스 수차
④ 튜블러 수차

해설 **튜블러 수차(원통형)**
- 15[m] 이하의 저낙차에 적합
- 사용 용도가 넓음
- 조력 발전소, 양수식 발전소에서도 사용됨

★☆☆
08 반동수차의 일종으로 주요 부분은 러너, 안내날개, 스피드링 및 흡출관 등으로 되어 있으며 50~500[m] 정도의 중낙차 발전소에 사용되는 수차는?

① 카플란 수차   ② 프란시스 수차
③ 펠턴 수차   ④ 튜블러 수차

> 해설 **프란시스 수차**
> • 반동수차의 일종
> • 50~500[m] 정도의 중낙차 발전소에 적합
> • 흡출관을 통해 유효 낙차를 증가시킴

★☆☆
09 흡출관이 필요하지 않은 수차는?

① 사류 수차   ② 카플란 수차
③ 프란시스 수차   ④ 펠톤 수차

> 해설 펠톤 수차는 300[m] 이상의 고낙차에 이용되는 수차로서, 유효 낙차를 늘리기 위해 사용하는 흡출관이 불필요하다.

★☆☆
10 수력발전설비에서 흡출관을 사용하는 목적으로 옳은 것은?

① 압력을 줄이기 위하여
② 유효 낙차를 늘리기 위하여
③ 속도변동률을 적게 하기 위하여
④ 물의 유선을 일정하게 하기 위하여

> 해설 **흡출관**
> • 반동수차의 출구부터 방수로 수면까지 연결하는 관을 말한다.
> • 유효 낙차를 늘리기 위해 사용하는 장치이다.
> • 고낙차의 충동형에서는 필요 없고, 반동형 수차에 적용된다.

정답 | 08 ②   09 ④   10 ②

03 SECTION 수력발전 주요 용어

1. 특유속도(비교 회전수)

(1) 개념

어떤 수차와 닮은 모형수차를 1[m] 낙차에서 운전시켜 1[kW]의 출력이 발생했을 때 모형수차가 갖는 회전수

(2) 계산식

$$N_s = \frac{N\sqrt{P}}{H^{\frac{5}{4}}} = \frac{NP^{\frac{1}{2}}}{H^{\frac{5}{4}}} [\text{rpm}]$$

- N : 수차의 회전속도[rpm]
- P : 수차출력[kW]
- H : 유효낙차[m]

(3) 수차종류별 특유속도

① 펠톤 수차 < 프란시스 수차 < 카플란 수차

수차 종류	특유속도(비속도)의 한계
펠턴 수차	12~23
프란시스 수차	50~350
카플란, 프로펠러 수차	200~900

② 프란시스 수차 : $N_s = \dfrac{20,000}{H+20} + 30$

③ 프로펠러 수차 : $N_s = \dfrac{20,000}{H+20} + 50$

2. 조속기

(1) 개념

수차의 속도를 일정하게 유지하면서 출력을 가감하기 위해 수차의 입력인 유량을 조절하는 장치

(2) 폐쇄시간

니들밸브 또는 안내 날개가 움직이기 시작해서부터 완전히 폐쇄될 때까지의 시간(일반적 : 1.5~5.5[sec])

(3) 특징

① 조속기의 폐쇄시간이 짧을수록 수차의 최대속도(N_m)가 감소하여 속도변동률(δ)이 작아진다.

② 조속기가 너무 예민하면 난조를 일으키기 쉽고, 심하면 탈조까지 일으킬 우려가 있다.

③ 난조 방지대책 : 제동권선 설치

3. 캐비테이션(cavitation) : 공동현상

(1) 개념

물에 잠기는 기계 부분의 표면 및 표면 근처에서 물이 완전히 차지 않는 빈공간(기포)이 생기는 현상

(2) 발생 이유

수차 등 기계 부분의 각 부분의 유속 및 압력이 다르기 때문

(3) 영향

① 날개에 충격을 주고 효율 저하

② 수차 · 흡출관의 진동, 소음 및 부식 발생

③ 출력 저하

(4) 대책

① 흡출관을 낮게 한다.

② 특유속도를 작게 한다.

③ 러너의 표면이 매끄러워야 한다.

④ 수차의 경부하 운전을 하지 않는다.

⚡ 과년도 기출 및 예상문제

★☆☆
01 수차를 돌리고 나온 물이 흡출관을 통과할 때 흡출관의 중심부에 진공상태를 형성하는 현상은?

① racing   ② jumping

③ hunting   ④ cavitation

해설 캐비테이션(cavitation) : 물에 잠기는 기계 부분의 표면 및 표면 근처에서 물이 완전히 차지 않는 빈공간(기포)이 생기는 현상

★☆☆
02 수차에서 캐비테이션에 의한 결과로 옳지 않은 것은?

① 유수에 접한 러너나 버킷 등에 침식이 발생한다.

② 수차에 진동을 일으켜서 소음이 발생한다.

③ 흡출관 입구에서 수압의 변동이 현저해진다.

④ 토출측에서 물이 역류하는 현상이 발생한다.

해설 **캐비테이션 현상의 영향**
- 낙차의 저하로 수차의 출력 및 효율이 저하된다.
- 수차의 진동으로 소음 발생한다.
- 흡출관 입구에서 수압의 변동이 심하게 나타난다.
- 날개에 충격 및 수차, 흡출관 등에 부식 발생한다.
- 유수에 접한 러너나 버킷 등에 침식 발생한다.

★☆☆
03 수차의 캐비테이션 방지책으로 틀린 것은?

① 흡출수두를 증대시킨다.

② 과부하 운전을 가능한 한 피한다.

③ 수차의 비속도를 너무 크게 잡지 않는다.

④ 침식에 강한 금속재료로 러너를 제작한다.

해설 **캐비테이션 방지대책**
- 흡출관의 높이를 너무 높게 하지 않는다.
- 수차의 비속도(특유속도)를 작게 한다.
- 러너의 표면이 매끄러워야 한다.
- 수차의 과도한 경부하, 과부하 운전을 하지 않는다.
- 침식에 강한 금속재료로 러너를 제작한다.

정답 | 01 ④   02 ④   03 ①

★★★
04 수차의 특유속도 N_s를 나타내는 계산식으로 옳은 것은? (단, 유효낙차 : H[m], 수차의 출력 : P[kW], 수차의 정격 회전수 N[rpm]이라 한다.)

① $N_s = \dfrac{NP^{\frac{1}{2}}}{H^{\frac{5}{4}}}$

② $N_s = \dfrac{H^{\frac{5}{4}}}{NP}$

③ $N_s = \dfrac{NP^{\frac{1}{4}}}{H^{\frac{5}{4}}}$

④ $N_s = \dfrac{NP^2}{H^{\frac{5}{4}}}$

해설 특유속도(N_s) 계산식 : $N_s = \dfrac{N\sqrt{P}}{H^{\frac{5}{4}}} = \dfrac{NP^{\frac{1}{2}}}{H^{\frac{5}{4}}}$ [rpm]

★☆☆
05 수차의 특유속도 크기를 바르게 나열한 것은?

① 펠턴 수차 < 카플란 수차 < 프란시스 수차
② 펠턴 수차 < 프란시스 수차 < 카플란 수차
③ 프란시스 수차 < 카플란 수차 < 펠턴 수차
④ 카플란 수차 < 펠턴 수차 < 프란시스 수차

해설 수차종류별 특유속도 : 펠턴 수차 < 프란시스 수차 < 카플란 수차

수차 종류	특유속도(비속도)의 한계
펠턴 수차	12~23
프란시스 수차	50~350
카플란, 프로펠러 수차	200~900

★☆☆
06 회전속도의 변화에 따라서 자동적으로 유량을 가감하는 것은?

① 예열기
② 급수기
③ 여자기
④ 조속기

해설 조속기 : 수차의 속도를 일정하게 유지하면서 출력을 가감하기 위해 수차의 입력인 유량을 조절하는 장치

★☆☆
07 조속기의 폐쇄시간이 짧을수록 나타나는 현상으로 옳은 것은?

① 수격작용은 작아진다.
② 발전기의 전압 상승률은 커진다.
③ 수차의 속도 변동률은 작아진다.
④ 수압관 내의 수압 상승률은 작아진다.

해설 조속기의 폐쇄시간이 짧을수록 수차의 최대속도(N_m)가 감소하여 속도변동률(δ)이 작아진다.

★☆☆
08 수차발전기가 난조를 일으키는 원인은?

① 수차의 조속기가 예민하다.
② 수차의 속도 변동률이 적다.
③ 발전기의 관성 모멘트가 크다.
④ 발전기의 자극에 제동권선이 있다.

해설 • 조속기가 너무 예민하면 난조 및 탈조발생이 우려됨
• 난조 방지대책 : 제동권선 설치

★★★
09 수차발전기에 제동권선을 설치하는 주된 목적은?

① 정지시간 단축　　　　　② 회전력의 증가
③ 과부하 내량의 증대　　　④ 발전기의 안정도 증진

해설 제동권선은 난조를 방지하는 주 대책으로서 발전기의 안정도 증진에 기여한다.

정답 | 07 ③　08 ①　09 ④

CHAPTER 02 화력발전

01 SECTION 화력발전 구성 및 열 사이클

1. 용어 및 단위 관계

① 엔탈피 : 물 또는 증기 1[kg]의 보유 열량[kcal/kg]

② 열의 일당량

    ㉠ 열의 단위를 일의 단위로 환산하기 위한 계수(단위 : [kg · m/kcal])

    ㉡ J(주울) : 열의 일당량=427[kg · m/kcal]

    ㉢ 1[kcal]의 열량은 427[kg · m]의 일로 바꿀 수 있음

③ 1[kWh]를 열량으로 환산

$$1[kWh] = 10^3[Wh] = 3,600 \times 10^3[W \cdot s] = 3.6 \times 10^6[J]$$

$$= \frac{3.6 \times 10^6}{4.186}[cal] = 860 \times 10^3[cal] = 860[kcal]$$

④ 압력의 단위 변환

    ㉠ $1[atm] = 760[mmHg] = 1.033[kgf/cm^2]$

    ㉡ 예시 : 증기압 $169[kgf/cm^2]$을 [atm] 단위로 변환하면

    $[atm] = \frac{169}{1.033} \times 1 = 163.6$

⑤ 비열 C[cal] : 물체 1[g]을 1[℃] 높이는 데 필요한 열량

⑥ 1[B.T.U]

    ㉠ 물체 1[p]을 1[°F](화씨) 높이는 데 필요한 열량

    ㉡ 1[B.T.U] → 252[cal]

2. 화력발전소 구성

(1) 구성도

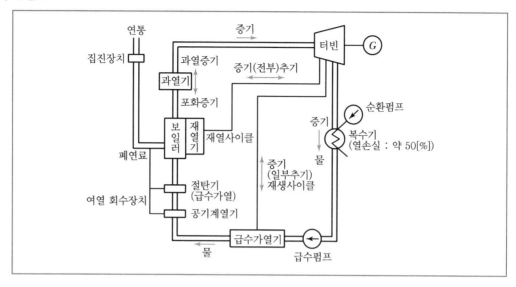

(2) 화력발전소 구성요소

① 기본 사이클 : 급수펌프 → 보일러 → 과열기 → 터빈 → 복수기 → 급수펌프

② 급수펌프

    ㉠ 급수를 보일러에 공급

    ㉡ 반드시 예비기가 필요한 설비

③ 공기예열기 : 연소용 공기 예열

④ 절탄기 : 보일러 급수를 예열함

⑤ 재열기 : 터빈에서 팽창한 증기를 다시 가열

⑥ 과열기

    ㉠ 보일러에서 발생한 포화증기를 가열하여 터빈에 과열증기를 공급하는 장치

    ㉡ 포화증기 → 과열증기

⑦ 복수기

    ㉠ 순환펌프(냉각수)를 이용하여 증기를 물로 바꿔주는 역할

    ㉡ 열 손실이 석탄열량의 약 50[%] 정도로 가장 큼

⑧ 탈기기

    ㉠ 급수 중에 함유되어 있는 산소 등을 분리 및 제거

    ㉡ 설치목적 : 산소에 의한 증기 계통, 급수 계통 등의 부식을 방지

3. 열(증기) 사이클

(1) 카르노 사이클

가장 효율이 좋은 이상적인 사이클

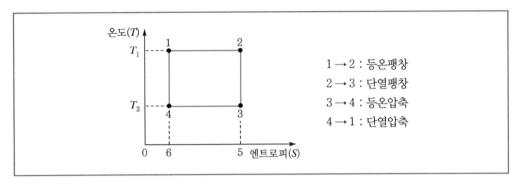

1 → 2 : 등온팽창
2 → 3 : 단열팽창
3 → 4 : 등온압축
4 → 1 : 단열압축

(2) 랭킨 사이클

증기를 작동 유체로 사용하는 가장 기본적인 사이클

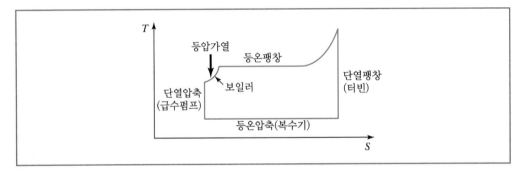

(3) 재생 사이클(급수가열기)

증기터빈에서 팽창 도중에 있는 증기를 일부 추기하여 급수가열에 이용한 열 사이클

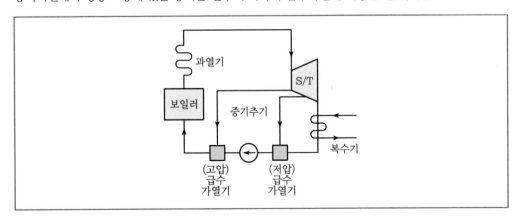

(4) 재열 사이클(재열기)

터빈 내에서 증기 전부를 추기하여 재열기로 보내서 다시 가열한 후 터빈으로 보냄

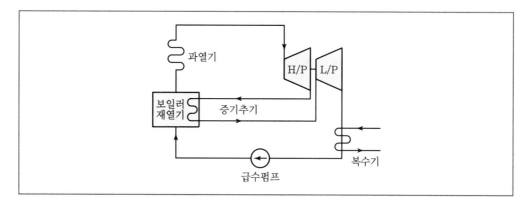

(5) 재생 · 재열 사이클

재생 사이클과 재열 사이클을 겸용하여 사이클의 효율을 향상시킴

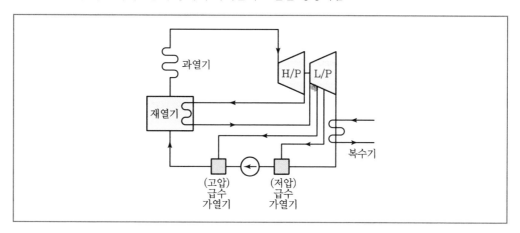

4. 화력발전의 열효율

① 화력발전소 열효율 $= \dfrac{\text{전력량을 열량으로 환산한 값}}{\text{연료의 보유열량}}$

② 계산식

$$\eta = \frac{860 \cdot W}{MH} \times 100 \, [\%]$$

- W : 발전 전력량[kWh]
- M : 연료 소비량[kg]
- H : 연료의 발열량[kcal/kg]

⚡ 과년도 기출 및 예상문제

★☆☆
01 1[kWh]를 열량으로 환산하면 약 몇 [kcal]인가?

① 80　　　　　　　　　　　　　　② 256
③ 539　　　　　　　　　　　　　④ 860

> 해설 $1[\text{kWh}] = 10^3[\text{Wh}] = 3,600 \times 10^3[\text{W} \cdot \text{s}] = 3.6 \times 10^6[\text{J}] = \dfrac{3.6 \times 10^6}{4.186}[\text{cal}] \fallingdotseq 860 \times 10^3[\text{cal}] = 860[\text{kcal}]$

★☆☆
02 어떤 화력발전소에서 과열기 출구의 증기압이 169[kg/cm²]이다. 이것은 약 몇 [atm]인가?

① 127.1　　　　　　　　　　　　② 163.6
③ 1,650　　　　　　　　　　　　④ 12,850

> 해설 • 압력의 단위 변환 : $1[\text{atm}] = 760[\text{mmHg}] = 1.033[\text{kgf/cm}^2]$
> 　　• $[\text{atm}] = \dfrac{169}{1.033} \times 1 = 163.6$

★★★
03 증기의 엔탈피의 정의로 옳은 것은?

① 증기 1[kg]의 잠열
② 증기 1[kg]의 현열
③ 증기 1[kg]의 보유 열량
④ 증기 1[kg]의 증발열을 그 온도로 나눈 것

> 해설 엔탈피 : 물 또는 증기 1[kg]의 보유 열량[kcal/kg]

정답 | 01 ④　02 ②　03 ③

★☆☆
04 화력발전소에서 증기 및 급수가 흐르는 순서는?

① 보일러 → 과열기 → 절탄기 → 터빈 → 복수기
② 보일러 → 절탄기 → 과열기 → 터빈 → 복수기
③ 절탄기 → 보일러 → 과열기 → 터빈 → 복수기
④ 절탄기 → 과열기 → 보일러 → 터빈 → 복수기

해설 증기 및 급수가 흐르는 순서 : 절탄기 → 보일러 → 과열기 → 터빈 → 복수기

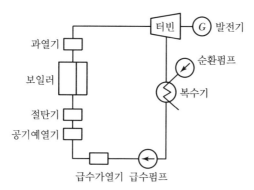

★★★
05 화력발전소의 기본 사이클의 순서가 옳은 것은?

① 급수펌프 → 보일러 → 과열기 → 터빈 → 복수기 → 급수펌프
② 과열기 → 보일러 → 복수기 → 터빈 → 급수펌프 → 축열기 → 과열기
③ 급수펌프 → 보일러 → 터빈 → 과열기 → 복수기 → 급수펌프
④ 보일러 → 급수펌프 → 과열기 → 복수기 → 급수펌프 → 보일러

해설 **화력발전소 기본 사이클**

급수펌프 → 보일러 → 과열기 → 터빈 → 복수기 → 급수펌프

★★☆
06 화력발전소에서 가장 큰 손실은?

① 소내용 동력   ② 송풍기 손실
③ 복수기에서의 손실   ④ 연도 배출가스 손실

해설 **복수기**
  • 순환펌프(냉각수)를 이용하여 증기를 물로 바꿔주는 역할을 한다.
  • 열 손실이 석탄 열량의 약 50[%] 정도로 가장 크다.

정답 | 04 ③ 05 ① 06 ③

★☆☆
07 기력발전소 내의 보조기 중 예비기를 가장 필요로 하는 것은?

① 미분탄 송입기　　　　　　　　② 급수펌프
③ 강제 통풍기　　　　　　　　　④ 급탄기

> **해설** • 급수펌프 고장은 발전소 정지 및 빈 드럼을 가열하여 중대한 사고를 유발시킨다.
> • 급수펌프는 예비기를 설치하여 고장 시 바로 자동 전환되는 시스템이 되어있어야 한다.

★☆☆
08 화력발전소에서 절탄기의 용도는?

① 보일러에 공급되는 급수를 예열한다.
② 포화증기를 과열한다.
③ 연소용 공기를 예열한다.
④ 석탄을 건조한다.

> **해설** • 절탄기 : 보일러 급수 예열
> • 과열기 : 포화증기 가열
> • 공기예열기 : 연소용 공기 예열
> • 재열기 : 터빈에서 팽창한 증기를 다시 가열

★☆☆
09 화력발전소에서 재열기의 사용 목적은?

① 증기를 가열한다.　　　　　　　② 공기를 가열한다.
③ 급수를 가열한다.　　　　　　　④ 석탄을 건조한다.

> **해설** • 절탄기 : 보일러 급수 예열
> • 과열기 : 포화증기 가열
> • 공기예열기 : 연소용 공기 예열
> • 재열기 : 터빈에서 팽창한 증기를 다시 가열

★☆☆
10 보일러 급수 중에 포함되어 있는 산소 등에 의한 보일러 배관의 부식을 방지할 목적으로 사용되는 장치는?

① 탈기기　　　　　　　　　　　② 공기예열기
③ 급수가열기　　　　　　　　　④ 수위 경보기

> **해설** • 탈기기 : 급수 중에 함유되어 있는 산소 등을 분리 및 제거함
> • 설치목적 : 산소에 의한 증기 계통, 급수 계통 등의 부식 방지

정답 | 07 ② 08 ① 09 ① 10 ①

★☆☆

11 보일러에서 흡수 열량이 가장 큰 것은?

① 수냉벽   ② 과열기
③ 절탄기   ④ 공기예열기

해설 수냉벽이 흡수 열량 40~50[%] 정도로 가장 크다.

★☆☆

12 보일러 급수 중의 염류 등이 굳어서 내벽에 부착되어 보일러 열전도와 물의 순환을 방해하며 내면의 수관벽을 과열시켜 파열을 일으키게 하는 원인이 되는 것은?

① 스케일   ② 부식
③ 포밍   ④ 캐리오버

해설 스케일
- 보일러 급수 중 알루미늄이나 나트륨 등의 염류가 굳어서 내벽에 부착되는 찌꺼기이다.
- 보일러 열전도와 물의 순환을 방해하고, 내면의 수관벽을 과열 및 파열을 일으킨다.

★☆☆

13 증기 사이클에 대한 설명 중 틀린 것은?

① 랭킨 사이클의 열효율은 초기 온도 및 초기 압력이 높을수록 효율이 크다.
② 재열 사이클은 저압 터빈에서 증기가 포화 상태에 가까워졌을 때 증기를 다시 가열하여 고압 터빈으로 보낸다.
③ 재생 사이클은 증기 원동기 내에서 증기의 팽창 도중에서 증기를 추출하여 급수를 예열한다.
④ 재생 · 재열 사이클은 재생사이클과 재열 사이클을 조합하여 병용하는 방식이다.

해설 재열 사이클는 증기 전부를 추기하여 재열기로 보내서 적정온도로 가열 후 저압 터빈으로 보낸다.

★★★

14 일반적으로 화력발전소에서 적용하고 있는 열 사이클 중 가장 열효율이 좋은 것은?

① 재생 사이클   ② 랭킨 사이클
③ 재열 사이클   ④ 재생 · 재열 사이클

해설 재생 · 재열 사이클 : 재생 사이클과 재열 사이클을 겸용하여 사이클의 효율을 향상시킨다(열 사이클 중 열효율이 가장 우수한 방식).

정답 | 11 ①   12 ①   13 ②   14 ④

★★☆

15 고압 · 고온을 채용한 기력발전소에서 채용되는 열 사이클로 그림과 같은 장치 선도의 열 사이클은?

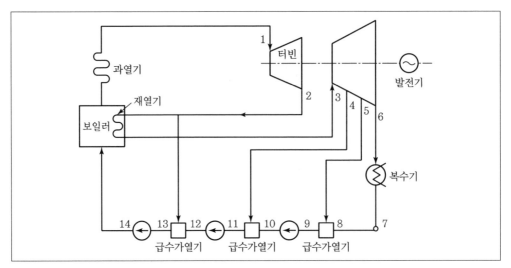

① 랭킨 사이클　　　　　　　　　　　② 재생 사이클

③ 재열 사이클　　　　　　　　　　　④ 재생 · 재열 사이클

> **해설** 재생 · 재열 사이클 : 재생 사이클과 재열 사이클을 겸용하여 사이클의 효율을 향상시킨다(열 사이클 중 열효율이 가장 우수한 방식).

★☆☆

16 기력발전소의 열 사이클 중 가장 기본적인 것으로 두 개의 등압변화와 두 개의 단열변화로 되는 열 사이클은?

① 재생 사이클　　　　　　　　　　　② 랭킨 사이클

③ 재열 사이클　　　　　　　　　　　④ 재생 · 재열 사이클

> **해설** **랭킨 사이클**
> - 기력발전소의 열 사이클 중 가장 기본적인 사이클
> - 두 개의 등압변화와 두 개의 단열변화로 이루어진다.

정답	15 ④　　16 ②

★★★
17 그림과 같은 열 사이클은?

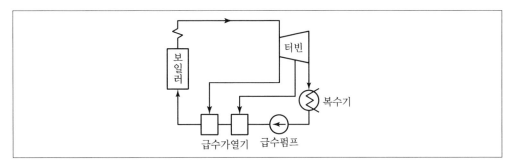

① 재생 사이클
② 재열 사이클
③ 카르노 사이클
④ 재생 · 재열 사이클

> **해설** 재생 사이클 : 팽창 도중에 있는 증기를 일부 추기하여 급수가열에 이용한 열 사이클

★☆☆
18 증기압, 증기 온도 및 진공도가 일정할 때에 추기할 때는 추기하지 않을 때보다 단위 발전량당 증기 소비량과 연료 소비량은 어떻게 변화하는가?

① 증기 소비량, 연료 소비량은 다 감소한다.
② 증기 소비량은 증가하고 연료 소비량은 감소한다.
③ 증기 소비량은 감소하고 연료 소비량은 증가한다.
④ 증기 소비량, 연료 소비량은 다 증가한다.

> **해설** 터빈에서 팽창 도중에 있는 일부 증기를 추출(추기)하여 급수가열에 이용하면 회수되는 열량이 크므로 연료 소비량은 감소하고, 증기 소비량이 증가하여 발전효율이 향상된다.

★★★
19 5,700[kcal/kg]의 석탄을 150[ton] 소비해서 200,000[kWh]를 발전하였을 때, 발전소의 효율은 약 몇 [%]인가?

① 12
② 16
③ 20
④ 24

> **해설** 열효율 $\eta = \dfrac{860 \cdot W}{MH} \times 100 = \dfrac{860 \times 200,000}{150 \times 10^3 \times 5,700} \times 100 \fallingdotseq 20\,[\%]$

정답 | 17 ① 18 ② 19 ③

★☆☆
20 화력발전소에서 석탄 1[kg]으로 발생할 수 있는 전력량은 약 몇 [kWh]인가? (단, 석탄의 발열량은 5,000[kcal/kg], 발전소의 효율은 40[%]이다.)

① 2.0   ② 2.3
③ 4.7   ④ 5.8

해설 열효율 $\eta = \dfrac{860 \cdot W}{MH} \times 100[\%]$의 식에서,

전력량 $W = \dfrac{MH\eta}{860 \times 100} = \dfrac{1 \times 5,000 \times 40}{860 \times 100} = 2.33[kWh]$

★★★
21 열효율 35[%]의 화력발전소에서 발열량 6,000[kcal/kg]의 석탄을 이용한다면 1[kWh]를 발전하는 데 필요한 석탄량은 약 몇 [kg]인가?

① 0.41   ② 0.82
③ 1.23   ④ 2.42

해설 열효율 $\eta = \dfrac{860 \cdot W}{MH} \times 100[\%]$의 식에서,

석탄량 $M = \dfrac{860 \cdot W}{\eta H} \times 100 = \dfrac{860 \times 1}{35 \times 6,000} \times 100 = 0.41[kg]$

정답 20 ② 21 ①

CHAPTER 03 원자력발전

01 SECTION 원자력발전의 원리 및 원자로 구성

1. 원자력발전 원리

① 핵분열 : 우라늄-235가 중성자를 흡수 → 원자핵이 2개로 분열
② 열에너지 및 핵분열 생성물, 중성자 발생
③ 열에너지에 의한 증기로 터빈을 운전하여 발전

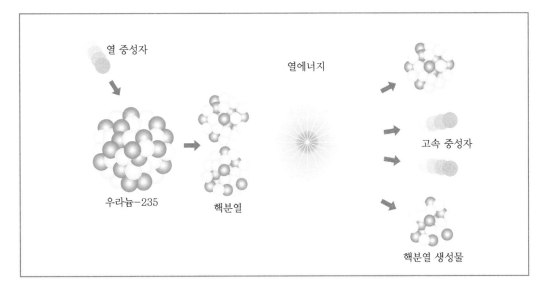

2. 원자로 구성

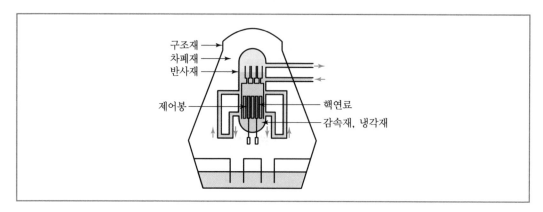

(1) 원자로(경수형)

① 가압수형 원자로(PWR)

ㄱ 압력을 가하여 온도를 높인 후 열 교환기로 열만 방출하고, 이 열로 증기를 만들어 터빈을 돌리는 방식

ㄴ 연료 : 농축우라늄

ㄷ 감속재 : 경수

ㄹ 냉각재 : 경수

② 비등수형 원자로(BWR)

ㄱ 원자로에서 물을 직접 끓인 후, 이때 발생된 증기로 터빈을 돌리는 방식

ㄴ 연료 : 농축우라늄

ㄷ 감속재 : 경수

ㄹ 냉각재 : 경수

(2) 핵연료

① 종류

ㄱ 천연 우라늄 → 감속재 : 중수 사용

ㄴ 농축우라늄 → 감속재 : 경수 사용

② 핵연료의 요건

ㄱ 핵분열성 물질의 원자밀도가 높을 것

ㄴ 열전도율이 높을 것

ㄷ 고온 및 방사선에서 화학적으로 안정될 것

ㄹ 융점이 높을 것

ㅁ 부식에 강할 것

(3) 차폐재

① 방사능이 외부로 유출되어 인체에 위험을 주는 것을 방지한다.

② 재료의 종류 : 밀도가 높은 물질을 사용(물, 콘크리트, 납 등)

(4) 제어재(제어봉)

① 원자로 내에서 중성자를 흡수하여 중성자의 수를 제한함(핵분열 연쇄반응 제어)

② 재료의 종류 : 카드뮴, 붕소, 하프늄 등

③ 구비조건

　　㉠ 중성자의 흡수 단면적이 클 것

　　㉡ 내식성이 크고, 기계적 가공이 수월할 것

　　㉢ 열과 방사선에 안정적일 것

　　㉣ 효과가 장시간 지속될 것

④ 독작용

　　㉠ 원인 : 중성자수가 과하게 감소

　　㉡ 영향

　　　• 열중성자 이용률 저하

　　　• 반응도 감소 및 출력 저하

(5) 반사재

① 원자로 밖으로 나오려는 중성자를 반사시켜 노 내로 다시 되돌려 보내는 역할을 한다.

② 재료의 종류 : 경수, 중수, 흑연, 산화베릴륨

(6) 감속재

① 고속중성자를 속도가 느린 열중성자로 만든다.

② 재료의 종류 : 경수, 중수, 흑연, 산화베릴륨 등

③ 구비조건

　　㉠ 원자의 질량, 원자량이 적을 것

　　　→ 가벼운 원자핵일수록 효과가 크므로, 원자량이 적은 원소가 유리하다.

　　㉡ 감속 능력 및 감속비가 클 것

　　㉢ 중성자와의 충돌 확률이 높을 것

　　㉣ 중성자 흡수 단면적이 적을 것

④ 감속재 온도계수 : 감속재의 온도 1[℃] 변화에 대한 반응도의 변화

(7) 냉각재

① 원자로에서 발생된 열에너지를 외부로 배출(일정한 온도 유지)

② 재료의 종류 : 경수, 중수, 헬륨, 이산화탄소, 나트륨 등

③ 구비조건

　　㉠ 열전도율 및 열전달 계수가 클 것

　　㉡ 열용량이 클 것

　　㉢ 중성자 흡수 단면적이 적을 것

　　㉣ 비등점이 높을 것

　　㉤ 방사능을 띄기 어려울 것

⚡ 과년도 기출 및 예상문제

★☆☆

01 원자력발전소와 화력발전소의 특성을 비교한 것 중 틀린 것은?

① 원자력발전소는 화력발전소의 보일러 대신 원자로와 열교환기를 사용한다.
② 원자력발전소의 건설비는 화력발전소에 비해 싸다.
③ 동일 출력일 경우 원자력발전소의 터빈이나 복수기가 화력발전소에 비해 대형이다.
④ 원자력발전소는 방사능에 대한 차폐 시설물의 투자가 필요하다.

해설 원자력발전소는 단위 출력 당 건설비가 화력발전소에 비해 비싸다.

★☆☆

02 다음 ㉠, ㉡, ㉢에 들어갈 내용으로 옳은 것은?

> 원자력이란 일반적으로 무거운 원자핵이 핵분열하여 가벼운 핵으로 바뀌면서 발생하는 핵분열 에너지를 이용하는 것이고, (㉠)발전은 가벼운 원자핵을(과) (㉡)하여 무거운 핵으로 바뀌면서 (㉢) 전후의 질량결손에 해당하는 방출 에너지를 이용하는 방식이다.

① ㉠ 원자핵융합, ㉡ 융합, ㉢ 결합
② ㉠ 핵결합, ㉡ 반응, ㉢ 융합
③ ㉠ 핵융합, ㉡ 융합, ㉢ 핵반응
④ ㉠ 핵반응, ㉡ 반응, ㉢ 결합

해설 **원자력발전의 원리**
- 이용되는 에너지 : 핵분열 에너지, 핵융합 에너지
- 핵분열 에너지 : 무거운 원자핵이 핵분열하여 가벼운 핵으로 바뀌면서 발생하는 에너지
- 핵융합 에너지 : 가벼운 원자핵을 융합하여 무거운 핵으로 바뀌면서 핵반응 전후의 질량결손에 해당하는 방출 에너지

★★★

03 다음 중 핵연료의 특성으로 적합하지 않은 것은?

① 높은 융점을 가져야 한다.
② 낮은 열전도율을 가져야 한다.
③ 부식에 강해야 한다.
④ 방사선에 안정하여야 한다.

해설 **핵연료의 요건**
- 핵분열성 물질의 원자밀도가 높을 것
- 열전도율이 높을 것
- 고온 및 방사선에서 화학적으로 안정될 것
- 융점이 높고 부식에 강할 것

정답 | 01 ② 02 ③ 03 ②

★☆☆
04 원자력발전소에서 비등수형 원자로에 대한 설명으로 틀린 것은?

① 연료로 농축우라늄을 사용한다.
② 냉각재로 경수를 사용한다.
③ 물을 원자로 내에서 직접 비등시킨다.
④ 가압수형 원자로에 비해 노심의 출력밀도가 높다.

해설 가압수형 원자로에 비해 노심의 출력밀도가 낮기 때문에 비등수형 원자로(BWR)의 노심 및 압력 용기가 크다.

★☆☆
05 비등수형 원자로의 특색이 아닌 것은?

① 열교환기가 필요하다.
② 기포에 의한 자기 제어성이 있다.
③ 방사능 때문에 증기는 완전히 기수분리를 해야 한다.
④ 순환펌프로서는 급수펌프뿐이므로 펌프동력이 작다.

해설 비등수형 원자로(BWR)는 증기 발생기 및 열교환기가 불필요하다.

★★☆
06 원자력발전소에서 비등수형 원자로에 대한 설명으로 틀린 것은?

① 연료로 농축우라늄을 사용한다.
② 감속재로 헬륨 액체금속을 사용한다.
③ 냉각재로 경수를 사용한다.
④ 물을 원자로 내에서 직접 비등시킨다.

해설 **비등수형 원자로**
- 연료 : 농축우라늄
- 감속재 : 경수
- 냉각재 : 경수

★☆☆
07 다음 중 경수감속 냉가형 원자로에 속하는 것은?

① 고속증식로   ② 열중성자로
③ 비등수형 원자로   ④ 흑연감속 가스 냉각로

해설 경수감속 냉각형 : 가압수형 원사로(PWR), 비등수형 원자로(BWR)

정답 | 04 ④   05 ①   06 ②   07 ③

★★★
08 PWR(Pressurized Water Reactor)형 발전용 원자로에서 감속재, 냉각재 및 반사체로서의 구실을 겸하여 주로 사용되고 있는 것은?

① 경수(H_2O)
② 중수(D_2O)
③ 흑연
④ 액체금속(Na)

> 해설 **가압수형 원자로(PWR)**
> • 연료 : 농축우라늄
> • 감속재 : 경수
> • 냉각재 : 경수

★☆☆
09 원자로에서 중성자가 원자로 외부로 유출되어 인체에 위험을 주는 것을 방지하고 방열의 효과를 주기 위한 것은?

① 제어재
② 차폐재
③ 반사체
④ 구조재

> 해설 차폐재는 방사능이 외부로 유출되어 인체에 위험을 주는 것을 방지시킨다.

★★☆
10 원자로에서 핵분열로 발생한 고속중성자를 열중성자로 바꾸는 작용을 하는 것은?

① 제어재
② 냉각재
③ 감속재
④ 반사체

> 해설 감속재는 고속중성자를 속도가 느린 열중성자로 만든다.

★☆☆
11 원자로의 감속재에 대한 설명으로 틀린 것은?

① 감속 능력이 클 것
② 원자 질량이 클 것
③ 사용 재료로 경수를 사용
④ 고속 중성자를 열중성자로 바꾸는 작용

> 해설 감속재는 원자의 질량 및 원자량이 작아야 한다.
> → 가벼운 원자핵 일수록 효과가 크므로, 원자량이 적은 원소가 유리하다.

정답 | 08 ① 09 ② 10 ③ 11 ②

★★★
12 원자력발전소에 이용되는 감속재에 대한 설명으로 옳지 않은 것은?

① 중성자 흡수 면적이 클 것　　　　② 감속비가 클 것
③ 감속능이 클 것　　　　　　　　　④ 경수, 중수, 흑연 등이 사용됨

해설 감속재는 중성자 흡수 단면적이 작아야 한다.

★☆☆
13 감속재의 온도계수란?

① 감속재의 시간에 대한 온도 상승률
② 반응에 아무런 영향을 주지 않는 계수
③ 감속재의 온도 1[℃] 변화에 대한 반응도의 변화
④ 열중성자로에서 양(+)의 값을 갖는 계수

해설 감속재의 온도계수 : 감속재의 온도 1[℃] 변화에 대한 반응도의 변화

★☆☆
14 원자로의 감속재로 사용하기에 적당하지 않은 것은?

① 중수　　　　　　　　　　　　　② 경수
③ 흑연　　　　　　　　　　　　　④ 납

해설 감속재 재료 : 경수, 중수, 흑연, 산화베릴륨 등

★★☆
15 원자로 내에서 발생한 열에너지를 외부로 끄집어내기 위한 열매체를 무엇이라고 하는가?

① 반사체　　　　　　　　　　　　② 감속재
③ 냉각재　　　　　　　　　　　　④ 제어봉

해설 냉각재는 원자로의 온도를 일정하게 유지시키기 위해 원자로에서 발생된 열에너지를 외부로 배출시킨다.

정답　12 ①　13 ③　14 ④　15 ③

★☆☆
16 원자로의 냉각재가 갖추어야 할 조건이 아닌 것은?

① 열용량이 적을 것
② 중성자의 흡수가 적을 것
③ 열전도율 및 열전달 계수가 클 것
④ 방사능을 띄기 어려울 것

해설 **냉각재 구비조건**
• 열전도율 및 열전달 계수가 클 것
• 열용량이 클 것
• 중성자 흡수 단면적이 적을 것
• 비등점이 높을 것
• 방사능을 띄기 어려울 것

★★★
17 원자로에서 카드뮴 봉(rod)에 대한 설명으로 옳은 것은?

① 생체차폐를 한다.
② 냉각제로 사용된다.
③ 감속재로 사용된다.
④ 핵분열 연쇄반응을 제어한다.

해설 제어재(제어봉, 카드뮴봉) : 원자로 내에서 중성자를 흡수하여 중성자의 수를 제한한다.

★☆☆
18 원자로에서 카드뮴(Cd) 막대가 하는 일을 옳게 설명한 것은?

① 원자로 내에 중성자를 공급한다.
② 원자로 내에 중성자 운동을 느리게 한다.
③ 원자로 내의 핵분열을 일으킨다.
④ 원자로 내에 중성자 수를 감소시켜 핵분열의 연쇄반응을 제어한다.

해설 제어재(제어봉, 카드뮴 봉) : 원자로 내에서 중성자를 흡수하여 중성자의 수를 제한한다.

★★☆
19 다음 중 원자로 내의 중성자 수를 적당하게 유지하기 위해 사용되는 제어봉의 재료로 알맞은 것은?

① 나트륨
② 베릴륨
③ 카드뮴
④ 경수

해설 제어재(제어봉) 재료 : 카드뮴, 붕소, 하프늄 등

정답 | 16 ① 17 ④ 18 ④ 19 ③

★☆☆

20 원자로의 제어재가 구비하여야 할 조건으로 옳지 않은 것은?

① 중성자의 흡수 단면적이 적어야 한다.
② 높은 중성자 속에서 장시간 그 효과를 간직하여야 한다.
③ 내식성이 크고, 기계적 가공이 쉬워야 한다.
④ 열과 방사선에 안정적이어야 한다.

> **해설** **제어재(제어봉) 구비조건**
> • 중성자의 흡수 단면적이 클 것
> • 내식성이 크고, 기계적 가공이 수월할 것
> • 열과 방사선에 안정적일 것
> • 효과가 장시간 지속될 것

★★★

21 원자로에서 독작용을 올바르게 설명한 것은?

① 열중성자가 독성을 받는 것을 말한다.
② 방사성 물질이 생체에 유해작용을 하는 것을 말한다.
③ 열중성자 이용률이 저하되고 반응도가 감소되는 작용을 말한다.
④ 54Xe135와 62Sm149가 인체에 독성을 주는 작용을 말한다.

> **해설** 원자로에서 독작용은 중성자 수가 과하게 감소되면서 열중성자가 이용률이 저하, 반응도가 감소되는 현상이다(출력 저하).

과년도 기출문제

전기기사 핵심완성 시리즈 - 2. 전력공학

CRAFTSMAN
ELECTRICITY

※ 2022년 2회 이후 CBT로 출제된 기출문제는 개정된 출제기준과
　해당 회차의 기출 키워드 등을 분석하여 복원하였습니다.

CHAPTER

01

2020년 제1·2회 과년도 기출문제

01 중성점 직접접지방식의 발전기가 있다. 1선 지락 사고 시 지락전류는? (단, Z_1, Z_2, Z_0는 각각 정상, 역상, 영상 임피던스이며, E_a는 지락된 상의 무부하 기전력이다.)

① $\dfrac{E_a}{Z_0 + Z_1 + Z_2}$

② $\dfrac{Z_1 E_a}{Z_0 + Z_1 + Z_2}$

③ $\dfrac{3E_a}{Z_0 + Z_1 + Z_2}$

④ $\dfrac{Z_0 E_a}{Z_0 + Z_1 + Z_2}$

해설 지락전류 $I_g = 3I_0 = \dfrac{3E_a}{Z_0 + Z_1 + Z_2}$ [A]

02 다음 중 송전계통의 절연협조에 있어서 절연레벨이 가장 낮은 기기는?

① 피뢰기

② 단로기

③ 변압기

④ 차단기

해설 절연협조의 기본은 피뢰기 제한전압이며 절연레벨이 가장 낮다.

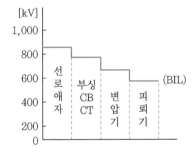

03 화력발전소에서 절탄기의 용도는?

① 보일러에 공급되는 급수를 예열한다.　② 포화증기를 과열한다.
③ 연소용 공기를 예열한다.　　　　　　④ 석탄을 건조한다.

> **해설** • 절탄기 : 보일러 급수 예열
> • 과열기 : 포화증기 가열
> • 공기예열기 : 연소용 공기 예열

04 3상 배전선로의 말단에 역률 60[%](늦음), 60[kW]의 평형 3상 부하가 있다. 부하점에 부하와 병렬로 전력용 콘덴서를 접속하여 선로손실을 최소로 하고자 할 때 콘덴서 용량[kVA]은? (단, 부하단의 전압은 일정하다.)

① 40　　　　　　　　　　　　　　② 60
③ 80　　　　　　　　　　　　　　④ 100

> **해설** • 3상 배전선로 전력손실 표현식 : $P_\ell = 3I^2 R = 3\left(\dfrac{P}{\sqrt{3}\,V\cos\theta}\right)^2 R = \dfrac{P^2 R}{V^2 \cos^2\theta}$ [W]
>
> • $P_\ell \propto \dfrac{1}{\cos^2\theta}$ 의 관계에서, 선로손실(P_ℓ)을 최소화하기 위해서는 역률 $\cos = 1$이 되어야 한다.
>
> • $\cos = 1$이 되기 위해서는 지상 무효전력 전체를 보상해야 하므로,
> $Q_c = P \times \dfrac{\sin\theta}{\cos\theta} = 60 \times \dfrac{0.8}{0.6} = 80[\text{kVA}]$

05 송배전 선로에서 선택지락계전기(SGR)의 용도는?

① 다회선에서 접지 고장 회선의 선택
② 단일회선에서 접지 전류의 대소 선택
③ 단일회선에서 접지 전류의 방향 선택
④ 단일회선에서 접지 사고의 지속 시간 선택

> **해설** 선택지락계전기(SGR) : 병행2회선 또는 다회선 선로에서 1회선에 지락사고 발생 시 고장회선을 검출하여 선택 차단할 수 있는 보호계전 장치

06 정격전압 7.2[kV], 정격차단용량 100[MVA]인 3상 차단기의 정격 차단전류는 약 몇 [kA]인가?

① 4　　　　　　　　　　　　　　② 6
③ 7　　　　　　　　　　　　　　④ 8

> **해설** 정격 차단용량 $P_s = \sqrt{3} \times V_n \times I_s$ [MVA]의 식에서,
> 정격차단전류 $I_s = \dfrac{P_s}{\sqrt{3} \times V_n} = \dfrac{100}{\sqrt{3} \times 7.2} = 8.01[\text{kA}]$

정답 | 03 ① 04 ③ 05 ① 06 ④

07 고장 즉시 동작하는 특성을 갖는 계전기는?

① 순시 계전기

② 정한시 계전기

③ 반한시 계전기

④ 반한시성 정한시 계전기

해설 순시 계전기 : 최소 동작전류 이상의 전류가 흐르면 즉시 동작하는 계전기

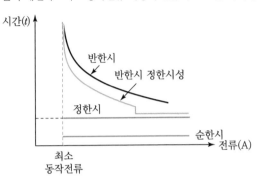

08 30,000[kW]의 전력을 51[km] 떨어진 지점에 송전하는 데 필요한 전압은 약 몇 [kV]인가? (단, Still 의 식에 의하여 산정한다.)

① 22

② 33

③ 66

④ 100

해설 • Still의 경제적인 송전전압 계산식

$$E_o = 5.5\sqrt{0.6 \times L + \frac{P}{100}}\,[\text{kV}]$$

      – L : 송전거리[km]

      – P : 송전전력[kW]

• 송전전압(E_o) 계산

$$E_o = 5.5\sqrt{0.6 \times 51 + \frac{30,000}{100}} \fallingdotseq 100[\text{kV}]$$

09 댐의 부속설비가 아닌 것은?

① 수로

② 수조

③ 취수구

④ 흡출관

해설 흡출관 : 반동수차의 출구부터 방수로 수면까지 연결하는 관을 말하며, 낙차를 유효하게 늘리기 위해 사용하는 장치

정답   07 ①   08 ④   09 ④

10 3상 3선식에서 전선 한 가닥에 흐르는 전류는 단상 2선식의 경우의 몇 배가 되는가? (단, 송전전력, 부하역률, 송전거리, 전력손실 및 선간전압은 같다.)

① $\dfrac{1}{\sqrt{3}}$ ② $\dfrac{2}{3}$

③ $\dfrac{3}{4}$ ④ $\dfrac{4}{9}$

해설 · 단상 2선식의 송전전력 : $P_1 = V_1 I_1 \cos\theta_1 [\text{W}]$
 · 3상 3선식의 송전전력 : $P_3 = \sqrt{3}\, V_3 I_3 \cos\theta_3 [\text{W}]$
 · 송전전력, 부하역률, 선간전압이 같은 조건이므로,
  $V_1 I_1 \cos\theta_1 = \sqrt{3}\, V_3 I_3 \cos\theta_3 \rightarrow I_1 = \sqrt{3}\, I_3$
  $\therefore I_3 = \dfrac{1}{\sqrt{3}} I_1$

11 사고, 정전 등의 중대한 영향을 받는 지역에서 정전과 동시에 자동적으로 예비전원용 배전선로로 전환하는 장치는?

① 차단기
② 리클로저(Recloser)
③ 섹셔널라이저(Sectionalizer)
④ 자동부하 전환 개폐기(Auto Load Transfer Switch)

해설 자동부하 전환 개폐기(ALTS) : 상용전원 정전 시 자동으로 예비전원으로 전환 가능한 개폐장치

12 전선의 표피효과에 대한 설명으로 알맞은 것은?

① 전선이 굵을수록, 주파수가 높을수록 커진다.
② 전선이 굵을수록, 주파수가 낮을수록 커진다.
③ 전선이 가늘수록, 주파수가 높을수록 커진다.
④ 전선이 가늘수록, 주파수가 낮을수록 커진다.

해설 · 표피효과는 침투깊이(δ)가 작을수록 증가한다.
 · 침투깊이(δ) 표현식 : $\delta = \sqrt{\dfrac{2}{\omega k \mu}} = \sqrt{\dfrac{1}{\pi f k \mu}}$
 · 전선의 굵기가 굵고, 주파수(f) 및 도전율(k), 투자율(μ)이 클수록 표피효과는 증가한다.

정답 | 10 ① 11 ④ 12 ①

13 일반회로정수가 같은 평행 2회선에서 A, B, C, D는 각각 1회선의 경우의 몇 배로 되는가?

① A : 2배, B : 2배, C : $\frac{1}{2}$ 배, D : 1배

② A : 1배, B : 2배, C : $\frac{1}{2}$ 배, D : 1배

③ A : 1배, B : $\frac{1}{2}$ 배, C : 2배, D : 1배

④ A : 1배, B : $\frac{1}{2}$ 배, C : 2배, D : 2배

해설 평형 2회선의 경우 1회선에 비해 전압비(A)와 전류비(D)는 변하지 않고, 병렬회로가 구성되므로 임피던스 (B)는 $\frac{1}{2}$ 배, 어드미턴스(C)는 2배가 된다.

14 변전소에서 비접지 선로의 접지보호용으로 사용되는 계전기에 영상전류를 공급하는 것은?

① CT
② GPT
③ ZCT
④ PT

해설 GPT는 영상 전압을 공급하며 영상전류는 ZCT가 공급한다.

15 단로기에 대한 설명으로 틀린 것은?

① 소호장치가 있어 아크를 소멸시킨다.
② 무부하 및 여자전류의 개폐에 사용된다.
③ 사용회로수에 의해 분류하면 단투형과 쌍투형이 있다.
④ 회로의 분리 또는 계통의 접속 변경 시 사용한다.

해설 단로기는 소호장치가 없어서 아크를 소멸시키는 소호능력이 없다.

16 4단자 정수 $A = 0.9918 + j0.0042$, $B = 34.17 + j50.38$, $C = (-0.006 + j3.247) \times 10^{-4}$인 송전선로의 송전단에 66[kV]를 인가하고 수전단을 개방하였을 때 수전단 선간전압은 약 몇 [kV]인가?

① $\frac{66.55}{\sqrt{3}}$
② 62.5

③ $\frac{62.5}{\sqrt{3}}$
④ 66.55

해설 • 송전단 전압 기본 방정식 : $E_S = AE_R + BI_R$
• 무부하 시 $I_R = 0$이므로, $E_S = AE_R$
• 수전단 전압 $E_R = \frac{E_S}{A} = \frac{66}{(0.9918 + j0.0042)} = 66.55[\text{kV}]$

정답 | 13 ③ 14 ③ 15 ① 16 ④

17 증기터빈 출력을 $P[\text{kW}]$, 증기량을 $W[\text{t/h}]$, 초압 및 배기의 증기 엔탈피를 각각 i_0, $i_1[\text{kcal/kg}]$이라 하면 터빈의 효율 $\eta_T[\%]$는?

① $\dfrac{860P \times 10^3}{W(i_0 - i_1)} \times 100$

② $\dfrac{860P \times 10^3}{W(i_1 - i_0)} \times 100$

③ $\dfrac{860P}{W(i_0 - i_1) \times 10^3} \times 100$

④ $\dfrac{860P}{W(i_1 - i_0) \times 10^3} \times 100$

> **해설**
> - 입력열량 $= W \times 10^3 \times (i_0 - i_1)\,[\text{kcal}]$
> - 출력열량 $= P \times 860\,[\text{kcal}]$ $(\because 1[\text{kWh}] = 860[\text{kcal}])$
> - 터빈효율 $\eta_T = \dfrac{\text{출력열량}}{\text{입력열량}} \times 100 = \dfrac{860P}{W(i_0 - i_1) \times 10^3} \times 100\,[\%]$

18 송전선로에서 가공지선을 설치하는 목적이 아닌 것은?

① 뇌(雷)의 직격을 받을 경우 송전선 보호
② 유도뢰에 의한 송전선의 고전위 방지
③ 통신선에 대한 전자유도장해 경감
④ 철탑의 접지저항 경감

> **해설** 철탑의 접지저항 경감을 위해서는 매설지선을 설치한다.

19 수전단의 전력원 방정식이 $P_r^2 + (Q_r + 400)^2 = 250{,}000$으로 표현되는 전력계통에서 조상설비 없이 전압을 일정하게 유지하면서 공급할 수 있는 부하전력은? (단, 부하는 무유도성이다.)

① 200
② 250
③ 300
④ 350

> **해설**
> - 전력 방정식 $P_r^2 + (Q_r + 400)^2 = 250{,}000$의 조건에서, 조상설비가 없으므로 $Q_r = 0$
> - 전압을 일정하게 유지한다는 조건은 피상전력이 일정하다는 의미이므로 $P_r^2 + 400^2 = 250{,}000$이 되며, 이때의 $P_r = 300$이 된다.

20 전력설비의 수용률을 나타낸 것은?

① 수용률 $= \dfrac{\text{평균전력}[\text{kW}]}{\text{부하설비용량}[\text{kW}]} \times 100\,[\%]$

② 수용률 $= \dfrac{\text{부하설비용량}[\text{kW}]}{\text{평균전력}[\text{kW}]} \times 100\,[\%]$

③ 수용률 $= \dfrac{\text{최대수용전력}[\text{kW}]}{\text{부하설비용량}[\text{kW}]} \times 100\,[\%]$

④ 수용률 $= \dfrac{\text{부하설비용량}[\text{kW}]}{\text{최대수용전력}[\text{kW}]} \times 100\,[\%]$

> **해설** 수용률은 수용장소에 설비된 모든 부하설비용량의 합에 대한 실제 사용되고 있는 최대수용전력과의 비율로 표현된다.

정답 | 17 ③ 18 ④ 19 ③ 20 ③

01 3상 전원에 접속된 Δ결선의 커패시터를 Y결선으로 바꾸면 진상 용량 Q_Y[kVA]는? (단, Q_Δ는 Δ결선된 커패시터의 진상 용량이고, Q_Y는 Y결선된 커패시터의 진상 용량이다.)

① $Q_Y = \sqrt{3}\, Q_\Delta$

② $Q_Y = \dfrac{1}{3} Q_\Delta$

③ $Q_Y = 3 Q_\Delta$

④ $Q_Y = \dfrac{1}{\sqrt{3}} Q_\Delta$

해설 Δ결선과 Y결선 시 진상용량 : $Q_\Delta = 3\omega C V^2$, $Q_Y = 3\omega C\left(\dfrac{V}{\sqrt{3}}\right)^2 = \omega C V^2$

$\therefore Q_Y = \dfrac{1}{3} Q_\Delta$

02 교류 배전선로에서 전압강하 계산식은 $V_d = k(R\cos\theta + X\sin\theta)I$로 표현된다. 3상 3선식 배전선로인 경우에 k는?

① $\sqrt{3}$

② $\sqrt{2}$

③ 3

④ 2

해설 3상 3선식의 전기방식계수 $k = \sqrt{3}$ 이므로,

전압강하 $e = \sqrt{3}\,I(R \cdot \cos\theta + X\cdot\sin\theta) = \dfrac{P}{V}(R + X \cdot \tan\theta)\,[\text{V}]$의 식이 된다.

03 송전선에서 뇌격에 대한 차폐 등을 위해 가선하는 가공지선에 대한 설명으로 옳은 것은?

① 차폐각은 보통 15~30[°]정도로 하고 있다.
② 차폐각이 클수록 벼락에 대한 차폐효과가 크다.
③ 가공지선을 2선으로 하면 차폐각이 작아진다.
④ 가공지선으로는 연동선을 주로 사용한다.

해설 **가공지선의 특징**
• 국내의 경우 일반적으로 차폐각을 45[°] 이하가 되도록 설계한다.
• 차폐각이 적을수록 보호효율(차폐효율)은 상승하지만, 건설비가 비싸다.
• 가공지선을 2가닥으로 하면 차폐각이 작아진다.
• 가공지선은 ACSR, 아연도금 강연선, 경동선, 광섬유 복합선을 사용한다.

정답 | 01 ② 02 ① 03 ③

04 배전선의 전력손실 경감 대책이 아닌 것은?

① 다중접지방식을 채용한다.　　　② 역률을 개선한다.

③ 배전 전압을 높인다.　　　　　④ 부하의 불평형을 방지한다.

> **해설** **전력손실 경감 대책**
> - 전력용 콘덴서 설치(역률 개선)
> - 배전전압(V) 승압
> - 배전길이(ℓ) 단축
> - 전선 단면적(A) 증가
> - 불평형부하 개선
> - 단위기기(변압기) 용량(P) 감소

05 그림과 같은 이상 변압기에서 2차 측에 5[Ω]의 저항부하를 연결하였을 때 1차 측에 흐르는 전류[I]는 약 몇 [A]인가?

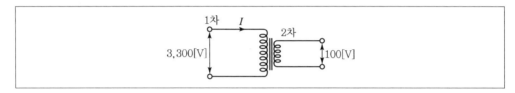

① 0.6　　　　　　　　　　② 1.8

③ 20　　　　　　　　　　④ 660

> **해설**
> - 2차전류 $I_2 = \dfrac{V_2}{R} = \dfrac{100}{5} = 20[\mathrm{A}]$
> - 권수비 $a = \dfrac{V_1}{V_2} = \dfrac{3,300}{100} = 33$
> - 권수비 $a = \dfrac{I_2}{I_1}$ 의 관계에서, $I_1 = \dfrac{I_2}{a} = \dfrac{20}{33} = 0.6[\mathrm{A}]$

06 전압과 유효전력이 일정할 경우 부하 역률이 70[%]인 선로에서의 저항손실($P_{70\%}$)은 역률이 90[%]인 선로에서의 저항손실($P_{90\%}$)과 비교하면 약 얼마인가?

① $P_{70\%} = 0.6 P_{90\%}$　　　　② $P_{70\%} = 1.7 P_{90\%}$

③ $P_{70\%} = 0.3 P_{90\%}$　　　　④ $P_{70\%} = 2.7 P_{90\%}$

정답 | 04 ① 05 ① 06 ②

해설 • 전력손실 $P_\ell = \dfrac{P^2 R}{V^2 \cdot \cos^2\theta}$ [W]의 식에서, $P_\ell \propto \dfrac{1}{\cos^2\theta}$ 의 관계가 성립한다.

- 저항 손실비 $\dfrac{P_{70\%}}{P_{90\%}} = \dfrac{\dfrac{1}{0.7^2}}{\dfrac{1}{0.9^2}} = \dfrac{0.9^2}{0.7^2} \fallingdotseq 1.7$

$\therefore P_{70\%} = 1.7 P_{90\%}$

---

07 3상 3선식 송전선에서 L을 작용 인덕턴스라 하고, L_e 및 L_m은 대지를 귀로로 하는 1선의 자기 인덕턴스 및 상호 인덕턴스라고 할 때 이들 사이의 관계식은?

① $L = L_m - L_e$ ② $L = L_e - L_m$

③ $L = L_m + L_e$ ④ $L = \dfrac{L_m}{L_e}$

해설 작용 인덕턴스=대지 귀로의 자기 인덕턴스−대지 귀로의 상호 인덕턴스

---

08 표피효과에 대한 설명으로 옳은 것은?

① 표피효과는 주파수에 비례한다.
② 표피효과는 전선의 단면적에 반비례한다.
③ 표피효과는 전선의 비투자율에 반비례한다.
④ 표피효과는 전선의 도전율에 반비례한다.

해설 • 표피효과는 침투깊이(δ)가 작을수록 증가

- 침투깊이(δ) 표현식 : $\delta = \sqrt{\dfrac{2}{\omega k \mu}} = \sqrt{\dfrac{1}{\pi f k \mu}}$
- 주파수(f)가 클수록 표피효과는 증가하므로 표피효과는 주파수에 비례한다.

---

09 배전선로의 전압을 3[kV]에서 6[kV]로 승압하면 전압강하율[δ]은 어떻게 되는가? (단, δ_{3kV}는 전압이 3[kV]일 때 전압강하율이고, δ_{6kv}는 전압이 6[kV]일 때 전압강하율이며, 부하는 일정하다고 한다.)

① $\delta_{6kV} = \dfrac{1}{2}\delta_{3kV}$ ② $\delta_{6kV} = \dfrac{1}{4}\delta_{3kV}$

③ $\delta_{6kV} = 2\delta_{3kV}$ ④ $\delta_{6kV} = 4\delta_{3kV}$

해설 전압강하율 $\varepsilon \propto \dfrac{1}{V^2}$ 의 관계에서, 전압을 3[kV]에서 6[kV]로 2배 승압하면 전압강하율은 $\dfrac{1}{4}$ 배로 감소한다.

정답 | 07 ② 08 ① 09 ②

10 계통의 안정도 증진대책이 아닌 것은?

① 발전기나 변압기의 리액턴스를 작게 한다.
② 선로의 회선수를 감소시킨다.
③ 중간조상 방식을 채용한다.
④ 고속도 재폐로방식을 채용한다.

해설 • 송전용량(P)을 증가시키는 것이 안정도 증진대책이 되며, $P = \dfrac{E_s\,E_r}{X}\sin\delta[\text{W}]$ 의 식에서 리액턴스(X)를 감소시켜야 송전전력(P)이 증가한다.
• 복도체(다도체) 방식의 적용으로 선로의 회선수를 증가시키면 L 감소, C 증가로 송전용량은 증가한다.

11 1상의 대지 정전용량이 0.5[μF], 주파수가 60[Hz]인 3상 송전선이 있다. 이 선로에 소호리액터를 설치한다면, 소호리액터의 공진 리액턴스는 약 몇 [Ω]이면 되는가?

① 970
② 1,370
③ 1,770
④ 3,570

해설 공진 리액턴스(wL) $= \dfrac{1}{3wC_s} = \dfrac{1}{3 \times 2\pi f \times C_s} = \dfrac{1}{6\pi f C_s} = \dfrac{1}{6\pi \times 60 \times 0.5 \times 10^{-6}} = 1{,}768[\Omega]$

12 배전선로의 고장 또는 보수 점검 시 정전구간을 축소하기 위하여 사용되는 것은?

① 단로기
② 컷아웃스위치
③ 계자저항기
④ 구분개폐기

해설 구분개폐기 : 고장, 보수 시 정전구간을 축소하기 위한 개폐기로 유입개폐기, 기중개폐기(AS), 진공개폐기(VS) 등이 있다.

13 수전단 전력원선도의 전력 방정식이 $P_r^2 + (Q_r + 400)^2 = 250{,}000$으로 표현되는 전력계통에서 가능한 최대로 공급할 수 있는 부하전력(P_r)과 이때 전압을 일정하게 유지하는 데 필요한 무효전력(Q_r)은 각각 얼마인가?

① $P_r = 500$, $Q_r = 400$
② $P_r = 400$, $Q_r = 500$
③ $P_r = 300$, $Q_r = 100$
④ $P_r = 200$, $Q_r = -300$

해설 • 전력 방정식 $P_r^2 + (Q_r + 400)^2 = 250{,}000$의 조건에서, 전력을 최대로 공급하기 위해서는 무효전력이 0이 되어야 하므로 $(Q_r + 400) = 0$ $\therefore Q_r = -400$
• 최대 부하전력은 무효전력이 0일 때의 전력이므로 $P_r^2 = 250{,}000 = 500^2$ $\therefore P_r = 500$

정답 | 10 ② 11 ③ 12 ④ 13 ①

14 수전용 변전설비의 1차 측 차단기의 차단용량은 주로 어느 것에 의하여 정해지는가?

① 수전 계약용량

② 부하설비의 단락용량

③ 공급측 전원의 단락용량

④ 수전전력의 역률과 부하율

해설 단락용량 $P_s = \dfrac{100}{\%Z} \times P_n$ [MVA]의 식에서, $\%Z$와 P_n(기준용량)은 전원측으로부터 단락지점까지의 임피던스와 용량을 의미하므로, 차단기 차단용량은 공급측 전원의 단락용량에 의해 결정된다.

15 프란시스 수차의 특유속도[m · kW]의 한계를 나타내는 식은? (단, H[m]는 유효낙차이다.)

① $\dfrac{13,000}{H+50} + 10$

② $\dfrac{13,000}{H+50} + 30$

③ $\dfrac{20,000}{H+20} + 10$

④ $\dfrac{20,000}{H+20} + 30$

해설 • 어떤 수차와 닮은 모형수차를 1[m] 낙차에서 운전시켜 1[kW]의 출력이 발생했을 때 모형수차가 갖는 회전 수

• 프란시스 수차의 특유속도 : $N_s = \dfrac{20,000}{H+20} + 30$

16 정격전압 6,600[V], Y결선, 3상 발전기의 중성점을 1선 지락 시 지락전류를 100[A]로 제한하는 저항기로 접지하려고 한다. 저항기의 저항값은 약 몇 [Ω]인가?

① 44

② 41

③ 38

④ 35

해설 지락전류 $I_g = \dfrac{E}{R_g}$ [A]의 식에서, $R_g = \dfrac{E}{I_g} = \dfrac{\frac{V}{\sqrt{3}}}{I_g} = \dfrac{\frac{6,600}{\sqrt{3}}}{100} \fallingdotseq 38$[A]

17 송전 철탑에서 역섬락을 방지하기 위한 대책은?

① 가공지선의 설치

② 탑각 접지저항의 감소

③ 전력선의 연가

④ 아크혼의 설치

해설 • 역섬락 원인 : 높은 탑각 접지저항

• 방지대책 : 매설지선 설치(탑각 접지저항을 저감시킨다.)

정답 | **14** ③ **15** ④ **16** ③ **17** ②

18 조속기의 폐쇄시간이 짧을수록 나타나는 현상으로 옳은 것은?

① 수격작용은 작아진다.
② 발전기의 전압 상승률은 커진다.
③ 수차의 속도변동률은 작아진다.
④ 수압관 내의 수압 상승률은 작아진다.

해설 • 조속기 : 수차의 속도를 일정하게 유지하면서 출력을 가감하기 위해 수차의 입력인 유량을 조절하는 장치
• 조속기의 폐쇄시간이 짧을수록 수차의 최대속도(N_m)가 감소하여 속도변동률(δ)이 작아진다.

19 주변압기 등에서 발생하는 제5고조파를 줄이는 방법으로 옳은 것은?

① 전력용 콘덴서에 직렬리액터를 연결한다.
② 변압기 2차에 분로 리액터를 연결한다.
③ 모선에 방전코일을 연결한다.
④ 모선에 공심 리액터를 연결한다.

해설 **리액터 종류별 설치목적**

종류	설치목적
직렬리액터	제5고조파 억제
분로리액터	페란티현상 방지
한류리액터	단락 전류 제한
소호리액터	지락전류(아크) 소멸

20 복도체에서 2본의 전선이 서로 충돌하는 것을 방지하기 위하여 2본의 전선 사이에 적당한 간격을 두어 설치하는 것은?

① 아모로드   ② 댐퍼
③ 아킹혼   ④ 스페이서

해설 스페이서 : 복도체(다도체)인 경우 전선 상호 간 접근 및 충돌 방지를 위해 설치한다.

정답 | 18 ③ 19 ① 20 ④

CHAPTER

03 2020년 제4회 과년도 기출문제

01 전력원선도에서 구할 수 없는 것은?

① 송 · 수전할 수 있는 최대 전력
② 필요한 전력을 보내기 위한 송 · 수전단 전압 간의 상차각
③ 선로 손실과 송전 효율
④ 과도극한 전력

> **해설** **전력원선도에서 구할 수 없는 것**
> • 과도안정 극한전력
> • 코로나 손실

02 다음 중 그 값이 항상 1 이상인 것은?

① 부등률   ② 부하율
③ 수용률   ④ 전압강하율

> **해설** 부등률 $= \dfrac{\text{수용설비 각각의 최대수용전력의 합[kW]}}{\text{합성 최대수용전력[kW]}} \geqq 1$, 부등률은 항상 1 이상인 값을 가진다.

03 송전전력, 송전거리, 전선로의 전력손실이 일정하고, 같은 재료의 전선을 사용한 경우 단상 2선식에 대한 3상 4선식의 1선당 전력비는 약 얼마인가? (단, 중성선은 외선과 같은 굵기이다.)

① 0.7   ② 0.87
③ 0.94   ④ 1.15

> **해설** 1선당 전력비 : $\dfrac{\text{3상 4선식}}{\text{단상 2선식}} = \dfrac{\dfrac{\sqrt{3}}{4}\,VI\cos\theta}{\dfrac{1}{2}\,VI\cos\theta} = \dfrac{2\sqrt{3}}{4} \fallingdotseq 0.87$

정답 | 01 ④ 02 ① 03 ②

04 3상용 차단기의 정격차단용량은?

① $\sqrt{3}$ × 정격전압 × 정격차단전류
② $\sqrt{3}$ × 정격전압 × 정격전류
③ 3 × 정격전압 × 정격차단전류
④ 3 × 정격전압 × 정격전류

해설 단락(차단)용량 $P_s = \sqrt{3} \times V_n \times I_s$ [MVA]

05 개폐서지의 이상전압을 감쇄할 목적으로 설치하는 것은?

① 단로기
② 차단기
③ 리액터
④ 개폐저항기

해설 차단기의 개폐 시에 재점호로 인하여 개폐 서지 이상전압이 발생된다. 이것을 낮추고 절연 내력을 높이기 위해 차단기 접촉자간에 병렬 임피던스로서 저항을 삽입한다.

06 부하의 역률을 개선할 경우 배전선로에 대한 설명으로 틀린 것은? (단, 다른 조건은 동일하다.)

① 설비용량의 여유 증가
② 전압강하의 감소
③ 선로전류의 증가
④ 전력손실의 감소

해설 **역률개선 효과**

• 변압기 및 배전선로의 전력손실 경감$\left(P_\ell \propto \dfrac{1}{V^2 \cos^2\theta}\right)$
• 설비용량의 여유도 증가
• 전압강하 경감(부하전류의 감소)
• 전기요금의 저감

07 수력발전소의 형식을 취수방법, 운용 방법에 따라 분류할 수 있다. 다음 중 취수 법에 따른 분류가 아닌 것은?

① 댐식
② 수로식
③ 조정지식
④ 유역변경식

해설 조정지식은 운용 방법에 따른 분류이다.

수력발전소의 형식

취수, 낙차를 얻는 방법	운용 방법
• 댐식 발전소 • 수로식 발전소 • 댐 수로식 발전소 • 유역변경식 발전소	• 유입식 발전소 • 저수지식 발전소 • 조정지식 발전소 • 양수식 발전소 • 조력 발전소

08 한류리액터를 사용하는 가장 큰 목적은?

① 충전전류의 제한　　　　　　　　　　② 접지전류의 제한
③ 누설전류의 제한　　　　　　　　　　④ 단락 전류의 제한

해설 **리액터 종류별 설치목적**

종류	설치목적
직렬리액터	제5고조파 억제
분로리액터	페란티현상 방지
한류리액터	단락 전류 제한
소호리액터	지락전류(아크) 소멸

09 66/22[kV], 2,000[kVA] 단상변압기 3대를 1뱅크로 운전하는 변전소로부터 전력을 공급받는 어떤 수전점에서의 3상단락 전류는 약 몇 [A]인가? (단, 변압기의 %리액턴스는 7이고 선로의 임피던스는 0이다.)

① 750　　　　　　　　　　　　　　　② 1,570
③ 1,900　　　　　　　　　　　　　　④ 2,250

해설 단락 전류 $I_s = \dfrac{100}{\%Z} \times I_n = \dfrac{100}{7} \times \dfrac{2,000 \times 3}{\sqrt{3} \times 22} \fallingdotseq 2,249.42[\mathrm{A}]$

10 반지름 0.6[cm]인 경동선을 사용하는 3상 1회선 송전선에서 선간거리를 2[m]로 정삼각형 배치할 경우, 각 선의 인덕턴스[mH/km]는 약 얼마인가?

① 0.81　　　　　　　　　　　　　　② 1.21
③ 1.51　　　　　　　　　　　　　　④ 1.81

해설 • 정삼각형 배치의 등가선간거리 $D = \sqrt[3]{2 \times 2 \times 2} = 2$

　　• 인덕턴스 $\mathrm{L} = 0.05 + 0.4605 \log_{10} \dfrac{\mathrm{D}}{\mathrm{r}} = 0.05 + 0.4605 \log_{10} \dfrac{2}{0.6 \times 10^{-2}} = 1.21[\mathrm{mH/km}]$

11 파동 임피던스 $Z_1 = 500[\Omega]$인 선로에 파동 임피던스 $Z_2 = 1,500[\Omega]$인 변압기가 접속되어 있다. 선로로부터 600[kV]의 전압파가 들어왔을 때, 접속점에서의 투과파 전압[kV]은?

① 300　　　　　　　　　　　　　　② 600
③ 900　　　　　　　　　　　　　　④ 1,200

해설 투과파 전압 $V_t = \dfrac{2Z_2}{Z_1 + Z_2} \times V_i = \dfrac{2 \times 1,500}{500 + 1,500} \times 600 = 900[\mathrm{kV}]$

12 원자력발전소에서 비등수형 원자로에 대한 설명으로 틀린 것은?

① 연료로 농축 우라늄을 사용한다.
② 냉각재로 경수를 사용한다.
③ 물을 원자로 내에서 직접 비등시킨다.
④ 가압수형 원자로에 비해 노심의 출력밀도가 높다.

해설 ▶ 가압수형 원자로에 비해 노심의 출력밀도가 낮기 때문에 비등수형 원자로(BWR)의 노심 및 압력 용기가 크다.

13 송배전선로의 고장전류 계산에서 영상 임피던스가 필요한 경우는?

① 3상 단락 계산   ② 선간 단락 계산
③ 1선 지락 계산   ④ 3선 단선 계산

해설 ▶ 1선 지락 고장계산 시 영상 임피던스가 필요하다.

사고별 존재하는 대칭성분

구분	정상분	역상분	영상분
1선, 2선 지락	○	○	○
2선(선간) 단락	○	○	×
3선(3상) 단락	○	×	×

14 증기 사이클에 대한 설명 중 틀린 것은?

① 랭킨 사이클의 열효율은 초기 온도 및 초기 압력이 높을수록 효율이 크다.
② 재열 사이클은 저압터빈에서 증기가 포화상태에 가까워졌을 때 증기를 다시 가열하여 고압터빈으로 보낸다.
③ 재생 사이클은 증기 원동기 내에서 증기의 팽창 도중에서 증기를 추출하여 급수를 예열한다.
④ 재열 · 재생 사이클은 재생사이클과 재열사이클을 조합하여 병용하는 방식이다.

해설 ▶ 재열 사이클 : 증기전부를 추기하여 재열기로 보내서 적정온도로 가열 후 저압터빈으로 보낸다.

15 다음 중 송전선로의 역섬락을 방지하기 위한 대책으로 가장 알맞은 방법은?

① 가공지선 설치   ② 피뢰기 설치
③ 매설지선 설치   ④ 소호각 설치

해설 ▶ • 역섬락 원인 : 높은 탑각 접지저항
• 방지대책 : 매설지선 설치(탑각 접지저항을 저감시킨다.)

정답 | 12 ④ 13 ③ 14 ② 15 ③

16 전원이 양단에 있는 환상선로의 단락보호에 사용되는 계전기는?

① 방향거리 계전기　　　　　　　② 부족전압 계전기
③ 선택접지 계전기　　　　　　　④ 부족전류 계전기

> 해설 전원이 2개 이상인 환상선로의 단락보호는 방향거리 계전기(DZR)를 사용한다.

17 전력계통을 연계시켜서 얻는 이득이 아닌 것은?

① 배후 전력이 커져서 단락용량이 작아진다.
② 부하증가 시 종합첨두부하가 저감된다.
③ 공급 예비력이 절감된다.
④ 공급 신뢰도가 향상된다.

> 해설 **전력계통 연계방식의 장·단점**

장점	단점
• 부하증가 시 종합 첨두부하 감소 • 공급 예비력 절감 • 공급 신뢰도 향상 • 경제 급전이 가능 • 주파수의 변화가 작다.	• 단락 전류 및 단락용량 증대 • 사고 시 타계통으로 파급확대 우려(고장범위 확대) • 통신선 전자유도장해 증가

18 배전선로에 3상 3선식 비접지 방식을 채용할 경우 나타나는 현상은?

① 1선 지락 고장 시 고장 전류가 크다.
② 1선 지락 고장 시 인접 통신선의 유도장해가 크다.
③ 고저압 혼촉고장 시 저압선의 전위상승이 크다.
④ 1선 지락 고장 시 건전상의 대지 전위 상승이 크다.

> 해설 비접지 방식은 1선 지락 고장 시 건전상의 대지전압 상승이 $\sqrt{3}$ 배 이상으로 크다.

19 선간전압이 V[kV]이고 3상 정격용량이 P[kVA]인 전력계통에서 리액턴스가 X[Ω]이라고 할 때, 이 리액턴스를 %리액턴스로 나타내면?

① $\dfrac{XP}{10V}$　　　　　　　　　　② $\dfrac{XP}{10V^2}$

③ $\dfrac{XP}{V^2}$　　　　　　　　　　④ $\dfrac{10V^2}{XP}$

> 해설 $\%X = \dfrac{I_n X}{E} \times 100 = \dfrac{\sqrt{3}\,I_n X}{V} \times 100 = \dfrac{\sqrt{3}\,I_n X}{V \times 1,000} \times 100 = \dfrac{P[\text{kVA}] \cdot X}{10V[\text{kV}]^2}\,[\%]$

정답　16 ①　17 ①　18 ④　19 ②

20 전력용 콘덴서를 변전소에 설치할 때 직렬리액터를 설치하고자 한다. 직렬리액터의 용량을 결정하는 계산식은? (단, f_0는 전원의 기본주파수, C는 역률 개선용 콘덴서의 용량, L은 직렬리액터의 용량이다.)

① $L = \dfrac{1}{(2\pi f_o)^2 C}$　　　　　　　　② $L = \dfrac{1}{(5\pi f_o)^2 C}$

③ $L = \dfrac{1}{(6\pi f_o)^2 C}$　　　　　　　　④ $L = \dfrac{1}{(10\pi f_o)^2 C}$

해설 ● 직렬리액터의 주목적은 제5고조파 제거를 목적으로 한다.

● $2\pi(5f_0)L = \dfrac{1}{2\pi(5f_0)C}$ 의 관계에서, $L = \dfrac{1}{(10\pi f_o)^2 C}$

01 그림과 같은 유황곡선을 가진 수력지점에서 최대 사용수량 OC로 1년간 계속 발전하는 데 필요한 저수지의 용량은?

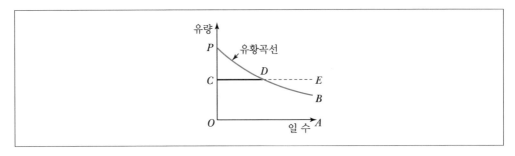

① 면적 $OCPBA$

② 면적 $OCDBA$

③ 면적 DEB

④ 면적 PCD

해설 ▶ 최대 사용수량 OC로 1년간 발전을 지속할 때 부족한 수량은 DEB에 해당하는 수량이므로 필요한 수량은 면적 DEB만큼의 수량이 필요하다.

02 고장전류의 크기가 커질수록 동작시간이 짧게 되는 특성을 가진 계전기는?

① 순한시 계전기

② 정한시 계전기

③ 반한시 계전기

④ 반한시 정한시 계전기

해설 ▶ 반한시 계전기 : 동작전류의 크기가 커질수록 동작시간이 짧게 되는 특성을 가진 계전기

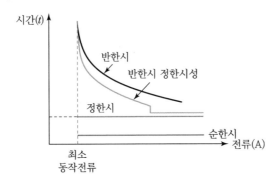

정답 │ 01 ③ 02 ③

03 접지봉으로 탑각의 접지저항 값을 희망하는 접지저항 값까지 줄일 수 없을 때 사용하는 것은?

① 가공지선 ② 매설지선
③ 크로스본드선 ④ 차폐선

> 해설 ▸ • 매설지선 용도 : 탑각 접지저항을 낮추어 역섬락 방지
> • 설치방법 : 탑각 접지저항을 낮추기 위해 지하 30~60[cm] 정도의 깊이에 길이 30~50[m] 정도의 아연도 금 철선을 매설한다.

04 3상 3선식 송전선에서 한 선의 저항이 10[Ω], 리액턴스가 20[Ω]이며, 수전단의 선간전압이 60[kV], 부하역률이 0.8인 경우에 전압강하율이 10[%]라 하면 이송전선로로는 약 몇 [kW]까지 수전할 수 있는가?

① 10,000 ② 12,000
③ 14,400 ④ 18,000

> 해설 ▸ • 전압강하율 $\varepsilon = \dfrac{P}{V^2}(R + X \cdot \tan\theta)$의 식에서, 전력 $P = \dfrac{\varepsilon V^2}{(R + X \cdot \tan\theta)}$
> • 전력 $P = \dfrac{0.1 \times 60,000^2}{\left(10 + 20 \times \dfrac{0.6}{0.8}\right)} \times 10^{-3} = 14,400[\text{kW}]$

05 배전선로의 주상변압기에서 고압 측 – 저압 측에 주로 사용되는 보호장치의 조합으로 적합한 것은?

① 고압 측 : 컷아웃 스위치, 저압 측 : 캐치홀더
② 고압 측 : 캐치홀더, 저압 측 : 컷아웃 스위치
③ 고압 측 : 리클로저, 저압 측 : 라인퓨즈
④ 고압 측 : 라인퓨즈, 저압 측 : 리클로저

> 해설 ▸ **주상변압기 과전류 보호**
> • 고압 측 : COS(Cut Out Switch)
> • 저압 측 : 캐치홀더

06 %임피던스에 대한 설명으로 틀린 것은?

① 단위를 갖지 않는다.
② 절대량이 아닌 기준량에 대한 비를 나타낸 것이다.
③ 기기 용량의 크기와 관계없이 일정한 범위의 값을 갖는다.
④ 변압기나 동기기의 내부 임피던스에만 사용할 수 있다.

> 해설 ▸ • %Z : 정격전류가 흐를 때 발생하는 전압강하를 정격전압에 대한 백분율로 표시한 값
> • 변압기나 동기기의 내부 임피던스와 전선로에서 나타나는 값이다.

정답 | 03 ② 04 ③ 05 ① 06 ④

07 연료의 발열량이 430[kcal/kg]일 때, 화력발전소의 열효율[%]은? (단, 발전기 출력은 P_G[kW], 시간 당 연료의 소비량은 B[kg/h]이다.)

① $\dfrac{P_G}{B} \times 100$

② $\sqrt{2} \times \dfrac{P_G}{B} \times 100$

③ $\sqrt{3} \times \dfrac{P_G}{B} \times 100$

④ $2 \times \dfrac{P_G}{B} \times 100$

해설 열효율 $\eta = \dfrac{860 \times P_G}{B \times 430} \times 100 = 2 \times \dfrac{P_G}{B} \times 100$ [%]

08 수용가의 수용률을 나타낸 식은?

① $\dfrac{\text{합성최대수용전력[kW]}}{\text{평균전력[kW]}} \times 100 [\%]$

② $\dfrac{\text{평균전력[kW]}}{\text{합성최대수용전력[kW]}} \times 100 [\%]$

③ $\dfrac{\text{부하설비합계[kW]}}{\text{최대수용전력[kW]}} \times 100 [\%]$

④ $\dfrac{\text{최대수용전력[kW]}}{\text{부하설비합계[kW]}} \times 100 [\%]$

해설 수용률은 수용장소에 설비된 모든 부하설비용량의 합에 대한 실제 사용되고 있는 최대수용전력과의 비율로 표현한다.

09 화력발전소에서 증기 및 급수가 흐르는 순서는?

① 절탄기 → 보일러 → 과열기 → 터빈 → 복수기
② 보일러 → 절탄기 → 과열기 → 터빈 → 복수기
③ 보일러 → 과열기 → 절탄기 → 터빈 → 복수기
④ 절탄기 → 과열기 → 보일러 → 터빈 → 복수기

해설 증기 및 급수가 흐르는 순서 : 절탄기 → 보일러 → 과열기 → 터빈 → 복수기

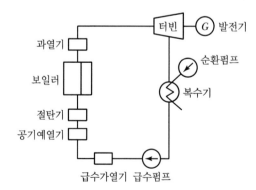

10 역률 0.8, 출력 320[kW]인 부하에 전력을 공급하는 변전소에 역률 개선을 위해 전력용 콘덴서 140[kVA]를 설치했을 때 합성역률은?

① 0.93

② 0.95

③ 0.97

④ 0.99

해설 • 부하의 유효전력 $P = 320[\text{kW}]$

• 부하의 무효전력 $P_r = 320 \times \dfrac{0.6}{0.8} = 240[\text{kVar}]$

• 개선 후 역률 $\cos\theta_2 = \dfrac{320}{\sqrt{320^2 + (240-140)^2}} = 0.95$

11 용량 20[kVA]인 단상 주상 변압기에 걸리는 하루 동안의 부하가 처음 14시간 동안은 20[kW], 다음 10시간 동안은 10[kW]일 때, 이 변압기에 의한 하루 동안의 손실량[Wh]은? (단, 부하의 역률은 1로 가정하고, 변압기의 전 부하동손은 300[W], 철손은 100[W]이다.)

① 6,850

② 7,200

③ 7,350

④ 7,800

해설 • 전일효율 : 1일(24시간) 동안의 종합 효율

• 철손(P_i) : 부하의 유·무와 관계없이 전원만 인가되면 24시간 동안 발생

$P_i = 100 \times 24 = 2,400[\text{W}]$

• 동손(P_c) : 부하가 접속되어 부하전류(I)가 흐를 때만 발생

$P_c = 300 \times 14 + 300 \times \left(\dfrac{1}{2}\right)^2 \times 10 = 4,950[\text{W}]$

• 전체손실 $P_\ell = P_i + P_c = 2,400 + 4,950 = 7,350[\text{W}]$

12 통신선과 평행인 주파수 60[Hz]의 3상 1회선 송전선이 있다. 1선 지락 때문에 영상전류가 100[A] 흐르고 있다면 통신선에 유도되는 전자유도전압[V]은 약 얼마인가? (단, 영상전류는 전 전선에 걸쳐서 같으며, 송전선과 통신선과의 상호 인덕턴스는 0.06[mH/km], 그 평행 길이는 40[km]이다.)

① 156.6

② 162.8

③ 230.2

④ 271.4

해설 전자유도전압 $E_m = -jwM\ell \times 3I_0 = -j2\pi \times 60 \times 0.06 \times 10^{-3} \times 40 \times 3 \times 100 = 271.43[\text{V}]$

13 케이블 단선사고에 의한 고장점까지의 거리를 정전용량 측정법으로 구하는 경우, 건전상의 정전용량이 C, 고장점까지의 정전용량이 C_x, 케이블의 길이가 l일 때 고장점까지의 거리를 나타내는 식으로 알맞은 것은?

① $\dfrac{C}{C_x}l$

② $\dfrac{2C_x}{C}l$

③ $\dfrac{C_x}{C}l$

④ $\dfrac{C_x}{2C}l$

해설 • 지중케이블 고장점 추정방법 중 정전용량법은 선로의 길이와 정전용량이 비례함을 이용한 방식이다.

• $C : C_x = \ell : \ell_x \rightarrow \ell_x = \dfrac{C_x}{C} \times \ell$

14 전력 퓨즈(Power Fuse)는 고압, 특고압기기의 주로 어떤 전류의 차단을 목적으로 설치하는가?

① 충전 전류

② 부하 전류

③ 단락 전류

④ 영상 전류

해설 전력 퓨즈(PF ; Power Fuse) : 단락 발생 시 전로 및 기기를 단락 전류로 보호

15 송전선로에서 1선 지락 시에 건전상의 전압 상승이 가장 적은 접지방식은?

① 비접지방식

② 직접접지방식

③ 저항접지방식

④ 소호리액터접지방식

해설 직접접지방식은 1선 지락 시 건전상 대지전위상승이 1.3배 이하로 가장 작다.

16 기준 선간전압 23[kV], 기준 3상 용량 5,000[kVA], 1선의 유도 리액턴스가 15[Ω]일 때 %리액턴스는?

① 28.36[%]

② 14.18[%]

③ 7.09[%]

④ 3.55[%]

해설 $\%X = \dfrac{PX}{10\,V^2} = \dfrac{5,000 \times 15}{10 \times 23^2} = 14.18[\%]$

17 전력원선도의 가로축과 세로축을 나타내는 것은?

① 전압과 전류

② 전압과 전력

③ 전류와 전력

④ 유효전력과 무효전력

해설 • 전력원선도 가로축 : 유효전력(P)

• 전력원선도 세로축 : 무효전력(Q)

정답 | 13 ③   14 ③   15 ②   16 ②   17 ④

18 송전선로에서의 고장 또는 발전기 탈락과 같은 큰 외란에 대하여 계통에 연결된 각 동기기가 동기를 유지하면서 계속 안정적으로 운전할 수 있는지를 판별하는 안정도는?

① 동태안정도(Dynamic Stability)
② 정태안정도(Steady-state Stability)
③ 전압안정도(Voltage Stability)
④ 과도안정도(Transient Stability)

해설 과도안정도 : 계통에 고장 및 급격한 외란 발생 시 탈조하지 않고 송전을 계속할 수 있는 능력

19 정전용량이 C_1이고, V_1의 전압에서 Q_r의 무효전력을 발생하는 콘덴서가 있다. 정전용량을 변화시켜 2배로 승압된 전압($2V_1$)에서도 동일한 무효전력 Q_r을 발생시키고자 할 때, 필요한 콘덴서의 정전용량 C_2는?

① $C_2 = 4C_1$ ② $C_2 = 2C_1$

③ $C_2 = \dfrac{1}{2}C_1$ ④ $C_2 = \dfrac{1}{4}C_1$

해설
- $Q_r = 2\pi f C V^2$의 식에서, $C = \dfrac{Q_r}{2\pi f V^2}$이므로 $C \propto \dfrac{1}{V^2}$의 관계가 성립한다.
- $C_1 : C_2 = \dfrac{1}{V_1^2} : \dfrac{1}{(2V_1)^2} \rightarrow \therefore C_2 = \dfrac{1}{4}C_1$

20 송전선로의 고장전류 계산에 영상 임피던스가 필요한 경우는?

① 1선 지락   ② 3상 단락
③ 3선 단선   ④ 선간 단락

해설 1선 지락 고장계산 시 영상 임피던스가 필요하다.

사고별 존재하는 대칭성분

구분	정상분	역상분	영상분
1선, 2선 지락	○	○	○
2선(선간) 단락	○	○	×
3선(3상) 단락	○	×	×

CHAPTER 05 2021년 제2회 과년도 기출문제

01 비등수형 원자로의 특징에 대한 설명으로 틀린 것은?

① 증기 발생기가 필요하다.
② 저농축 우라늄을 연료로 사용한다.
③ 노심에서 비등을 일으킨 증기가 직접 터빈에 공급되는 방식이다.
④ 가압수형 원자로에 비해 출력밀도가 낮다.

해설 가압수형 원자로에 비해 노심의 출력밀도가 낮기 때문에 비등수형 원자로(BWR)의 노심 및 압력 용기가 크다.

02 전력계통에서 내부 이상전압의 크기가 가장 큰 경우는?

① 유도성 소전류 차단 시
② 수차발전기의 부하 차단 시
③ 무부하선로 충전전류 차단 시
④ 송전선로의 부하 차단기 투입 시

해설 무부하 충전전류 차단(개방) 시 이상전압이 가장 크다.

03 송전단 전압을 V_s, 수전단 전압을 V_r, 선로의 리액턴스를 X라 할 때, 정상 시의 최대 송전전력의 개략적인 값은?

① $\dfrac{V_s - V_r}{X}$

② $\dfrac{V_s^{\,2} - V_r^{\,2}}{X}$

③ $\dfrac{V_s(V_s - V_r)}{X}$

④ $\dfrac{V_s V_r}{X}$

해설 송전단 전압과 수전단 전압의 상차각(δ)이 $90[°]$일 때 최대 송전전력이 발생하므로,

$$P_m = \frac{V_s V_r}{X} \times \sin 90[°] = \frac{V_s V_r}{X}[\text{MW}]$$

정답 | 01 ① 02 ③ 03 ④

04 망상(Network) 배전방식의 장점이 아닌 것은?

① 전압변동이 적다.
② 인축의 접지사고가 적어진다.
③ 부하의 증가에 대한 융통성이 크다.
④ 무정전 공급이 가능하다.

해설 망상(Network) 배전방식의 장·단점

장점	단점

• 무정전 전원공급 가능하다.
• 공급 신뢰도가 가장 높다.
• 전압강하, 전력손실이 작다.
• 부하증가 시 적응성 우수하다.
	• 인축의 감전사고 우려가 높다.
	• 네트워크 프로텍터 필요하다.
	  − 저압용 차단기
	  − 저압퓨즈
	  − 방향성 계전기
	• 시설비가 고가이다.

05 500[kVA]의 단상 변압기 상용 3대(결선 △−△), 예비 1대를 갖는 변전소가 있다. 부하의 증가로 인하여 예비 변압기까지 동원해서 사용한다면 응할 수 있는 최대 부하[kVA]는 약 얼마인가?

① 2,000
② 1,730
③ 1,500
④ 830

해설 500[kVA] 변압기 4대를 V결선 2뱅크로 운영하면,
$$P_V = 2 \times \sqrt{3}\, P_1 = 2 \times \sqrt{3} \times 500 = 1,732 [\text{kVA}]$$

06 배전용 변전소의 주변압기로 주로 사용되는 것은?

① 강압 변압기
② 체승 변압기
③ 단권 변압기
④ 3권선 변압기

해설 강압 변압기 : 송전된 고전압을 수용가에 적합한 저전압으로 변압하는 용도의 변압기

07 3상용 차단기이 정격차단용량은?

① $\sqrt{3} \times$정격전압$\times$정격차단전류
② $3\sqrt{3} \times$정격전압$\times$정격전류
③ $3 \times$정격전압$\times$정격차단전류
④ $\sqrt{3} \times$정격전압$\times$정격전류

해설 단락(차단)용량 $P_s = \sqrt{3} \times V_n \times I_s [\text{MVA}]$

08 3상 3선식 송전선로에서 각 선의 대지정전용량이 $0.5096[\mu F]$이고, 선간정전용량이 $0.1295[\mu F]$일 때, 1선의 작용 정전용량은 약 몇 $[\mu F]$인가?

① 0.6

② 0.9

③ 1.2

④ 1.8

해설 작용 정전용량 $C = C_s + 3C_m = 0.5096 + 3 \times 0.1295 = 0.898 \fallingdotseq 0.9[\mu F]$

09 그림과 같은 송전계통에서 S점에 3상 단락사고가 발생했을 때 단락 전류[A]는 약 얼마인가? (단, 선로의 길이와 리액턴스는 각각 50[km], 0.6[Ω/km]이다.)

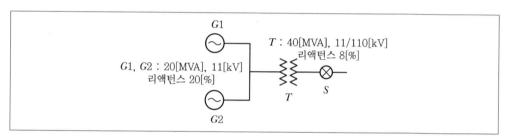

① 204

② 324

③ 454

④ 554

해설 • %임피던스 결정(40[MVA] 기준)

－발전기 1, 2 : $\%Z_{G1} = \dfrac{40}{20} \times 20 = 40[\%]$, $\%Z_{G2} = \dfrac{40}{20} \times 20 = 40[\%]$

－변압기 : $\%Z_T = 8[\%]$

－송전선 : $\%Z_\ell = \dfrac{PX}{10V^2} = \dfrac{40 \times 10^3 \times 0.6 \times 50}{10 \times 110^2} = 9.92[\%]$ (10[MVA] 기준)

• 합성 %임피던스 $\%Z = \left(\dfrac{40}{2}\right) + 8 + 9.92 = 37.92[\%]$

• 단락 전류 $I_s = \dfrac{100}{\%Z} \times I_n = \dfrac{100}{37.92} \times \dfrac{40 \times 10^3}{\sqrt{3} \times 110} = 553.65[A]$

10 전력계통의 전압을 조정하는 가장 보편적인 방법은?

① 발전기의 유효전력 조정

② 부하의 유효전력 조정

③ 계통의 주파수 조정

④ 계통의 무효전력 조정

해설 • 계통의 무효전력 조정 : 전압 제어

• 계통의 유효전력 조정 : 주파수 제어

11 역률 0.8(지상)의 2,800[kW] 부하에 전력용 콘덴서를 병렬로 접속하여 합성역률을 0.9로 개선하고자 할 경우, 필요한 전력용 콘덴서의 용량[kVA]은 약 얼마인가?

① 372
② 558
③ 744
④ 1,116

해설 • 콘덴서 용량 표현식

$$Q_c = P(\tan\theta_1 - \tan\theta_2) = P\left(\frac{\sin\theta_1}{\cos\theta_1} - \frac{\sin\theta_2}{\cos\theta_2}\right) = P\left(\frac{\sqrt{1-\cos^2\theta_1}}{\cos\theta_1} - \frac{\sqrt{1-\cos^2\theta_2}}{\cos\theta_2}\right)[kVA]$$

• $Q_c = 2,800 \times \left(\dfrac{\sqrt{1-0.8^2}}{0.8} - \dfrac{\sqrt{1-0.9^2}}{0.9}\right) = 744[kVA]$

12 컴퓨터에 의한 전력조류 계산에서 슬랙(Slack)모선의 초기치로 지정하는 값은?

① 유효전력과 무효전력
② 전압 크기와 유효전력
③ 전압 크기와 위상각
④ 전압 크기와 무효전력

해설 **슬랙(Slack)모선**
• 기지량 : 모선전압의 크기, 모선전압의 위상각
• 미지량 : 유효전력, 무효전력, 계통의 전 송전손실

13 직격뢰에 대한 방호설비로 가장 적당한 것은?

① 복도체
② 가공지선
③ 서지흡수기
④ 정전방지기

해설 가공지선의 용도 : 송전선을 직격뢰로부터 보호하기 위해 설치한다.

14 저압 배전선로에 대한 설명으로 틀린 것은?

① 저압 뱅킹 방식은 전압변동을 경감할 수 있다.
② 밸런서(Balancer)는 단상 2선식에 필요하다.
③ 부하율(F)과 손실계수(H) 사이에는 $1 \geq F \geq H \geq F^2 \geq 0$의 관계가 있다.
④ 수용률이란 최대 수용전력을 설비용량으로 나눈 값을 퍼센트로 나타낸 것이다.

해설 밸런서는 단상 3선식에서 불평형률 저감을 위해 설치한다.

정답 | **11** ③ **12** ③ **13** ② **14** ②

15 증기터빈 내에서 팽창 도중에 있는 증기를 일부 추기하여 그것이 갖는 열을 급수가열에 이용하는 열사이 클은?

① 랭킨 사이클   ② 카르노 사이클

③ 재생 사이클   ④ 재열 사이클

해설   재생 사이클 : 팽창 도중에 있는 증기를 일부 추기하여 급수가열에 이용한 열 사이클

16 단상 2선식 배전선로의 말단에 지상역률 $\cos\theta$인 부하 P[kW]가 접속되어 있고 선로 말단의 전압은 V [V]이다. 선로 한 가닥의 저항을 R[Ω]이라 할 때 송전단의 공급전력[kW]은?

① $P + \dfrac{P^2 R}{V\cos\theta} \times 10^3$ ② $P + \dfrac{2P^2 R}{V\cos\theta} \times 10^3$

③ $P + \dfrac{P^2 R}{V^2\cos^2\theta} \times 10^3$ ④ $P + \dfrac{2P^2 R}{V^2\cos^2\theta} \times 10^3$

해설   • 단상2선식의 선로손실 : $P_\ell = 2I^2 R = 2\left(\dfrac{P}{V\cdot\cos\theta}\right)^2 R = \dfrac{2P^2 R}{V^2\cdot\cos^2\theta}$ [kW]

        • 송전단 공급전력 : $P_S = P + P_\ell = P + \dfrac{2P^2 R}{V^2\cdot\cos^2\theta}$ [kW]

17 선로, 기기 등의 절연 수준 저감 및 전력용 변압기의 단절연을 모두 행할 수 있는 중성점 접지방식은?

① 직접 접지방식   ② 소호리액터 접지방식

③ 고저항 접지방식   ④ 비접지방식

해설   **직접접지방식**
- 1선 지락 고장 시 건전상의 대지전압 상승이 작다(1.3배 이하).
- 기기의 절연 수준 : 최저(절연비용 최소)
- 저감절연, 단절연 가능
- 154[kV], 345[kV]의 초고압 송전계통에 적용되는 주된 이유

18 최대수용전력이 3[kW]인 수용가가 3세대, 5[kW]인 수용가가 6세대라고 할 때, 이 수용가군에 전력을 공급할 수 있는 주상변압기의 최소 용량[kVA]은? (단, 역률은 1, 수용가 간의 부등률은 1.30이다.)

① 15   ② 30

③ 35   ④ 40

해설   변전시설 용량[kVA] $\geq \dfrac{\text{총 설비 용량} \times \text{수용률}}{\text{부등률} \times \text{역률}} = \dfrac{3 \times 3 + 5 \times 6}{1.3 \times 1} = 30$ [kVA]

19 부하전류 차단이 불가능한 전력개폐 장치는?

① 진공차단기

② 유입차단기

③ 단로기

④ 가스차단기

해설 **단로기**
- 소호장치가 없어서 아크를 소멸시키는 소호능력이 없다.
- 무부하 상태의 전로, 미약한 선로의 충전전류, 변압기 여자전류 등 개폐 가능하다.

20 가공송전선로에서 총 단면적이 같은 경우 단도체와 비교하여 복도체의 장점이 아닌 것은?

① 안정도를 증대시킬 수 있다.

② 공사비가 저렴하고 시공이 간편하다.

③ 전선 표면의 전위경도를 감소시켜 코로나 임계전압이 높아진다.

④ 선로의 인덕턴스가 감소되고 정전용량이 증가해서 송전용량이 증대된다.

해설 복도체 방식은 단도체 방식에 비해 시공이 어렵고 공사비가 고가이다.

2021년 제3회 과년도 기출문제

01 환상선로의 단락보호에 주로 사용하는 계전방식은?

① 비율차동 계전방식   ② 방향거리 계전방식

③ 과전류 계전방식   ④ 선택접지 계전방식

> **해설** 전원이 2개 이상인 환상선로의 단락보호는 방향거리계전기(DZR)를 사용한다.

02 변압기 보호용 비율차동계전기를 사용하여 △−Y 결선의 변압기를 보호하려고 한다. 이때 변압기 1, 2차 측에 설치하는 변류기의 결선방식은? (단, 위상 보정기능이 없는 경우이다.)

① △−△   ② △−Y

③ Y−△   ④ Y−Y

> **해설** 비율차동계전기 CT 결선 시 위상각 보정 및 변류기 2차전류(i_1, i_2)의 크기를 동일하게 하기 위하여 변압기 결선과 반대로 결선해야 한다.
>
> **비율차동계전기의 CT 결선방법**
>
> | 변압기 결선 | Y−△ | △−Y |
> | --- | --- | --- |
> | 변류기(CT) 결선 | △−Y | Y−△ |

03 전력계통의 전압조정설비에 대한 특징으로 틀린 것은?

① 병렬콘덴서는 진상능력만을 가지며 병렬리액터는 진상능력이 없다.

② 동기조상기는 조정의 단계가 불연속적이나 직렬콘덴서 및 병렬리액터는 연속적이다.

③ 동기조상기는 무효전력의 공급과 흡수가 모두 가능하여 진상 및 지상용량을 갖는다.

④ 병렬리액터는 경부하 시에 계통 전압이 상승하는 것을 억제하기 위하여 초고압송전선 등에 설치된다.

> **해설** 동기조상기는 연속적 제어, 전력용 콘덴서는 단계적 제어방식이다.
>
> | 구분 | 동기조상기 | 전력용 콘덴서 |
> | --- | --- | --- |
> | 무효전력 | 지상(L), 진상(C) 공급 | 진상(C) 공급 |
> | 전압조정 | 연속적 | 단계적 |
> | 시충전 | 가능 | 불가능 |
> | 전력손실 | 큼(∵ 회전기) | 적음(∵ 정지기) |

정답 | 01 ②   02 ③   03 ②

04 전력계통의 중성점 다중접지방식의 특징으로 옳은 것은?

① 통신선의 유도장해가 적다.
② 합성 접지저항이 매우 높다.
③ 건전상의 전위 상승이 매우 높다.
④ 지락보호 계전기의 동작이 확실하다.

해설 중성점 다중접지방식은 지락전류가 커서 지락전류의 검출이 용이하고, 보호계전기의 동작이 확실하다.

05 경간이 200[m]인 가공 전선로가 있다. 사용전선의 길이는 경간보다 약 몇 [m] 더 길어야 하는가? (단, 전선의 1[m]당 하중은 2[kg], 인장하중은 4,000[kg]이고, 풍압하중은 무시하며, 전선의 안전율은 2 이다.)

① 0.33
② 0.61
③ 1.41
④ 1.73

해설
- 이도 : $D = \dfrac{WS^2}{8T} = \dfrac{2 \times 200^2}{8 \times \dfrac{4,000}{2}} = 5[\mathrm{m}]$

- $L - S = \dfrac{8D^2}{3S} = \dfrac{8 \times 5^2}{3 \times 200} = 0.33[\mathrm{m}]$

06 송전선로에 단도체 대신 복도체를 사용하는 경우에 나타나는 현상으로 틀린 것은?

① 전선의 작용 인덕턴스를 감소시킨다.
② 선로의 작용 정전용량을 증가시킨다.
③ 전선 표면의 전위경도를 저감시킨다.
④ 전선의 코로나 임계전압을 저감시킨다.

해설 복도체(다도체) 사용 시 코로나 임계전압은 높아지고, 전선 표면의 전위 경도는 감소한다.

07 옥내배선을 단상 2선식에서 단상 3선식으로 변경하였을 때, 전선 1선당 공급전력은 약 몇 배 증가하는가? [단, 선간전압(단상 3선식의 경우는 중성선과 타선 간의 전압), 선로전류(중성선의 전류 제외) 및 역률은 같다.]

① 0.71
② 1.33
③ 1.41
④ 1.73

해설 공급전력 $P = \dfrac{\text{단상 3선식}}{\text{단상 2선식}} = \dfrac{\dfrac{2}{3} EI\cos\theta}{\dfrac{1}{2} EI\cos\theta} = \dfrac{4}{3} = 1.33$

08 3상용 차단기의 정격차단용량은 그 차단기의 정격전압과 정격차단전류와의 곱을 몇 배한 것인가?

① $\dfrac{1}{\sqrt{2}}$

② $\dfrac{1}{\sqrt{3}}$

③ $\sqrt{2}$

④ $\sqrt{3}$

해설 단락(차단)용량 $P_s = \sqrt{3} \times V_n \times I_s \,[\text{MVA}]$

09 송전선에 직렬콘덴서를 설치하였을 때의 특징으로 틀린 것은?

① 선로 중에서 일어나는 전압강하를 감소시킨다.
② 송전전력의 증가를 꾀할 수 있다.
③ 부하역률이 좋을수록 설치 효과가 크다.
④ 단락사고가 발생하는 경우 사고전류에 의하여 과전압이 발생한다.

해설 • 직렬콘덴서는 선로의 유도성 리액턴스를 저감시킨다.
• 역률이 나쁠수록 효과가 크다.

10 송전선의 특성 임피던스의 특징으로 옳은 것은?

① 선로의 길이가 길어질수록 값이 커진다.
② 선로의 길이가 길어질수록 값이 작아진다.
③ 선로의 길이에 따라 값이 변하지 않는다.
④ 부하용량에 따라 값이 변한다.

해설 • 특성 임피던스는 무부하시험과 단락시험을 통해서 구한다.
• 특성 임피던스는 선로의 길이와 관계없이 일정하다.

11 어느 화력발전소에서 40,000[kWh]를 발전하는 데 발열량 860[kcal/kg]의 석탄 60[ton]이 사용된다. 이 발전소의 열효율[%]은 약 얼마인가?

① 56.7

② 66.7

③ 76.7

④ 86.7

해설 열효율 $\eta = \dfrac{860 \cdot W}{MH} \times 100 = \dfrac{860 \times 40,000}{60 \times 10^3 \times 860} \times 100 = 66.67\,[\%]$

정답 | 08 ④ 09 ③ 10 ③ 11 ②

12 유효낙차 100[m], 최대 유량 20[m³/s]의 수차가 있다. 낙차가 81[m]로 감소하면 유량[m³/s]은? (단, 수차에서 발생되는 손실 등은 무시하며 수차 효율은 일정하다.)

① 15

② 18

③ 34

④ 30

해설 • 낙차 변화에 대한 유량 변화의 표현 : $\dfrac{Q_2}{Q_1} = \left(\dfrac{H_2}{H_1}\right)^2 = \sqrt{\dfrac{H_2}{H_1}}$

• $Q_2 = \sqrt{\dfrac{H_2}{H_1}} \times Q_1 = \sqrt{\dfrac{81}{100}} \times 20 = 18\,[\mathrm{m^3/s}]$

13 단락용량 3,000[MVA]인 모선의 전압이 154[kV]라면 등가 모선 임피던스[Ω]는 약 얼마인가?

① 5.81

② 6.21

③ 7.91

④ 8.71

해설 단락용량 $P_s = \dfrac{V^2}{Z}$ 의 식에서, 등가 모선 임피던스 $Z = \dfrac{V^2}{P_s} = \dfrac{(154 \times 10^3)^2}{3,000 \times 10^6} = 7.91\,[\Omega]$

14 중성점 접지방식 중 직접접지 송전방식에 대한 설명으로 틀린 것은?

① 1선 지락 사고 시 지락전류는 타 접지방식에 비하여 최대로 된다.

② 1선 지락 사고 시 지락계전기의 동작이 확실하고 선택차단이 가능하다.

③ 통신선에서의 유도장해는 비접지방식에 비하여 크다.

④ 기기의 절연레벨을 상승시킬 수 있다.

해설 **중성점 직접접지 방식**
  • 1선 지락 고장 시 건전상의 대지전압 상승이 작음(1.3배 이하)
  • 기기의 절연 수준 : 최저(절연비용 최소)
  • 저감절연, 단절연 가능
  • 1선 지락전류(I_g) : 최대
  • 통신선 유도장해가 큼

15 선로고장 발생 시 고장전류를 차단할 수 없어 리클로저와 같이 차단기능이 있는 후비보호장치와 함께 설치되어야 하는 장치는?

① 배선용 차단기

② 유입개폐기

③ 컷아웃 스위치

④ 섹셔널라이저

해설 섹셔널라이저는 고장전류 차단기능이 없으므로 리클로저와 직렬로 조합하여 사용한다.

정답 | 12 ② 13 ③ 14 ④ 15 ④

16 송전선로의 보호계전 방식이 아닌 것은?

① 전류 위상비교 방식

② 전류차동 보호계전 방식

③ 방향 비교 방식

④ 전압 균형 방식

> 해설 **송전선로 보호 계전방식**
> • 전류 위상비교 방식
> • 전류차동 보호계전 방식
> • 방향 비교 방식
> • 전류 균형 방식
> • 거리 측정 방식
> • 과전류 방식 등

17 가공송전선의 코로나 임계전압에 영향을 미치는 여러 가지 인자에 대한 설명 중 틀린 것은?

① 전선표면이 매끈할수록 임계전압이 낮아진다.

② 날씨가 흐릴수록 임계전압은 낮아진다.

③ 기압이 낮을수록, 온도가 높을수록 임계전압은 낮아진다.

④ 전선의 반지름이 클수록 임계전압은 높아진다.

> 해설 • 코로나 임계전압 $E_0 = 24.3 \, m_0 \, m_1 \, \delta \, d \log_{10} \dfrac{D}{r}$ [kV]
>
> • 전선 표면계수(m_o) : 전선 표면이 매끈할수록 임계전압은 높아진다.

18 동작시간에 따른 보호계전기의 분류와 이에 대한 설명으로 틀린 것은?

① 순한시 계전기는 설정된 최소동작전류 이상의 전류가 흐르면 즉시 동작한다.

② 반한시 계전기는 동작시간이 전류값의 크기에 따라 변하는 것으로 전류값이 클수록 느리게 동작하고 반대로 전류값이 작아질수록 빠르게 동작하는 계전기이다.

③ 정한시 계전기는 설정된 값 이상의 전류가 흘렀을 때 동작전류의 크기와는 관계없이 항상 일정한 시간 후에 동작하는 계전기이다.

④ 반한시 · 정한시 계전기는 어느 전류값까지는 반한시성이지만 그 이상이 되면 정한시로 동작하는 계전기이다.

> 해설 **반한시 계전방식**
> • 동작전류가 커질수록 동작시간이 짧게 되는 것
> • 계전기 동작시간은 동작전류의 크기와 반비례함

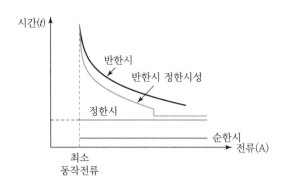

19 송전선로에서 현수 애자련의 연면 섬락과 가장 관계가 먼 것은?

① 댐퍼 ② 철탑 접지저항
③ 현수 애자련의 개수 ④ 현수 애자련의 소손

해설 댐퍼는 전선의 진동을 방지하여 진동으로 인한 전선의 단선을 방지하기 위해 설치되는 설비이다.

20 수압철관의 안지름이 4[m]인 곳에서의 유속이 4[m/s]이다. 안지름이 3.5[m]인 곳에서의 유속[m/s]은 약 얼마인가?

① 4.2 ② 5.2
③ 6.2 ④ 7.2

해설 • 연속의 원리 : $A_1 v_1 = A_2 v_2 = Q[\text{m}^3/\text{s}]$

• 유속 $v_2 = \dfrac{A_1 v_1}{A_2} = \dfrac{\frac{1}{4}\pi D_1^2 \times v_1}{\frac{1}{4}\pi D_2^2} = \dfrac{\frac{1}{4} \times \pi \times 4^2 \times 4}{\frac{1}{4} \times \pi \times 3.5^2} = \dfrac{4^2 \times 4}{3.5^2} = 5.22[\text{m/s}]$

정답 | **19** ① **20** ②

CHAPTER 07
2022년 제1회 과년도 기출문제

01 소호리액터를 송전계통에 사용하면 리액터의 인덕턴스와 선로의 정전용량이 어떤 상태로 되어 지락전류를 소멸시키는가?

① 병렬공진 ② 직렬공진
③ 고임피던스 ④ 저임피던스

해설 지락점을 중심으로 한 병렬공진 조건 $\left(wL = \dfrac{1}{3wC_s}\right)$ 을 이용하여 지락전류를 소멸시킨다.

02 어느 발전소에서 40,000[kWh]를 발전하는 데 발열량 5,000[kcal/kg]의 석탄 20[ton]을 사용하였다. 이 화력발전소의 열효율[%]은 약 얼마인가?

① 27.5 ② 30.4
③ 34.4 ④ 38.5

해설 열효율 $\eta = \dfrac{860 \cdot W}{MH} \times 100 = \dfrac{860 \times 40,000}{20 \times 10^3 \times 5,000} \times 100 = 34.4\,[\%]$

03 송전전력, 선간전압, 부하역률, 전력손실 및 송전거리를 동일하게 하였을 경우 단상 2선식에 대한 3상 3선식의 총 전선량(중량)비는 얼마인가? (단, 전선은 동일한 전선이다.)

① 0.75 ② 0.94
③ 1.15 ④ 1.33

해설
- 송전전력이 동일하므로 $VI_1\cos\theta = \sqrt{3}\,I_3\cos\theta$, $I_1 = \sqrt{3}\,I_3$
- 전력손실이 동일하므로 $2I_1^2 R_1 = 3I_3^2 R_3$, $2(\sqrt{3}\,I_3)^2 R_1 = 3I_3^2 R_3$, $2R_1 = R_3$
- 저항 $R = \rho\dfrac{\ell}{A}\,[\Omega]$의 식에서, $R \propto \dfrac{1}{A}$ 이므로 $\dfrac{R_1}{R_3} = \dfrac{A_3}{A_1} = \dfrac{R_1}{2R_1} = \dfrac{1}{2} \rightarrow A_1 = 2A_3$
- 총 전선량(중량)비 : $\dfrac{3상\,3선식}{단상\,2선식} = \dfrac{3A_3}{2A_1} = \dfrac{3A_3}{2\times 2A_3} = \dfrac{3}{4} = 0.75$

정답 | 01 ① 02 ③ 03 ①

04 3상 송전선로가 선간단락(2선 단락)이 되었을 때 나타나는 현상으로 옳은 것은?

① 역상전류만 흐른다.
② 정상전류와 역상전류가 흐른다.
③ 역상전류와 영상전류가 흐른다.
④ 정상전류와 영상전류가 흐른다.

해설 2선(선간) 단락 고장이 발생하면 정상분, 역상분 전류가 흐른다.

구분	정상분	역상분	영상분
1선, 2선 지락	○	○	○
2선(선간) 단락	○	○	×
3선(3상) 단락	○	×	×

05 중거리 송전선로의 4단자 정수가 $A=1.0$, $B=j190$, $D=1.0$일 때 C의 값은 얼마인가?

① 0
② $-j120$
③ j
④ $j190$

해설 $AD-BC=1$에서, $C=\dfrac{AD-1}{B}=\dfrac{1^2-1}{j190}=0\,[\text{℧}]$

06 배전전압을 $\sqrt{2}$ 배로 하였을 때 같은 손실률로 보낼 수 있는 전력은 몇 배가 되는가?

① $\sqrt{2}$
② $\sqrt{3}$
③ 2
④ 3

해설 공급전력 $P \propto V^2$의 관계에서 전압이 $\sqrt{2}$ 배로 증가하면 $P=(\sqrt{2})^2=2$배 증가함

07 다음 중 재점호가 가장 일어나기 쉬운 차단전류는?

① 동상전류
② 지상전류
③ 진상전류
④ 단락전류

해설 재점호 현상 : 차단기가 충전전류(진상전류)를 차단할 때 전류파형의 제로(0) 위치에서 소멸된 아크가 재기전압 때문에 극간에 다시 발생하는 현상

정답 | 04 ② 05 ① 06 ③ 07 ③

08 현수애자에 대한 설명이 아닌 것은?

① 애자를 연결하는 방법에 따라 클레비스(Clevis)형과 볼 소켓형이 있다.

② 애자를 표시하는 기호는 P이며 구조는 2~5층의 갓 모양의 자기편을 시멘트로 접착하고 그 자기를 주철재 Base로 지지한다.

③ 애자의 연결개수를 가감함으로써 임의의 송전전압에 사용할 수 있다.

④ 큰 하중에 대하여는 2련 또는 3련으로 하여 사용할 수 있다.

해설 ②는 핀 애자에 대한 설명이다.

09 교류발전기의 전압조정장치로 속응여자방식을 채택하는 이유로 틀린 것은?

① 전력계통에 고장이 발생할 때 발전기의 동기화력을 증가시킨다.

② 송전계통의 안전도를 높인다.

③ 여자기의 전압 상승률을 크게 한다.

④ 전압조정용 탭의 수동변환을 원활히 하기 위함이다.

해설 속응여자방식은 송·배전계통에서의 안정도 향상 대책 중 하나이다.

10 차단기의 정격 차단시간에 대한 설명으로 옳은 것은?

① 고장 발생부터 소호까지의 시간

② 트립코일 여자로부터 소호까지의 시간

③ 가동접촉자의 개극부터 소호까지의 시간

④ 가동접촉자의 동작시간부터 소호까지의 시간

해설 정격 차단시간 : 트립코일 여자로부터 아크 소호까지의 시간(개극시간＋아크시간)

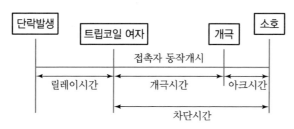

11 3상 1회선 송전선을 정삼각형으로 배치한 3상 선로의 자기인덕턴스를 구하는 식은? (단, D는 전선의 선간거리[m], r은 전선의 반지름[m]이다.)

① $L = 0.5 + 0.4605\log_{10}\dfrac{D}{r}$

② $L = 0.5 + 0.4605\log_{10}\dfrac{D}{r^2}$

③ $L = 0.05 + 0.4605\log_{10}\dfrac{D}{r}$

④ $L = 0.05 + 0.4605\log_{10}\dfrac{D}{r^2}$

해설 자기 인덕턴스 표현식

$$L = 0.05 + 0.4605\log_{10}\frac{D}{r} = 0.05 + 0.4605\log_{10}\frac{D}{\dfrac{d}{2}} = 0.05 + 0.4605\log_{10}\frac{2D}{d} \ [\mathrm{mH/km}]$$

12 불평형부하에서 역률[%]은?

① $\dfrac{\text{유효전력}}{\text{각 상의 피상전력의 산술합}} \times 100$

② $\dfrac{\text{무효전력}}{\text{각 상의 피상전력의 산술합}} \times 100$

③ $\dfrac{\text{무효전력}}{\text{각 상의 피상전력의 벡터합}} \times 100$

④ $\dfrac{\text{유효전력}}{\text{각 상의 피상전력의 벡터합}} \times 100$

해설 • 역률 $\cos\theta = \dfrac{\text{유효전력}}{\text{피상전력}} = \dfrac{P}{\sqrt{P_r^2 + P^2}}$

• 각각의 피상전력은 위상의 차이가 있으므로 산술합이 아닌 벡터합으로 하여야 한다.

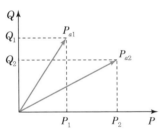

• 피상전력의 합 : $P_a = P_{a1} + P_{a2} = \sqrt{(P_1 + P_2)^2 + (Q_1 + Q_2)^2}$

13 다음 중 동작 속도가 가장 느린 계전방식은?

① 전류차동보호 계전방식

② 거리보호 계전방식

③ 전류위상비교보호 계전방식

④ 방향비교보호 계전방식

해설 거리보호 계전기 : 계전기 위치에서 사고점까지의 거리에 해당하는 임피던스를 측정하여 그 값이 정정값 이상일 때 동작, 동작시간이 느린 특성을 가진다.

정답 | 11 ③   12 ④   13 ②

14 부하회로에서 공진현상으로 발생하는 고조파장해가 있을 경우 공진현상을 회피하기 위하여 설치하는 것은?

① 진상용 콘덴서
② 직렬리액터
③ 방전코일
④ 진공차단기

해설 부하회로에서 유도성 리액턴스와 진상용 콘덴서에 의한 용량성 리액턴스가 병렬로 연결되어 병렬공진 작용을 발생할 우려가 있다. 이 우려에 대한 대책으로 직렬리액터를 설치하여 합성 임피던스를 유도성으로 만들고, 병렬공진을 방지한다.

15 경간이 200[m]인 가공전선로가 있다. 사용전선의 길이는 경간보다 몇 [m] 더 길게 하면 되는가? (단, 사용전선의 1[m]당 무게는 2[kg], 인장하중은 4,000[kg], 전선의 안전율은 2로 하고 풍압하중은 무시한다.)

① $\dfrac{1}{2}$
② $\sqrt{2}$
③ $\dfrac{1}{3}$
④ $\sqrt{3}$

해설 • 이도 : $D = \dfrac{WS^2}{8T} = \dfrac{2 \times 200^2}{8 \times \dfrac{4,000}{2}} = 5[m]$

• $L - S = \dfrac{8D^2}{3S} = \dfrac{8 \times 5^2}{3 \times 200} = 0.33 = \dfrac{1}{3}[m]$

16 송전단 전압이 100[V], 수전단 전압이 90[V]인 단거리 배전선로의 전압강하율[%]은 약 얼마인가?

① 5
② 11
③ 15
④ 20

해설 전압강하율 $\varepsilon = \dfrac{V_S - V_R}{V_R} \times 100 = \dfrac{100 - 90}{90} \times 100 = 11.11[\%]$

17 다음 중 환상(루프)방식과 비교할 때 방사상 배전선로 구성방식에 해당되는 사항은?

① 전력 수요 증가 시 간선이나 분기선을 연장하여 쉽게 공급이 가능하다.
② 전압 변동 및 전력손실이 작다.
③ 사고 발생 시 다른 간선으로의 전환이 쉽다.
④ 환상방식보다 신뢰도가 높은 방식이다.

정답 | 14 ② 15 ③ 16 ② 17 ①

환상(루프)방식의 장 · 단점

장점	단점
• 고장구간의 분리조작 용이 • 공급 신뢰도가 높음 • 전압강하, 전력손실이 작음	• 보호방식이 복잡 • 수지식 대비 시설비가 고가

18 초호각(Arcing Horn)의 역할은?

① 풍압을 조절한다.
② 송전효율을 높인다.
③ 선로의 섬락 시 애자의 파손을 방지한다.
④ 고주파수의 섬락전압을 높인다.

초호각(Arcing Horn) 설치목적
- 섬락 사고로부터 애자련 보호
- 애자의 전압분담 완화(정전용량의 균일화)
- 애자의 수명 연장

19 유효낙차 90[m], 출력 104,500[kW], 비속도(특유속도) 210[m · kW]인 수차의 회전속도는 약 몇 [rpm]인가?

① 150
② 180
③ 210
④ 240

- 특유속도(N_s) 표현식 : $N_s = \dfrac{N\sqrt{P}}{H^{\frac{5}{4}}} = \dfrac{NP^{\frac{1}{2}}}{H^{\frac{5}{4}}}$ [rpm]

- 수차 회전속도(N) 계산 : $N = \dfrac{H^{\frac{5}{4}} \times N_s}{\sqrt{P}} = \dfrac{90^{\frac{5}{4}} \times 210}{\sqrt{104,500}} = 180.07$[rpm]

20 발전기 또는 주변압기의 내부고장 보호용으로 가장 널리 쓰이는 것은?

① 거리 계전기
② 과전류 계전기
③ 비율차동 계전기
④ 방향단락 계전기

비율차동 계전기(RDFR)
- 입력전류와 출력전류의 차이가 일정 비율값 이상일 때 동작
- 주요 용도 : 발전기 또는 변압기의 내부고장 보호용

정답 | 18 ③ 19 ② 20 ③

01 피뢰기의 충격방전 개시전압은 무엇으로 표시하는가?

① 직류전압의 크기
② 충격파의 평균치
③ 충격파의 최대치
④ 충격파의 실효치

> **해설** 충격파 방전개시 전압 : 피뢰기 단자간에 충격파전압(충격파의 최대치)을 인가되었을 경우 방전을 개시하는
> 전압

02 전력용 콘덴서에 비해 동기조상기의 이점으로 옳은 것은?

① 소음이 적다.
② 진상전류 이외에 지상전류를 취할 수 있다.
③ 전력손실이 적다.
④ 유지보수가 쉽다.

> **해설** 동기조상기는 지상과 진상의 무효전력 공급이 가능하다.

구분	동기 조상기	전력용 콘덴서
무효전력	지상(L), 진상(C) 공급	진상(C) 공급
전압조정	연속적	단계적
시충전	가능	불가능
전력손실	큼(∵ 회전기)	적음(∵ 정지기)

03 단락보호방식에 관한 설명으로 틀린 것은?

① 방사상 선로의 단락보호방식에서 전원이 양단에 있을 경우 방향단락계전기와 과전류 계전기를 조합
   시켜서 사용한다.
② 전원이 1단에만 있는 방사상 송전선로에서의 고장전류는 모두 발전소로부터 방사상으로 흘러나간다.
③ 환상선로의 단락보호방식에서 전원이 두 군데 이상 있는 경우에는 방향거리 계전기를 사용한다.
④ 환상선로의 단락보호방식에서 전원이 1단에만 있을 경우 선택단락 계전기를 사용한다.

> **해설** 선택단락 계전기는 단일회선이 아닌 다회선에서 적용되는 보호방식이다.

정답 | 01 ③ 02 ② 03 ④

04 밸런서의 설치가 가장 필요한 배전방식은?

① 단상 2선식　　　　　　　　　　　② 단상 3선식
③ 3상 3선식　　　　　　　　　　　　④ 3상 4선식

해설 **단상 3선식**
- 두 종류의 전압을 얻을 수 있음(110/220[V])
- 단상 2선식에 비해 전압강하, 전력손실이 적음
- 부하 불평형 시 전압 불평형 발생(설비불평형률 : 40[%] 이하로 제한)
- 불평형률 저감을 위해 저압밸런서 설치

05 부하전류가 흐르는 전로는 개폐할 수 없으나 기기의 점검이나 수리를 위하여 회로를 분리하거나, 계통의 접속을 바꾸는 데 사용하는 것은?

① 차단기　　　　　　　　　　　　　② 단로기
③ 전력용 퓨즈　　　　　　　　　　　④ 부하개폐기

해설 단로기(DS) : 무부하 상태에서 전로를 개폐하거나, 선로로부터 기기를 분리, 구분 및 변경할 때 사용되는 개폐장치

06 정전용량 $0.01[\mu F/km]$, 길이 173.2[km], 선간전압 60[kV], 주파수 60[Hz]인 3상 송전선로의 충전전류는 약 몇 [A]인가?

① 6.3　　　　　　　　　　　　　　② 12.5
③ 22.6　　　　　　　　　　　　　　④ 37.2

해설 충전전류 $I_c = 2\pi f C\left(\dfrac{V}{\sqrt{3}}\right) = 2\pi \times 60 \times 0.01 \times 10^{-6} \times 173.2 \times \dfrac{60 \times 10^3}{\sqrt{3}} = 22.6[A]$

07 보호계전기의 반한시 · 정한시 특성은?

① 동작전류가 커질수록 동작시간이 짧게 되는 특성
② 최소동작전류 이상의 전류가 흐르면 즉시 동작하는 특성
③ 동작전류의 크기와 관계없이 일정한 시간에 동작하는 특성
④ 동작전류가 커질수록 동작시간이 짧아지며, 어떤 전류 이상이 되면 동작전류의 크기와 관계없이 일정한 시간에서 동작하는 특성

해설 **반한시 · 정한시 특성**
- 반한시 특성과 정한시 특성을 조합한 것
- 일정 동작값에서는 반한시, 일정 동작값에서는 정한시 특성을 갖는 계전기

정답 | **04** ② **05** ② **06** ③ **07** ④

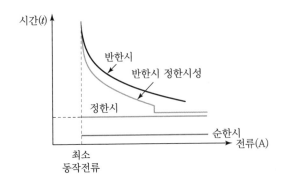

08 전력계통의 안정도에서 안정도의 종류에 해당하지 않는 것은?

① 정태안정도
② 상태안정도
③ 과도안정도
④ 동태안정도

> **해설** **안정도 종류**
> - 정태안정도 : 정상적인 운전상태에서 부하가 서서히 증가할때 계속적으로 송전할 수 있는 능력
> - 동태안정도 : 동기기의 여자전류를 고속 자동전압조정기(AVR)로 제어하는 경우의 안정도
> - 과도안정도 : 부하의 급격한 변동 또는 계통에 사고나 외란 발생 시 탈조하지 않고 발전기와 전동기가 동기화를 계속 유지하면서 계속적으로 송전할 수 있는 능력

09 배전선로의 역률개선에 따른 효과로 적합하지 않은 것은?

① 선로의 전력손실 경감
② 선로의 전압강하의 감소
③ 전원 측 설비의 이용률 향상
④ 선로절연의 비용 절감

> **해설** **역률개선 효과**
> - 변압기 및 배전선로의 전력손실 경감 $\left(P_\ell \propto \dfrac{1}{V^2\cos^2\theta}\right)$
> - 설비용량의 여유도 증가(이용률 향상)
> - 전압강하 경감(부하전류의 감소)
> - 전기요금의 저감

10 저압 뱅킹 배전방식에서 캐스케이딩 현상을 방지하기 위하여 인접 변압기를 연락하는 저압선의 중간에 설치하는 것으로 알맞은 것은?

① 구분 퓨즈
② 리클로저
③ 섹셔널라이저
④ 구분개폐기

> **해설** 캐스케이딩 현상의 대책 : 구분 퓨즈 설치

정답 | 08 ② 09 ④ 10 ①

11 승압기에 의하여 전압 V_e에서 V_h로 승압할 때, 2차 정격전압 e, 자기용량 W인 단상승압기가 공급할 수 있는 부하용량은?

① $\dfrac{V_h}{e} \times W$

② $\dfrac{V_e}{e} \times W$

③ $\dfrac{V_e}{V_h - V_e} \times W$

④ $\dfrac{V_h - V_e}{V_e} \times W$

> **해설** • 승압기의 자기용량 : $W = e \times I_2 [\text{VA}]$
>
> • 승압기의 2차 정격전류 : $I_2 = \dfrac{W}{e} [\text{A}]$
>
> • 부하용량 : $P = V_h I_2 = V_h \times \dfrac{W}{e} = \dfrac{V_h}{e} \times W [\text{VA}]$

12 배기가스의 여열을 이용해서 보일러에 공급되는 급수를 예열함으로써 연료소비량을 줄이거나 증발량을 증가시키기 위해서 설치하는 여열회수장치는?

① 과열기

② 공기예열기

③ 절탄기

④ 재열기

> **해설** • 과열기 : 보일러에서 발생한 포화증기를 가열하여 터빈에 과열증기를 공급하는 장치
>
> • 공기예열기 : 연소용 공기 예열
>
> • 절탄기 : 보일러 급수 예열
>
> • 재열기 : 터빈에서 팽창한 증기를 다시 가열

13 직렬콘덴서를 선로에 삽입할 때의 이점이 아닌 것은?

① 선로의 인덕턴스를 보상한다.

② 수전단의 전압강하를 줄인다.

③ 정태안정도가 증가한다.

④ 송전단의 역률을 개선한다.

> **해설** 역률을 개선하기 위해서는 병렬콘덴서를 설치해야 한다.

14 전선의 굵기가 균일하고 부하가 균등하게 분산되어있는 배전선로의 전력손실은 전체 부하가 선로 말단에 집중되어 있는 경우에 비하여 어느 정도가 되는가?

① $\dfrac{1}{2}$

② $\dfrac{1}{3}$

③ $\dfrac{2}{3}$

④ $\dfrac{3}{4}$

정답 | 11 ① 12 ③ 13 ④ 14 ②

구분	전압강하	전력손실
말단 집중 부하	IR	I^2R
균등 분산 부하	$\dfrac{1}{2}IR$	$\dfrac{1}{3}I^2R$

해설 부하 형태에 따른 전압강하와 전력손실

15 송전단전압 161[kV], 수전단 전압 154[kV], 상차각 35[°], 리액턴스 60[Ω]일 때 선로손실을 무시하면 전송전력[MW]은 약 얼마인가?

① 356

② 307

③ 237

④ 161

해설 전송전력 $P = \dfrac{V_s V_r}{X}\sin\delta = \dfrac{161 \times 154}{60} \times \sin 35[°] = 237[MW]$

16 직접접지 방식에 대한 설명으로 틀린 것은?

① 1선 지락 사고 시 건전상의 대지전압이 거의 상승하지 않는다.

② 계통의 절연 수준이 낮아지므로 경제적이다.

③ 변압기의 단절연이 가능하다.

④ 보호계전기가 신속히 동작하므로 과도안정도가 좋다.

해설 • 중성점 직접 접지 : 과도안정도 최소
   • 소호리액터 접지 : 과도안정도 최대

17 그림과 같이 지지점 A, B, C에는 고저차가 없으며, 경간 AB와 BC 사이에 전선이 가설되어 그 이도가 각각 12[cm]이다. 지지점 B에서 전선이 떨어져 전선의 이도가 D로 되었다면 D의 길이[cm]는? (단, 지지점 B는 A와 C의 중점이며 지지점 B에서 전선이 떨어지기 전후의 길이는 같다.)

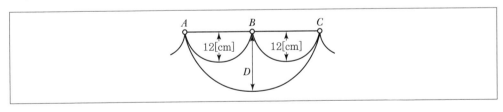

① 17

② 24

③ 30

④ 36

해설 • A–B 및 B–C 사이의 전선길이를 L_1, A–C 사이의 전선길이를 L이라고 하면,

$$L_1 = S + \frac{8D_1^2}{3S}[\text{cm}], \quad L = 2S + \frac{8D^2}{3 \times 2S}[\text{cm}]$$

• 전선의 실제 길이는 전선이 떨어지기 전과 떨어진 후가 같으므로,

$$2L_1 = L$$

$$2\left(S + \frac{8D_1^2}{3S}\right) = 2S + \frac{8D^2}{3 \times 2S}$$

$$\frac{8D^2}{3 \times 2S} = 2\left(S + \frac{8D_1^2}{3S}\right) - 2S = \frac{2 \times 8D_1^2}{3S}$$

$$\therefore D = \sqrt{4D_1^2} = 2D_1 = 2 \times 12 = 24[\text{cm}]$$

18 수차의 캐비테이션 방지책으로 틀린 것은?

① 흡출수두를 증대시킨다.
② 과부하운전을 가능한 한 피한다.
③ 수차의 비속도를 너무 크게 잡지 않는다.
④ 침식에 강한 금속재료로 러너를 제작한다.

해설 **캐비테이션 방지대책**
• 흡출관의 높이를 너무 높게하지 않는다.
• 수차의 비속도(특유속도)를 작게 한다.
• 러너의 표면이 매끄러워야 한다.
• 수차의 과도한 경부하, 과부하 운전을 하지 않는다.
• 침식에 강한 금속재료로 러너를 제작한다.

19 송전선로에 매설지선을 설치하는 목적은?

① 철탑 기초의 강도를 보강하기 위하여
② 직격뇌로부터 송전선을 차폐보호하기 위하여
③ 현수애자 1연의 전압 분담을 균일화하기 위하여
④ 철탑으로부터 송전선로로의 역섬락을 방지하기 위하여

해설 매설지선을 설치하여 탑각 접지저항을 작게 하여 역섬락을 방지한다.

20 1회선 송전선과 변압기의 조합에서 변압기의 여자어드미턴스를 무시하였을 경우 송수전단의 관계를 나타내는 4단자 정수 C_0는? (단, $A_0 = A + CZ_{ts}$, $B_0 = B + AZ_{tr} + DZ_{ts} + CZ_{tr}Z_{ts}$, $D_0 = D + CZ_{tr}$, 여기서 Z_{ts}는 송전단변압기의 임피던스이며, Z_{tr}은 수전단변압기의 임피던스이다.)

① C

② $C + DZ_{ts}$

③ $C + AZ_{ts}$

④ $CD + CA$

해설
$$\begin{bmatrix} A_o & B_o \\ C_o & D_o \end{bmatrix} = \begin{bmatrix} 1 & Z_{ts} \\ 0 & 1 \end{bmatrix} \begin{bmatrix} A & B \\ C & D \end{bmatrix} \begin{bmatrix} 1 & Z_{tr} \\ 0 & 1 \end{bmatrix}$$

$$= \begin{bmatrix} A + C \cdot Z_{ts} & B + D \cdot Z_{ts} \\ C & D \end{bmatrix} \begin{bmatrix} 1 & Z_{tr} \\ 0 & 1 \end{bmatrix}$$

$$= \begin{bmatrix} A + C \cdot Z_{ts} & (A + C \cdot Z_{ts})Z_{tr} + (B + D \cdot Z_{ts}) \\ C & D \cdot Z_{tr} + D \end{bmatrix}$$

정답 | 20 ①

2022년 제3회 과년도 기출문제

01 가공지선을 설치하는 목적이 아닌 것은?

① 코로나의 발생 방지

② 정전 차폐 효과

③ 뇌해 방지

④ 전자 차폐 효과

해설 **가공지선 설치목적**
- 직격뢰 차폐
- 정전유도 차폐
- 전자유도 차폐

02 파동임피던스가 $500[\Omega]$인 가공송전선 1[km]당의 인덕턴스는 몇 [mH/km]인가?

① 1.67

② 2.67

③ 3.67

④ 4.67

해설 • 파동(특성)임피던스 $Z_o = \sqrt{\dfrac{L}{C}} = 138\log_{10}\dfrac{D}{r} = 500[\Omega]$의 조건에서, $\log_{10}\dfrac{D}{r} = \dfrac{500}{138}$의 관계가 성립함

• 인덕턴스 $L = 0.05 + 0.4605\log_{10}\dfrac{D}{r} = 0.05 + 0.4605 \times \dfrac{500}{138} = 1.72[\text{mH/km}]$

• 내부인덕턴스를 무시하면 $L = 0.4605 \times \dfrac{500}{138} = 1.67[\text{mH/km}]$

03 전력원선도에서 알 수 없는 것은?

① 전력

② 손실

③ 역률

④ 코로나 손실

해설 **전력원선도에서 알 수 없는 사항**
- 과도안정 극한전력
- 코로나 손실

정답 | **01** ① **02** ① **03** ④

04 유역면적 80[km²], 유효낙차 30[m], 연간 강수량 1,500[mm]의 수력발전소에서 그 강우량의 70[%]만 이용한다면 연간 발생 전력량은 몇 [kWh]인가? (단, 수차발전기 등의 종합효율은 80[%]이다.)

① 54.8×10^6

② 5.48×10^6

③ 19×10^6

④ 1.9×10^6

해설 • 연평균 유량(Q) 계산 : $Q = k \dfrac{A \times 10^6 \times a \times 10^{-3}}{365 \times 24 \times 60 \times 60} = \dfrac{80 \times 10^6 \times 1,500 \times 0.7 \times 10^{-3}}{365 \times 24 \times 60 \times 60} = 2.66 \, [\mathrm{m^3/s}]$

• 수력발전 출력 계산 : $P_g = 9.8 Q H \eta_t \eta_g = 9.8 \times 2.66 \times 30 \times 0.8 = 625.63 \, [\mathrm{kW}]$

• 연간 발생 전력량 계산 : $W = P \times t = 625.63 \times 365 \times 24 = 57,480,518.8 = 5.48 \times 10^6 \, [\mathrm{kWh}]$

05 수력발전소에서 사용되고 횡축에 1년 365일을, 종축에 유량을 표시하는 유황곡선에 대한 설명으로 옳은 것은?

① 유량이 적은 것부터 순차적으로 배열하여 이들 점을 연결한 것이다.

② 유량이 큰 것부터 순차적으로 배열하여 이들 점을 연결한 것이다.

③ 유량의 월별 평균값을 구하여 선으로 연결한 것이다.

④ 각 월에 가장 큰 유량만을 선으로 연결한 것이다.

해설 유황곡선은 유량도를 기초로 날짜별 유량 중에서 큰 것부터 순서대로 기록한 그래프이다.

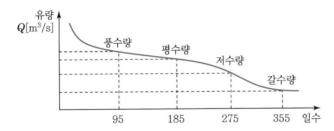

06 송전단의 전압, 전류를 각각 E_S, I_S 수전단의 전압, 전류를 각각 E_R, I_R이라 하고 4단자 정수를 A, B, C, D라 할 때 다음 중 옳은 식은?

① $\begin{bmatrix} E_S = AE_R + BI_R \\ I_S = CE_R + DI_R \end{bmatrix}$

② $\begin{bmatrix} E_S = CE_R + DI_R \\ I_S = AE_R + BI_R \end{bmatrix}$

③ $\begin{bmatrix} E_S = BE_R + AI_R \\ I_S = DE_R + CI_R \end{bmatrix}$

④ $\begin{bmatrix} E_S = DE_R + CI_R \\ I_S = BE_R + AI_R \end{bmatrix}$

해설 송전단 전압, 전류의 기본 방정식 $\begin{bmatrix} E_S \\ I_S \end{bmatrix} = \begin{bmatrix} A & B \\ C & D \end{bmatrix} \begin{bmatrix} E_R \\ I_R \end{bmatrix}$

① 송전단 전압 : $E_S = AE_R + BI_R$

② 송전단 전류 : $I_S = CE_R + DI_R$

정답 | 04 ② 05 ② 06 ①

07 22,000[V], 60[Hz], 1회선의 3상 지중 송전선의 무부하 충전용량[kVar]은? (단, 송전선의 길이는 20[km], 1선의 1[km]당의 정전용량은 0.5[μF]이다.)

① 1,750

② 1,825

③ 1,900

④ 1,925

해설 충전용량 $Q_c = 3wCE^2 = 3wC\left(\dfrac{V}{\sqrt{3}}\right)^2 = wCV^2 = 2\pi f CV^2$ [VA]이므로,

$Q_c = 2\pi \times 60 \times 0.5 \times 10^{-6} \times 20 \times 22{,}000^2 \times 10^{-3} \fallingdotseq 1{,}825$ [kVA]

08 154[kV] 송전계통의 뇌에 대한 보호에서 절연강도의 순서가 가장 경제적이고 합리적인 것은?

① 피뢰기 → 변압기코일 → 기기부싱 → 결합콘덴서 → 선로애자

② 변압기코일 → 결합콘덴서 → 피뢰기 → 선로애자 → 기기부싱

③ 결합콘덴서 → 기기부싱 → 선로애자 → 변압기코일 → 피뢰기

④ 기기부싱 → 결합콘덴서 → 변압기코일 → 피뢰기 → 선로애자

해설 기기별 절연내력의 크기는 선로애자 → 결합콘덴서 → 차단기 → 변압기 → 피뢰기 순이다.

09 송전단전압을 V_s, 수전단전압을 V_r, 선로의 직렬리액턴스를 X라 할 때 정상시(Steady State)의 최대 송전전력의 개략치는?

① $\dfrac{V_s - V_r}{X}$

② $\dfrac{V_s^{\,2} - V_r^{\,2}}{X}$

③ $\dfrac{V_s(V_s - V_r)}{X}$

④ $\dfrac{V_s V_r}{X}$

해설 송전전력 $P = \dfrac{V_s V_r}{X}\sin\delta$[W]의 식에서, 최대송전전력은 송전단전압($V_s$)과 수전단전압($V_r$)의 상차각 $\delta = 90[°]$일 때($\sin 90[°] = 1$)이다.

10 동기조상기에 대한 설명으로 옳은 것은?

① 정지기의 일종이다.

② 연속적인 전압조정이 불가능하다.

③ 계통의 안정도를 증진시키기 어렵다.

④ 송전선의 시송전에 이용할 수 있다.

해설 동기조상기는 동기전동기를 무부하운전으로 위상을 조정하는 장치이며, 회전기로써 연속적인 전압조정이 가능하여 안정도를 증진시키고, 송전선의 시충전(송전)이 가능하다.

정답 | 07 ② 08 ① 09 ④ 10 ④

11 전력계통의 전압조정설비의 특징에 대한 설명 중 옳지 않은 것은?

① 병렬콘덴서는 진상능력만을 가지며 병렬리액터는 진상능력이 없다.
② 동기조상기는 무효전력의 공급과 흡수가 모두 가능하여 진상 및 지상용량을 갖는다.
③ 동기조상기는 조정의 단계가 불연속적이나 직렬콘덴서 및 병렬리액터는 연속적이다.
④ 병렬리액터는 장거리 초고압송전선 또는 지중선계통의 충전용량보상용으로 주요 발·변전소에 설치된다.

해설 **동기조상기와 전력용 콘덴서의 비교**

구분	동기조상기	전력용 콘덴서
무효전력	지상(L), 진상(C) 공급	진상(C) 공급
전압조정	연속적	단계적
시충전	가능	불가능
전력손실	큼(∵ 회전기)	적음(∵ 정지기)

12 조상설비가 있는 1차 변전소에서 주변압기로 주로 사용되는 변압기는?

① 승압용 변압기
② 중권변압기
③ 3권선변압기
④ 단상변압기

해설 주변압기는 Y−Y−△ 결선의 3권선 변압기를 주로 이용하며, 안정권선(△)에 조상설비를 접속하여 운영된다.

13 송전선로에서 역섬락을 방지하기 위하여 가장 필요한 것은?

① 피뢰기를 설치한다.
② 초호각을 설치한다.
③ 가공지선을 설치한다.
④ 탑각 접지저항을 적게 한다.

해설 **역섬락 발생 원인 및 방지대책**
• 발생 원인 : 높은 탑각 접지저항
• 방지대책 : 매설지선 설치로 탑각의 접지저항을 저감시킨다.

14 3상용 차단기의 정격전압은 170[kV]이고 정격차단전류는 50[kA]일 때 차단기의 정격차단용량은 약 몇 [MVA]인가?

① 5,000
② 10,000
③ 15,000
④ 20,000

해설 정격차단용량 $P_s = \sqrt{3} \ V_n I_s = \sqrt{3} \times 170 \times 50 = 14,722 \fallingdotseq 15,000 [\text{MVA}]$

15 1선 접지고장을 대칭좌표법으로 해석할 경우 필요한 것은?

① 정상임피던스도(Diagram) 및 역상임피던스도

② 정상임피던스도

③ 정상임피던스도 및 역상임피던스도

④ 정상임피던스도, 역상임피던스도 및 영상임피던스도

해설 접지고장(지락고장)이 발생하면 정상분, 영상분, 역상분의 대칭성분이 발생한다.

구분	정상분	역상분	영상분
1선, 2선 지락	○	○	○
2선(선간) 단락	○	○	×
3선(3상) 단락	○	×	×

16 변전소에서 비접지선로의 접지보호용으로 사용되는 계전기에 영상전류를 공급하는 계기는?

① C.T   ② G.P.T

③ Z.C.T   ④ P.T

해설 비접지선로에서 지락고장이 발생하면 주로 영상변류기(ZCT)를 통해 영상전류를 검출한다.

17 비접지방식을 직접접지방식과 비교한 것 중 옳지 않은 것은?

① 전자유도장해가 경감된다.

② 지락전류가 작다.

③ 보호계전기의 동작이 확실하다.

④ △결선하여 영상전류를 흘릴 수 있다.

해설 비접지 방식의 지락전류는 대지정전용량(C_s)을 통해 흐르므로 그 크기가 작아서 검출이 어렵기 때문에 보호계전기의 동작이 확실하지 않다.

18 동작전류의 크기와 관계없이 일정한 시간에 동작하는 한시 특성을 갖는 계전기는?

① 순한시계전기　　　　　　　　　② 정한시계전기
③ 반한시계전기　　　　　　　　　④ 반한시성 정한시계전기

해설 정한시 계전기는 최소동작전류 이상의 전류가 흐르면 동작전류의 크기와 관계없이 일정한 시간에 동작한다.

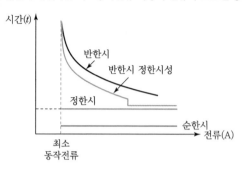

19 기력발전소의 열효율을 올리는 데 가장 효과적인 것은?

① 절탄기의 사용　　　　　　　　　② 포화증기의 과열
③ 재생 · 재열 사이클의 채용　　　　④ 연소용 공기의 예열

해설 재생 · 재열 사이클은 재생 사이클과 재열 사이클을 겸용하는 방식으로 기력발전소의 열효율 상승에 가장 효과적이다.

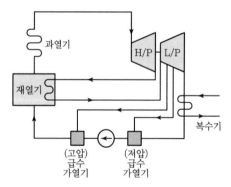

20 피뢰기의 정격전압에 대한 설명으로 옳은 것은?

① 충격방전전류를 통하고 있을 때의 단자전압
② 충격파의 방전개시전압
③ 속류가 차단이 되는 최고의 교류전압
④ 상용주파수의 방전개시전압

해설 피뢰기 정격전압이란 피뢰기의 방전 중에 피뢰기에서 속류를 차단할 수 있는 최고의 상용주파 교류전압(실횻값)을 말한다.

정답 | 18 ② 19 ③ 20 ③

2023년 제1회 과년도 기출문제

01 송배전 선로의 전선 굵기를 결정하는 주요 요소가 아닌 것은?

① 전압강하
② 허용전류
③ 기계적 강도
④ 부하의 종류

해설 **전선 굵기 결정 시 주요 요소**
- 허용전류
- 전압강하
- 기계적 강도 등

02 열효율 35[%]의 화력발전소에서 발열량 6,000[kcal/kg]의 석탄을 이용한다면 1[kWh]를 발전하는데 필요한 석탄량은 약 몇 [kg]인가?

① 0.41
② 0.82
③ 1.23
④ 2.42

해설 열효율 $\eta = \dfrac{860 \cdot W}{MH} \times 100[\%]$ 의 식에서,

석탄량 $M = \dfrac{860 \cdot W}{\eta H} \times 100 = \dfrac{860 \times 1}{35 \times 6,000} \times 100 = 0.41[kg]$

03 지상부하를 가진 3상 3선식 배전선로 또는 단거리 송전선로에서 선간 전압강하를 나타낸 식은? (단, I, R, X, θ는 각각 수전단 전류, 선로저항, 리액턴스 및 수전단 전류의 위상각이다.)

① $I(R\cos\theta + X\sin\theta)$
② $2I(R\cos\theta + X\sin\theta)$
③ $\sqrt{3}\,I(R\cos\theta + X\sin\theta)$
④ $3I(R\cos\theta + X\sin\theta)$

해설 3상 3선식의 전압강하(e) 계산식 : $e = \sqrt{3}\,I(R \cdot \cos\theta + X \cdot \sin\theta)[V]$

04 다음 중 송 · 배전선로의 진동 방지대책에 사용되지 않는 기구는?

① 댐퍼
② 조임쇠
③ 클램프
④ 아머 로드

해설 전선의 진동방지 대책 : 댐퍼, 아머로드, 클램프

정답 | **01** ④ **02** ① **03** ③ **04** ②

05 경간 200[m], 장력 1,000[kg], 하중 2[kg/m]인 가공전선의 이도(dip)는 몇 [m]인가?

① 10

② 11

③ 12

④ 13

해설 이도 $D = \dfrac{WS^2}{8T} = \dfrac{2 \times 200^2}{8 \times 1,000} = 10[m]$

06 철탑의 사용목적에 의한 분류에서 송전선로 전부의 전선을 끌어당겨서 고정시킬 수 있도록 설계한 철탑으로 D형 철탑이라고도 하는 것은?

① 내장보강철탑

② 각도철탑

③ 인류지지철탑

④ 직선철탑

해설 인류형 철탑(D형 철탑) : 전선을 끌어당겨서 고정시킬 수 있도록 설계한 철탑

07 22[kV], 60[Hz] 1회선의 3상 송전선에서 무부하 충전전류는 약 몇 [A]인가? (단, 송전선의 길이는 20[km]이고, 1선 1[km]당 정전용량은 0.5[μF]이다.)

① 12

② 24

③ 36

④ 48

해설 충전전류 $I_c = wCE = 2\pi f C\left(\dfrac{V}{\sqrt{3}}\right) = 2\pi \times 60 \times 0.5 \times 10^{-6} \times 20 \times \dfrac{22 \times 10^3}{\sqrt{3}} \fallingdotseq 48[A]$

08 원자력 발전소와 화력발전소의 특성을 비교한 것 중 틀린 것은?

① 원자력 발전소는 화력발전소의 보일러 대신 원자로와 열교환기를 사용한다.

② 원자력 발전소의 건설비는 화력발전소에 비해 싸다.

③ 동일 출력일 경우 원자력 발전소의 터빈이나 복수기가 화력발전소에 비해 대형이다.

④ 원자력 발전소는 방사능에 대한 차폐 시설물의 투자가 필요하다.

해설 원자력 발전소는 단위 출력당 건설비가 화력발전소에 비해 비싸다.

정답 | 05 ① 06 ③ 07 ④ 08 ②

09 중거리 송전선로의 특성은 무슨 회로로 다루어야 하는가?

① RL 집중 정수 회로
② RLC 집중 정수 회로
③ 분포 정수 회로
④ 특성 임피던스 회로

해설 **송전선 특성 구분**

구분	거리[km]	선로정수	특성 해석
단거리	50 이하	R, L	집중정수회로
중거리	50~100	R, L, C	
장거리	100 초과	R, L, C, G	분포정수회로

10 단락 전류는 다음 중 어느 것을 말하는가?

① 앞선 전류
② 뒤진 전류
③ 충전 전류
④ 누설전류

해설 **단락 전류의 특징**
- 고장전류 중 가장 큰 전류(3상 단락 전류)
- 처음은 큰 전류이나 점차로 감소하는 형태
- 지(늦음)역률의 지상 전류
- 단락 전류의 크기는 전원전압(E)의 크기에 의해 결정

11 압축된 공기를 아크에 불어 넣어서 차단하는 차단기는?

① ABB
② MBB
③ VCB
④ ACB

해설 **공기차단기(ABB)**
- 소호매질 : $15 \sim 30[\text{kg/cm}^2]$의 압축공기 이용
- 소호원리 : 차단 시 발생하는 아크를 강력한 압축공기를 불어넣어서 소호한다.

12 송전선로에서 1선 지락 시에 건전상의 전압상승이 가장 적은 접지방식은?

① 비접지방식
② 직접 접지방식
③ 저항 접지방식
④ 소호리액터 접지방식

해설 직접 접지방식은 1선 지락 시 건전상 대지전위상승이 1.3배 이하로 가장 작다.

13 가공 송전선로를 가선할 때에는 하중 조건과 온도 조건을 고려하여 적당한 이도(dip)를 주도록 하여야 한다. 이도에 대한 설명으로 옳은 것은?

① 이도의 대소는 지지물의 높이를 좌우한다.
② 전선을 가선할 때 전선을 팽팽하게 하는 것을 이도가 크다고 한다.
③ 이도가 작으면 전선이 좌우로 크게 흔들려서 다른 상의 전선에 접촉하여 위험하게 된다.
④ 이도가 작으면 이에 비례하여 전선의 장력이 증가되며, 너무 작으면 전선 상호 간이 꼬이게 된다.

> **해설** **이도의 특징**
> • 이도는 지지물의 높이를 결정한다.
> • 이도가 너무 크면 전선은 좌우로 진동 → 지락 사고 초래
> • 이도가 너무 작으면 전선의 장력 증가 → 전선의 단선 우려

14 그림과 같은 선로 정수가 서로 같은 평행 2회선에서 일반회로 정수 C_0는 얼마인가? (단, 그림에서 좌측은 송전단, 우측은 수전단이다.)

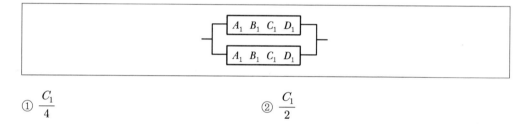

① $\dfrac{C_1}{4}$ ② $\dfrac{C_1}{2}$

③ $2C_1$ ④ $4C_1$

> **해설** 2회선의 경우 병렬회로가 구성되므로 임피던스(B)는 $\dfrac{1}{2}$배, 어드미턴스(C)는 2배가 됨

15 인터록(interlock)의 기능에 대한 설명으로 옳은 것은?

① 조작자의 의중에 따라 개폐되어야 한다.
② 차단기가 열려 있어야 단로기를 닫을 수 있다.
③ 차단기가 닫혀 있어야 단로기를 닫을 수 있다.
④ 차단기와 단로기를 별도로 닫고, 열 수 있어야 한다.

> **해설** 차단기와 단로기의 인터록(Interlock) 기능은 차단기가 열려 있어야만 단로기를 열거나 닫을 수 있도록 기계적으로 연동, 잠금장치를 하여야 한다.

정답 | 13 ①   14 ③   15 ②

16 저압 배전선의 배전방식 중 배전설비가 단순하고, 공급능력이 최대인 경제적 배분방식이며, 국내에서 220/380[V] 승압방식으로 채택된 방식은?

① 단상 2선식
② 단상 3선식
③ 3상 3선식
④ 3상 4선식

해설 **3상 4선식 배전방식의 특징**
- 국내 배전방식 중 가장 많이 사용
- 3상 동력과 단상 전등부하를 동시에 사용 가능
- 사용전압은 220/380[V]으로 구분
- 설비불평형률 : 30[%] 이하로 제한

17 주상변압기의 2차측 접지는 어느 것에 대한 보호를 목적으로 하는가?

① 1차측의 단락
② 2차측의 단락
③ 2차측의 전압강하
④ 1차측과 2차측의 혼촉

해설 주상변압기 2차측 접지 : 변압기 1, 2차측 혼촉 시 2차측의 전압상승 억제

18 배전선의 전력손실 경감 대책이 아닌 것은?

① 다중접지 방식을 채용한다.
② 역률을 개선한다.
③ 배전 전압을 높인다.
④ 부하의 불평형을 방지한다.

해설 **전력손실 경감 대책**
- 전력용 콘덴서 설치(역률 개선)
- 배전전압(V) 승압
- 배전길이(ℓ) 단축
- 전선 단면적(A) 증가
- 불평형부하 개선
- 단위기기(변압기) 용량(P) 감소

정답 | 16 ④ 17 ④ 18 ①

19 어느 수용가의 부하설비는 전등설비가 500[W], 전열설비가 600[W], 전동기 설비가 400[W], 기타설비가 100[W]이다. 이수용가의 최대수용전력이 1,200[W]이면 수용률은 몇 [%]인가?

① 55 ② 65
③ 75 ④ 85

해설 수용률 $= \dfrac{\text{최대 수용전력}}{\text{부하설비 용량 합계}} \times 100 = \dfrac{1,200}{500+600+400+100} \times 100 = 75[\%]$

20 배전선로의 전압을 $\sqrt{3}$ 배로 증가시키고 동일한 전력손실률로 송전할 경우 송전전력은 몇 배로 증가되는가?

① $\sqrt{3}$ ② $\dfrac{3}{2}$
③ 3 ④ $2\sqrt{3}$

해설 공급전력 $P \propto V^2$의 관계에서 전압이 $\sqrt{3}$ 배로 증가하면 $P = (\sqrt{3})^2 = 3$배 증가한다.

정답 | 19 ③ 20 ③

CHAPTER 11

2023년 제2회 과년도 기출문제

01 설비용량 800[kW], 부등률 1.2, 수용률 60[%]일 때, 변전시설 용량은 최저 약 몇 [kVA] 이상이어야 하는가? (단, 역률은 90[%] 이상 유지되어야 한다.)

① 450

② 500

③ 550

④ 600

해설 변전시설 용량$[kVA] \geq \dfrac{총\ 설비\ 용량 \times 수용율}{부등률 \times 역률} = \dfrac{800 \times 0.6}{1.2 \times 0.9} = 444.44 ≒ 450[kVA]$

02 3상 송전선로의 고장에서 1선 지락 사고 등 3상 불평형 고장 시 사용되는 계산법은?

① 옴 법에 의한 계산

② %법에 의한 계산

③ 단위(PU)법에 의한 계산

④ 대칭 좌표법

해설 **고장계산 방법의 종류**

구분	평형 고장	불평형 고장
정의	각 상 고장전류의 크기가 같고, 위상차가 120[°]인 고장	각 상 고장전류의 크기와 위상차가 각기 다른 고장
고장의 종류	3상 단락	1선 지락, 2선 지락, 선간단락
계산방법	오옴법, %Z법, PU법	대칭좌표법, 클라크법

03 총 낙차 300[m], 사용수량 20[m³/s]인 수력발전소의 발전기출력은 약 몇 [kW]인가? (단, 수차 및 발전기효율은 각각 90[%], 98[%]라하고, 손실낙차는 총 낙차의 6[%]라고 한다.)

① 48,750

② 51,860

③ 54,170

④ 54,970

해설 • 유효낙차 H = 총 낙차 − 손실 낙차 = $300 - 300 \times 0.06 = 282[m]$

• $P_g = 9.8QH\eta_t\eta_g = 9.8 \times 20 \times 282 \times 0.9 \times 0.98 = 48,749.9[kW]$

정답 | 01 ① 02 ④ 03 ①

04 송배전선로의 고장전류 계산에서 영상임피던스가 필요한 경우는?

① 3상 단락 계산　　　　　　　　② 선간 단락 계산

③ 1선 지락 계산　　　　　　　　④ 3선 단선 계산

해설 ▶ 1선 지락 고장계산 시 영상 임피던스가 필요하다.

사고별 존재하는 대칭성분

구분	정상분	역상분	영상분
1선, 2선 지락	○	○	○
2선(선간) 단락	○	○	×
3선(3상) 단락	○	×	×

05 동일한 부하전력에 대하여 전압을 2배로 승압하면 전압강하, 전압강하율, 전력손실률은 각각 얼마나 감소하는지를 순서대로 나열한 것은?

① $\dfrac{1}{2}$, $\dfrac{1}{3}$, $\dfrac{1}{2}$　　　　　　　② $\dfrac{1}{2}$, $\dfrac{1}{2}$, $\dfrac{1}{4}$

③ $\dfrac{1}{2}$, $\dfrac{1}{4}$, $\dfrac{1}{4}$　　　　　　　④ $\dfrac{1}{4}$, $\dfrac{1}{4}$, $\dfrac{1}{4}$

해설 ▶ • 전압강하 $e \propto \dfrac{1}{V}$ → 전압 2배 승압 시 전압강하는 $\dfrac{1}{2}$ 로 감소

• 전압강하율 $\varepsilon \propto \dfrac{1}{V^2}$ → $\dfrac{1}{4}$ 로 감소

• 전력손실 $P_\ell \propto \dfrac{1}{V^2}$ → $\dfrac{1}{4}$ 로 감소

06 보호계전기 동작이 가장 확실한 중성점 접지방식은?

① 비접지방식　　　　　　　　　② 저항 접지방식

③ 직접 접지방식　　　　　　　　④ 소호리액터 접지방식

해설 ▶ **직접 접지방식**

• 1선 지락전류 : 최대

• 지락전류 검출 및 보호계전기 동작이 신속 · 확실하다.

정답 | 04 ③　05 ③　06 ③

07 철탑에서의 차폐각에 대한 설명 중 옳은 것은?

① 차폐각이 클수록 보호 효율이 크다.
② 차폐각이 작을수록 건설비가 비싸다.
③ 가공지선이 높을수록 차폐각이 크다.
④ 차폐각은 보통 90[°] 이상이다.

해설 차폐각이 적을수록 보호효율(차폐효율)은 상승하지만, 건설비가 비싸진다.

08 화력발전소에서 증기 및 급수가 흐르는 순서는?

① 보일러 → 과열기 → 절탄기 → 터빈 → 복수기
② 보일러 → 절탄기 → 과열기 → 터빈 → 복수기
③ 절탄기 → 보일러 → 과열기 → 터빈 → 복수기
④ 절탄기 → 과열기 → 보일러 → 터빈 → 복수기

해설 증기 및 급수가 흐르는 순서 : 절탄기 → 보일러 → 과열기 → 터빈 → 복수기

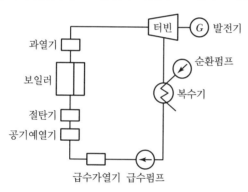

09 특고압 차단기 중 개폐서지 전압이 가장 높은 것은?

① 유입차단기(OCB)　　　　　② 진공차단기(VCB)
③ 자기차단기(MBB)　　　　　④ 공기차단기(ABB)

해설 진공차단기의 개폐서지 전압이 높기 때문에 VCB 2차측에 Mold 변압기가 설치된 경우 VCB 2차측에 SA(서지흡수기)를 설치하여 서지로부터 변압기를 보호해야 한다.

10 그림과 같은 배전선이 있다. 부하에 급전 및 정전할 때 조작 방법으로 옳은 것은?

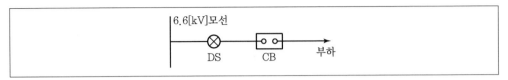

① 급전 및 정전할 때는 항상 DS, CB 순으로 한다.
② 급전 및 정전할 때는 항상 CB, DS 순으로 한다.
③ 급전 시는 DS, CB 순이고, 정전 시는 CB, DS 순이다.
④ 급전 시는 CB, DS 순이고, 정전 시는 DS, CB 순이다.

> **해설** ㆍ급전(투입) 시
> ㅤ−부하전류 개폐능력이 없는 부하측 개폐기 ON
> ㅤ−부하전류 개폐능력이 없는 전원측 개폐기 ON
> ㅤ−부하전류 개폐능력이 있는 차단기 ON
> ㆍ정전(차단) 시
> ㅤ−부하전류 개폐능력이 있는 차단기 OFF
> ㅤ−부하전류 개폐능력이 없는 부하측 개폐기 OFF
> ㅤ−부하전류 개폐능력이 없는 전원측 개폐기 OFF

11 154[kV] 송전선로에 10개의 현수애자가 연결되어 있다. 다음 중 전압부담이 가장 적은 것은? (단, 애자는 같은 간격으로 설치되어 있다.)

① 철탑에 가장 가까운 것 ② 철탑에서 3번째에 있는 것
③ 전선에서 가장 가까운 것 ④ 전선에서 3번째에 있는 것

> **해설** ㆍ최대 전압부담 : 전선에서 1번째 애자(전선에서 가장 가까운 애자)
> ㆍ최소 전압부담 : 철탑에서 3번째 애자, 전선에서 8번째 애자

12 가공선 계통은 지중선 계통보다 인덕턴스 및 정전용량이 어떠한가?

① 인덕턴스, 정전용량이 모두 작다.
② 인덕턴스, 정전용량이 모두 크다.
③ 인덕턴스는 크고, 정전용량은 작다.
④ 인덕턴스는 작고, 정전용량은 크다.

> **해설** 가공선 계통이 지중선 계통에 비해서 등가선간거리(D)가 수십 배 정도 크므로 인덕턴스(L)는 크고 정전용량(C)은 작다.
> ㆍ인덕턴스(L) 계산식 : $L = 0.05 + 0.4605\log_{10}\dfrac{D}{r}$ [mH/km], $L \propto D$
> ㆍ정전용량(C) 계산식 : $C = \dfrac{0.02413}{\log_{10}\dfrac{D}{r}}$ [μF/km], $C \propto \dfrac{1}{D}$

정답	10 ③	11 ②	12 ③

13 망상(Network) 배전방식에 대한 설명으로 옳은 것은?

① 전압변동이 대체로 크다.

② 부하 증가에 대한 융통성이 적다.

③ 방사상 방식보다 무정전 공급의 신뢰도가 더 높다.

④ 인축에 대한 감전사고가 적어서 농촌에 적합하다.

해설 **망상(Network) 배정방식의 장 · 단점**

장점	단점
• 무정전 전원공급 가능함 • 공급 신뢰도가 가장 높음 • 전압강하, 전력손실이 작음 • 부하증가 시 적응성 우수함	• 인축의 감전사고 우려 큼 • 네트워크 프로텍터 필요함 - 저압용 차단기 - 저압퓨즈 - 방향성 계전기 • 시설비가 고가

14 송전선로에 복도체를 사용하는 주된 목적은?

① 인덕턴스를 증가시키기 위하여

② 정전용량을 감소시키기 위하여

③ 코로나 발생을 감소시키기 위하여

④ 전선 표면의 전위경도를 증가시키기 위하여

해설 복도체를 사용하면 등가반지름(r_e)이 증가하여 코로나 임계전압($E_o = 24.3 \text{m}_0 \text{m}_1 \delta \text{dlog}_{10} \dfrac{D}{r} [\text{kV}]$)이 상승하게 되고, 코로나 발생이 방지된다(복도체 사용의 주 목적).

15 충전전류는 일반적으로 어떤 전류인가?

① 앞선전류   ② 뒤진전류

③ 유효전류   ④ 누설전류

해설 충전전류는 콘덴서 또는 선로의 정전용량을 통해 흐르는 전류로써, 전압보다 위상이 $\dfrac{\pi}{2}$ 만큼 앞서는 특성을 가진다.

정답 | 13 ③ 14 ③ 15 ①

16 전선의 굵기가 균일하고 부하가 송전단에서 말단까지 균일하게 분포되어 있을 때 배전선 말단에서 전압 강하는? (단, 백전선 전체저항 R은, 송전단의 부하전류는 I이다.)

① $\frac{1}{2}IR$

② $\frac{1}{\sqrt{2}}IR$

③ $\frac{1}{\sqrt{3}}IR$

④ $\frac{1}{3}IR$

해설 **부하 형태에 따른 전압강하와 전력손실**

구분	전압강하	전력손실
말단 집중 부하	IR	I^2R
균등 분산 부하	$\frac{1}{2}IR$	$\frac{1}{3}I^2R$

17 그림과 같은 정수가 서로 같은 평행 2회선 송전선로의 4단자 정수 중 B에 해당되는 것은?

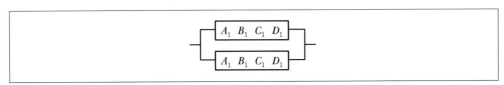

① $4B_1$

② $2B_1$

③ $\frac{1}{2}B_1$

④ $\frac{1}{4}B_1$

해설 2회선의 경우 병렬회로가 구성되므로 임피던스(B)는 $\frac{1}{2}$ 배, 어드미턴스(C)는 2배가 된다.

18 한류리액터를 사용하는 가장 큰 목적은?

① 충전전류의 제한

② 접지전류의 제한

③ 누설전류의 제한

④ 단락 전류의 제한

해설 **리액터에 따른 설치목적**

종류	설치목적
직렬리액터	제5고조파 억제
분로리액터	페란티현상 방지
한류리액터	단락 전류 제한
소호리액터	지락전류(아크) 소멸

정답 | 16 ① 17 ③ 18 ④

19 다음 중 해안지방의 송전용 나전선으로 가장 적당한 것은?

① 동선
② 강선
③ 알루미늄 합금선
④ 강심 알루미늄선

해설 알루미늄선은 염해에 의한 부식에 약한 특성으로 해안지방에서는 적합하지 않다.

구리(Cu)와 알루미늄(Al)의 특성 비교

도체	도전율	무게	항장력	가격	산화성
구리(Cu)	100[%]	100[%]	100[%]	100[%]	–
알루미늄(Al)	60[%]	30[%]	50[%]	30[%]	쉬움

20 부하역률이 0.8인 선로의 저항손실은 0.9인 선로의 저항손실에 비해서 약 몇 배 정도 되는가?

① 0.9
② 1.1
③ 1.27
④ 1.5

해설 전력손실 $P_\ell \propto \dfrac{1}{\cos^2\theta}$ 의 관계에서, 저항 손실비 $\dfrac{P_{0.8}}{P_{0.9}} = \dfrac{\dfrac{1}{0.8^2}}{\dfrac{1}{0.9^2}} = \dfrac{0.9^2}{0.8^2} \fallingdotseq 1.27$

$$\therefore P_{0.8} = 1.27 P_{0.9}$$

01 수차발전기가 난조를 일으키는 원인은?

① 수차의 조속기가 예민하다.
② 수차의 속도 변동률이 적다.
③ 발전기의 관성 모멘트가 크다.
④ 발전기의 자극에 제동권선이 있다.

> **해설** **수력발전기의 난조 발생원인 및 방지대책**
> • 발생원인 : 조속기가 너무 예민하면 난조 및 탈조가 발생될 수 있음
> • 난조 방지대책 : 제동권선 설치

02 저압뱅킹방식에서 저전압의 고장에 의하여 건전한 변압기의 일부 또는 전부가 차단되는 현상은?

① 아킹(Arcing)
② 플리커(Flicker)
③ 밸런스(Balance)
④ 캐스케이딩(Cascading)

> **해설** **캐스케이딩 현상**
> • 부하측 사고시 건전한 변압기의 일부 또는 전부가 소손되는 현상
> • 대책 : 구분 퓨즈 설치

03 〈그림〉의 4단자 정수 A, B, C, D는? (여기서 E_s, I_s는 송전단 전압 E_r, 전류 I_r는 수전단 전압, 전류이고, Y는 병렬 어드미턴스이다.)

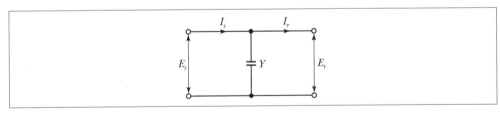

① $\begin{bmatrix} 1 & 0 \\ Y & 1 \end{bmatrix}$
② $\begin{bmatrix} 1 & Y \\ 0 & 1 \end{bmatrix}$

③ $\begin{bmatrix} 1 & Y \\ 1 & 0 \end{bmatrix}$
④ $\begin{bmatrix} 1 & 0 \\ 0 & 1 \end{bmatrix}$

> **해설** 〈그림〉에서 임피던스(Z)는 표현이 없으므로 $B=0$이 되고, 어드미턴스(Y)는 표현되어 있으므로 $Y=1$로 표현된다. 그리고 전압비(A)와 전류비(D)는 1로 표현된다.
> $$\begin{bmatrix} A & B \\ C & D \end{bmatrix} = \begin{bmatrix} 1 & 0 \\ Y & 1 \end{bmatrix}$$

정답 | 01 ① 02 ④ 03 ①

04 조상설비가 아닌 것은?

① 단권 변압기 ② 분로리액터
③ 동기 조상기 ④ 전력용 콘덴서

해설 단권 변압기는 조상설비가 아닌 전력을 변환하는 기기이다.

05 송전선로에서 가장 많이 발생되는 사고는 무슨 사고인가?

① 단선 사고 ② 단락 사고
③ 지지물 전도사고 ④ 지락 사고

해설 지락 사고가 약 80% 정도로 가장 많다.

06 전력계통의 경부하 시 또는 다른 발전소의 발전전력에 여유가 있을 때, 이 잉여전력을 이용하여 전동기로 펌프를 돌려서 물을 상부의 저수지에 저장하였다가 필요에 따라 이 물을 이용해서 발전하는 발전소는?

① 조력 발전소 ② 양수식 발전소
③ 유역변경식 발전소 ④ 수로식 발전소

해설 **양수식 발전소**
- 발전형태 : 경부하 시 또는 심야에 잉여전력을 이용해서 펌프로 물을 하부 저수지에서 상부 저수지로 양수하여 저장하였다가 첨두부하 시에 발전한다.
- 설치목적 : 연간 발전비용 절감

07 다음 중 송전계통의 절연협조에 있어서 절연레벨이 가장 낮은 기기는?

① 피뢰기 ② 단로기
③ 변압기 ④ 차단기

해설 절연협조의 기본은 피뢰기 제한전압이며 절연레벨이 가장 낮다.

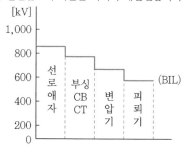

08 우리나라에서 현재 가장 많이 사용되고 있는 배전방식은?

① 3상 3선식

② 3상 4선식

③ 단상 2선식

④ 단상 3선식

> **해설** • 송전 : 3상 3선식이 가장 유리한 송전방식
> • 배전 : 3상 4선식이 가장 유리한 배전방식

09 동기조상기(A)와 전력용 콘덴서(B)를 비교한 것으로 옳은 것은?

① 시충전 : (A) 불가능, (B) 가능

② 전력 손실 : (A) 작다, (B) 크다

③ 무효전력 조정 : (A) 계단적, (B) 연속적

④ 무효전력 : (A) 진상·지상용, (B) 진상용

> **해설** 동기조상기와 전력용 콘덴서 비교

구분	동기 조상기	전력용 콘덴서
무효전력	지상(L), 진상(C) 공급	진상(C) 공급
전압조정	연속적	단계적
시충전	가능	불가능
전력손실	큼(∵ 회전기)	적음(∵ 정지기)

10 30,000[kW]의 전력을 51[km] 떨어진 지점에 송전하는데 필요한 전압은 약 몇 [kV]인가? (단, Still의 식에 의하여 산정한다.)

① 22

② 33

③ 66

④ 100

> **해설** still의 경제적인 송전전압 $V_S = 5.5\sqrt{0.6L + \dfrac{P}{100}} = 5.5 \times \sqrt{0.6 \times 51 + \dfrac{30,000}{100}} ≒ 100\,[\text{kV}]$

11 정격 10[kVA]의 주상변압기가 있다. 이것의 2차측 열부하 곡선이 다음 그림과 같을 때 1일의 부하율은 약 몇 [%]인가?

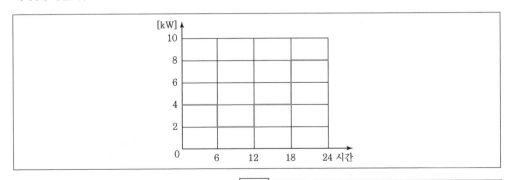

① 52.3　　　　　　　　　　② 54.3
③ 56.3　　　　　　　　　　④ 58.3

해설 　부하율 $= \dfrac{\text{평균 전력}}{\text{최대 전력}} = \dfrac{\dfrac{4\times6+2\times6+4\times6+8\times6}{24}}{8} \times 100 = 56.25[\%]$

---

12 전선로의 지지물 양쪽의 경간의 차가 큰 장소에 사용되며, 일명 E형 철탑이라고도 하는 표준 철탑의 일종은?

① 직선형 철탑　　　　　　　② 내장형 철탑
③ 각도형 철탑　　　　　　　④ 인류형 철탑

해설 　**내장형 철탑(E형 철탑)**
　　지지물 양쪽의 경간차가 큰 장소에 사용
　　직선 철탑이 연속되는 경우 10기마다 1기씩 사용

---

13 교류 배전선로에서 전압강하 계산식은 $V_d = k(R \cdot \cos\theta + X \cdot \sin\theta)I$로 표현된다. 3상 3선식 배전선로인 경우에 k는?

① $\sqrt{3}$　　　　　　　　② $\sqrt{2}$
③ 3　　　　　　　　　　　④ 2

해설 　3상 3선식의 전기방식계수 $k = \sqrt{3}$ 이므로,
　　전압강하 $e = \sqrt{3}\,I(R \cdot \cos\theta + X\sin\theta) = \dfrac{P}{V}(R + X \cdot \tan\theta)[\text{V}]$의 식이 된다.

---

14 고장 즉시 동작하는 특성을 갖는 계전기는?

① 순시 계전기　　　　　　　② 정한시 계전기
③ 반한시 계전기　　　　　　④ 반한시성 정한시 계전기

해설 　순시 계전기 : 최소 동작전류 이상의 전류가 흐르면 즉시 동작하는 계전기

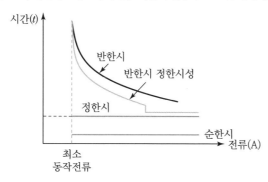

15 차단기의 정격 차단시간은?

① 고장 발생부터 소호까지의 시간

② 트립코일 여자부터 소호까지의 시간

③ 가동 접촉자의 개극부터 소호까지의 시간

④ 가동 접촉자의 동작시간부터 소호까지의 시간

해설 정격 차단시간 : 트립 코일 여자로부터 아크 소호까지의 시간(개극시간+아크시간)

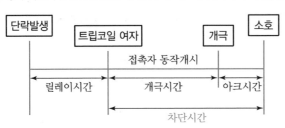

16 다음 〈보기〉의 ㉠, ㉡에 알맞은 내용은?

보기

송배전 선로는 저항 R, 인덕턴스 L, 정전용량(커패시턴스) C, 누설 콘덕턴스 G라는 4개의 정수로 이루어진 연속된 전기회로이다. 이들 정수를 선로정수라고 부르는데 이것은 (㉠), (㉡), 등에 따라 정해진다.

① ㉠ 전압 · 전선의 종류, ㉡ 역률

② ㉠ 전선의 굵기 · 전압, ㉡ 전류

③ ㉠ 전선의 배치 · 전선의 종류, ㉡ 전류

④ ㉠ 전선의 종류 · 전선의 굵기, ㉡ 전선의 배치

해설 **선로정수(R, L, C, G)**

• 저항(R), 인덕턴스(L), 정전용량(C), 누설 컨덕턴스(G)의 4가지 정수를 의미한다.

• 전선의 종류, 굵기, 배치 등에 의해서 결정된다.

• 전압, 전류, 역률 등에는 영향을 받지 않는다.

17 전력용 콘덴서 회로에 방전 코일을 설치하는 주목적은?

① 합성 역률의 개선

② 전원 개방 시 잔류 전하를 방전시켜 인체의 위험 방지

③ 콘덴서 등가용량 증대

④ 전압의 개선

해설 방전코일(D.C) : 잔류전하를 방전하여 인체감전 보호

정답 | 15 ② 16 ④ 17 ②

18 주상변압기에 시설하는 캐치 홀더는 다음 어느 부분에 직렬로 삽입하는가?

① 1차측 양선
② 1차측 1선
③ 2차측 비접지측선
④ 2차측 접지된 선

해설 주상변압기의 1차측 보호는 프라이머리 컷 아웃(primary cut out), 2차측 보호는 캐치 홀더(catch holder)이다.

19 뇌서지와 개폐서지의 파두장과 파미장에 대한 설명으로 옳은 것은?

① 파두장과 파미장이 모두 같다.
② 파두장은 같고 파미장은 다르다.
③ 파두장이 다르고 파미장은 같다.
④ 파두장과 파미장이 모두 다르다.

해설 뇌서지와 개폐서지의 파두장과 파미장은 모두 다르다.

구분	뇌서지	개폐서지
파고치	높다	낮다
파두장 및 파미장	짧다 ($1.2 \times 50[\mu s]$)	길다 ($50 \sim 500[\text{ms}]$)

20 그림과 같은 선로의 등가선간거리는 몇 [m]인가?

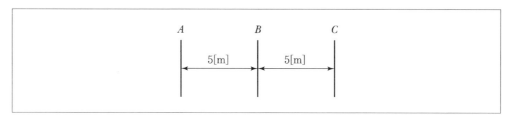

① 5
② $5\sqrt{2}$
③ $5\sqrt[3]{2}$
④ $10\sqrt[3]{2}$

해설 직선 배치인 경우 $D_o = \sqrt[3]{D \times D \times 2D} = \sqrt[3]{5 \times 5 \times 10} = 5\sqrt[3]{2}\,[\text{m}]$

정답 | 18 ③ 19 ④ 20 ③

전기기사 핵심완성 시리즈
2. 전력공학

———

초 판 발 행   2024년 2월 5일

편　　　저   이승학
발 행 인   정용수
발 행 처   예문사
주　　　소   경기도 파주시 직지길 460(출판도시) 도서출판 예문사
T E L   031) 955 – 0550
F A X   031) 955 – 0660

등 록 번 호   11 – 76호

정　　　가   19,000원

홈페이지 http://www.yeamoonsa.com

I S B N   978 – 89 – 274 – 5298 – 0   [13560]